国家级一流本科专业建设点配套教材
21 世纪高等院校财经管理系列实用规划教材

内 部 控 制

主　编　李　正　刘　杰
副主编　唐滔智　杨　静　汤中伟
　　　　胡耀丹　罗世华

内 容 简 介

本书是编者在总结多年教学实践和科研经验的基础上编写而成的。全书共 10 章：内部控制的基本理论、内部环境、风险评估、内部控制的基本方法、业务循环控制、信息与沟通、内部监督、内部控制评价、内部控制审计、内部控制咨询，系统阐述了内部控制的基本概念、基本理论、发展脉络和实践经验。

本书注重内部控制课程的理论与案例分析，增加了内部控制咨询的案例和教学内容，使学生既能够理解内部控制的基本理论，又能够熟悉内部控制的设计、运行、评价和审计。

本书既可以作为会计学、审计学、财务管理类专业的本科生和硕士研究生教材，也可以作为实务界人士自学参考用书。

图书在版编目(CIP)数据

内部控制/李正，刘杰主编．—北京：北京大学出版社，2021.1
21 世纪高等院校财经管理系列实用规划教材
ISBN 978-7-301-31978-9

Ⅰ. ①内… Ⅱ. ①李… ②刘… Ⅲ. ①企业内部管理—高等学校—教材 Ⅳ. ①F272.3

中国版本图书馆 CIP 数据核字(2021)第 022802 号

书　　　名	内部控制 NEI BU KONG ZHI
著作责任者	李　正　刘　杰　主编
策 划 编 辑	王显超
责 任 编 辑	李娉婷
标 准 书 号	ISBN 978-7-301-31978-9
出 版 发 行	北京大学出版社
地　　　址	北京市海淀区成府路 205 号　100871
网　　　址	http://www.pup.cn　新浪微博：@北京大学出版社
电 子 信 箱	pup_6@163.com
电　　　话	邮购部 010-62752015　发行部 010-62750672　编辑部 010-62750667
印 刷 者	天津中印联印务有限公司
经 销 者	新华书店
	787 毫米×1092 毫米　16 开本　17.25 印张　399 千字 2021 年 1 月第 1 版　2023 年 4 月第 2 次印刷
定　　　价	49.00 元

未经许可，不得以任何方式复制或抄袭本书之部分或全部内容。
版权所有，侵权必究
举报电话：010-62752024　电子信箱：fd@pup.pku.edu.cn
图书如有印装质量问题，请与出版部联系，电话：010-62756370

本书编写组成员

主　编：

李　正：云南财经大学特聘教授，博士生导师、审计系主任，中国审计学会理事；厦门大学管理学（会计学）博士；上海财经大学工商管理（会计学）博士后

刘　杰：贵州财经大学会计学院教授，厦门大学管理学（会计学）博士

副主编：

唐滔智：云南财经大学会计学院教授；西南财经大学管理学（会计学）博士

杨　静：云南财经大学会计学院副教授

汤中伟：贵州财经大学商务学院副院长，讲师

胡耀丹：云南财经大学会计学院讲师，云南财经大学管理学（会计学）博士

罗世华：云南财经大学会计学院讲师

前　　言

本书是云南财经大学课程思政示范课程"内部控制"的阶段性成果。

"内部控制"属于现代管理学、会计学和审计学交叉的一门学科，属于一门特色课程。本书通过对内部控制知识的讲解，帮助学生系统掌握内部控制的理论、方法与技能，培养学生运用所学知识对企业内部控制系统进行分析、设计与评价。

本书注重特色案例的开发和分析，使学生获得感性认识，既能够理解内部控制的基本理论，又能够熟悉企业内部控制设计的基本原理和方法，也能够对不同企业的内部控制做出分析和评价。

对于本科生来说，建议授课内容是本书的第1～4章，第5章的第1～3节，第6～7章；对于硕士研究生来说，建议授课内容除了本科生的内容之外，还包括第5章的4～9节，第8～10章。对于非会计学、审计学、财务管理类专业的本科生和硕士研究生来说，也可以选择相应的章节作为教材使用。

中共中央2019年12月发布的《中国共产党国有企业基层组织工作条例（试行）》指出，符合条件的党委（党组）班子成员可以通过法定程序进入董事会、监事会、经理层，董事会、监事会、经理层成员中符合条件的党员可以依照有关规定和程序进入党委（党组）。党员"双向进入、交叉任职"，对于从未接触过内部控制的党委会成员来说，学习内部控制基本理论对于完善国有企业内部控制建设具有重要意义。因此，本书也可作为国有企业党员干部了解内部控制基本理论的读本。

本书的特色如下。

（1）本书按照财政部等五部委发布的《企业内部控制基本规范》、系列《企业内部控制应用指引》、财政部会计司编写的《企业内部控制规范讲解2010》的内容进行写作。书中部分案例涉及行政事业单位。行政事业单位的内部控制与企业内部控制既有相同之处，又有差异，行政事业单位建设内部控制请参照财政部发布的《行政事业单位内部控制规范（试行）》及其他相关规定。

（2）本书采取"简洁的知识点＋案例"的写作模式，合理安排章节篇幅。

（3）本书贯彻教育部2020年印发的《高等学校课程思政建设指导纲要》要求，将课程思政内容贯穿于教学全过程，并且融入了党的二十大报告的相关精神。

（4）本书第10章是内部控制咨询，本章的编写基于编者曾经全程参与的一个金融类上市公司和一个非金融类上市公司的内部控制体系建设。根据保密协议要求，本章未出现被咨询对象的内部控制体系。本章内容既不是咨询报告，也不是操作手册，而是以实务经验为基础的、原则性的教学内容。读者在设计被咨询单位的内部控制体系时，需要针对具体单位的不同情况"量身定做"。

本书由云南财经大学、贵州财经大学两所高校的教师联合编写。本书编者都是多年从事"内部控制"课程教学与研究的一线教师，其中，李正编写第1～2章、第10章；胡耀丹编写第3章；刘杰、汤中伟编写第4～5章；刘杰、罗世华编写第6章；唐滔智编写第7章；杨静编写第8～9章。李正和刘杰对全书进行了审阅，提出修改意见，并对全书风格进行了统一。

本教材获得如下课题支持：

（1）国家一流专业"审计学"（教高厅函〔2021〕7号）；

（2）教学内容和课程体系改革项目"财务共享服务示范课程建设"（教高司函〔2020〕6号）；

（3）云南省专业学位研究生教学案例库建设项目"内部控制与风险管理教学案例库"（云学位〔2021〕18号）；

（4）基于数据分析思维的计算机辅助审计教学内容改革研究（黔教函〔2020〕315号）；

（5）云南财经大学课程思政示范课程"内部控制"（校教发〔2020〕444号）；

（6）云南财经大学在线开放课程"内部控制"（校教发〔2021〕399号）；

（7）云南财经大学一流课程"内部控制"（校教发〔2022〕102号）。

书中如有不妥之处，欢迎读者批评指正。

编　者

2023年3月

目　　录

第一章　内部控制的基本理论	1
第一节　内部控制的定义、目标、要素	2
第二节　建立和实施内部控制的基本原则	7
第三节　内部控制的历史沿革	9
第四节　内部控制的局限性和实施中的常见问题	19
复习思考题	22
第二章　内部环境	23
第一节　组织架构	23
第二节　发展战略	29
第三节　人力资源	35
第四节　社会责任	42
第五节　企业文化	51
复习思考题	57
第三章　风险评估	58
第一节　目标设定	59
第二节　风险识别	63
第三节　风险分析	71
第四节　风险应对	76
复习思考题	78
第四章　内部控制的基本方法	79
第一节　不相容职务分离控制	79
第二节　授权审批控制	83
第三节　会计系统控制	88
第四节　财产保护控制	91
第五节　预算控制	94
第六节　运营活动分析控制	99
第七节　绩效考评控制	102
复习思考题	105
第五章　业务循环控制	106
第一节　资金活动控制	106
第二节　采购业务控制	118
第三节　资产管理控制	123

第四节　销售业务控制 　　134
　　第五节　研究与开发控制 　　140
　　第六节　工程项目控制 　　144
　　第七节　担保业务控制 　　149
　　第八节　业务外包控制 　　153
　　第九节　财务报告控制 　　160
　　复习思考题 　　168

第六章　信息与沟通 　　169
　　第一节　信息与沟通概述 　　169
　　第二节　内部信息传递 　　172
　　第三节　信息系统控制 　　178
　　第四节　反舞弊 　　189
　　复习思考题 　　191

第七章　内部监督 　　192
　　第一节　内部监督的定义、机构与职责 　　193
　　第二节　内部监督的方法 　　197
　　第三节　内部监督的要求及其与其他控制要素之间的关系 　　201
　　复习思考题 　　204

第八章　内部控制评价 　　205
　　第一节　内部控制评价概述 　　205
　　第二节　内部控制缺陷的认定 　　208
　　第三节　内部控制评价程序和方法 　　213
　　第四节　内部控制评价报告 　　216
　　复习思考题 　　225

第九章　内部控制审计 　　226
　　第一节　内部控制审计概述 　　226
　　第二节　内部控制审计程序 　　229
　　第三节　内部控制审计报告 　　235
　　复习思考题 　　241

第十章　内部控制咨询 　　242
　　第一节　内部控制咨询概述 　　242
　　第二节　内部控制体系建设的流程 　　244
　　第三节　内部控制的推进 　　259
　　复习思考题 　　261

附录 　　262

参考文献 　　268

第一章

内部控制的基本理论

学习目标

1. 掌握企业内部控制的定义、五个目标和五个要素；
2. 掌握企业建立和实施内部控制的五个基本原则；
3. 了解内部控制发展的历史沿革；
4. 掌握我国企业内部控制规范框架体系；
5. 掌握企业内部控制的局限性。

任何企业都不希望出现违法、违规、员工偷窃组织资产、披露虚假信息、工作缺乏效率、无法达成战略目标等现象，建立和健全内部控制，不仅可以合理保证企业运营合法合规、资产安全、财务报告和其他信息真实完整，还可以提升管理效率，使经营活动富有效率和效果，有助于企业达成各职能部门目标和战略目标。内部控制是一个动态的发展过程，在历史长河的实践中，人们不断总结经验教训，使内部控制理论日臻完善。

 案例 1-1

国企反腐关键要完善内控机制

从 2015 年 3 月初开始，中国共产党中央纪律检查委员会（以下简称中央纪委）启动首轮专项巡视，对包括中石油、中海油、国家电网等在内的 26 家国企开展为期两个月的巡视。据不完全统计，在此轮巡视期间，26 家国企中有近 20 名高管被查，其中不乏一汽集团董事长徐建一、中石油总经理廖永远、中石化总经理王天普等国企界的重量级人物。相信随着巡视结果的公布，会有更多的真相浮出水面。

被誉为"共和国长子"的国企，是中国特色社会主义的基石，在我国经济社会发展中占据着特殊的权重。然而，从查办案件和巡视情况看，国企在腐败利益链条上问题比较集中，是腐败"重灾区"，部分国企还出现了令人触目惊心的"塌方式腐败"和"系统性腐败"。

在中国共产党第十八届中央纪律检查委员会第五次全体会议上，习近平总书记特别强调，要着力完善国有企业监管制度，加强党对国企的领导，加强对国企领导班子的监督，搞好对国企的巡视，加大审计监督力度。中央纪委也将"加大对国企的巡视力度，探索分行业、分领域开展专项巡视，实现对中管国有重要骨干企业巡视全覆盖"作为 2015 年工作的主要任务之一。

和党政机关不同，国企廉政建设具有特殊性。一方面由于产权制度改革不到位，许多国企在建立现代企业制度方面做得并不彻底，亦官亦商的双重身份，更使得国企监管起来困难重重。另一方面，由于国企常常在一些行业和领域内处于优势地位，利润高，再加上改制重组频繁，腐败空间较大，腐败现象也容易多发。

从十八大以来的一批国企大案要案看，目前对国企高管进行监督和曝光的，主要是外部监督机构和社会监督力量，特别是中央纪委发挥了重要作用。这些大案要案的督办，固然发挥了重大的威慑作用，但正如"治标"只能管一时，要真正实现国企风气的好转，还要靠国企自身的治理体系和内控制度的完善。当前的国企内部监管体制不可否认存在着明显的制度性缺陷，尤其是对高管人员监督失灵。这种制度缺陷，在十八大以来强力反腐取得重大成效的今天，并没有得到根本性改善。

鉴于国企的特殊性，现行的国企内部监管体制完善应该双管齐下。一方面，抓好党委主体责任这个"牛鼻子"，切实加强国企党委的领导力，落实纪委的监督责任。监督责任方面，中央纪委通过派驻机构、加大垂直管理力度、实施分类专项巡视等做出了许多有益的探索。另一方面，依然需要全面深化国企改革，真正建立健全现代企业制度，充分发挥股东大会、董事会、监事会等机构的权限职责，严格资金管理和物资采购制度，加强信息化管理，公正公开，提高内部员工的监督便利度。只有真正建立完善的内控制度，并形成按规则办事的良好风气，国企反腐才能真正进入"治本"阶段。

资料来源：罗容海. 国企反腐关键要完善内控机制. 光明日报. ［2015-05-21］http：//dangjian.people.com.cn/n/2015/0521/c117092-27033307.html ［2021-01-07］

第一节　内部控制的定义、目标、要素

一、内部控制的定义

《企业内部控制基本规范》指出，内部控制是由董事会、监事会、经理层和全体员工实施的、旨在实现控制目标的过程。该定义可以从以下方面去理解。

（一）内部控制覆盖了企业所有人员、所有部门和所有业务

1. 内部控制覆盖了企业所有人员

董事会、监事会、经理层在内部控制的建设和实施中负有重要责任，董事会、监事会、经理层对内部控制有充分的认识和高度的重视，对实现控制目标十分重要。但是，只有董事会、监事会、经理层参与到内部控制中去，如果员工没有参与进来，内部控制也会没有效果。所以，内部控制是全员控制。

 案例 1-2

仓库保管员偷卖公司财产——潜逃外省数月后被略阳警方抓获

2010年4月，略阳一公司仓库保管员谢某迷上了炒股，将自己所有积蓄和借亲友的钱

全部投进了股市,但由于股票大跌,谢某赔得很惨。为了还钱,他将公司仓库里的硅锰合金偷偷运出贱卖。事后,谢某逃至云南。汉中警方经过侦查掌握到谢某的踪迹后,派人赶赴云南展开抓捕工作,并于近日成功将谢某抓获。据了解,谢某逃到云南后,一度曾躲进深山不敢出来。谢某自己交代,他私自将公司 12.65t 硅锰合金,以低价卖给某金属回收点,获利 73 300 元。目前,谢某已被警方刑拘。

资料来源:http://epaper.xiancn.com/xawb/html/2010-08/28/content_268576.htm[2021-01-07]

2. 内部控制覆盖了企业所有部门

内部控制覆盖了公司董事会、监事会、管理层、业务单位、职能部门等所有部门。

业务单位是指多元化经营的集团下属的各业务单位。例如,华润啤酒、华润电力、华润置地、华润水泥、华润燃气都是华润集团下属的业务单位。

职能部门是指销售部门、财务部门、生产部门、研发部门、人力资源部门、信息技术部门等。

案例 1—3

广东榕泰实业股份有限公司内部控制重大缺陷

大华会计师事务所出具的内部控制审计报告中的内容:广东榕泰实业股份有限公司重要子公司北京森华易腾通信技术有限公司(以下简称北京森华)主营业务为互联网综合服务,主要包括互联网数据中心、云计算、CDN 业务等,在业务开展过程中,北京森华主要依靠森华云系统、ERP 管理信息系统、ISPM 系统、CACTI 监控系统等对不同业务进行管理,并据此设计一系列内控制度。经对以上业务系统及内部控制制度进行测试,发现存在业务信息存储有效期较短、信息系统备份不足等重大缺陷。

广东榕泰实业股份有限公司董事会关于否定意见内部控制审计报告涉及事项的专项说明:导致否定意见的事项是广东榕泰实业股份有限公司重要子公司北京森华 2019 年信息系统控制存在重大缺陷。有效的内部控制能够为财务报告及相关信息的真实完整提供合理保证,而上述重大缺陷使广东榕泰实业股份有限公司内部控制失去这一功能。

资料来源:http://www.sse.com.cn/disclosure/listedinfo/announcement/[2021-01-07]

3. 内部控制覆盖了企业所有业务

企业的采购、研发、生产、销售、售后服务、担保、关联交易等所有业务都是内部控制的内容,任何业务都可能出现缺陷,从而影响内部控制目标的实现。

案例 1—4

海越能源集团内部控制重大缺陷说明

海越能源集团未履行审批程序为关联方提供担保,且未能及时发现并适当披露此类对外担保。

海越能源集团存在对市场变化趋势预测不准确而导致采购决策不当,致使贸易预付款退回等情形,需要更加审慎决策,避免造成损失。

资料来源:http://static.sse.com.cn/disclosure/listedinfo/announcement/c/2020-

05-06/600387_20200506_1.pdf [2021-01-07]

（二）内部控制是制度，更是实践

内部控制制度包括内部控制的政策、流程、目标、要素等各种制度规范，但内部控制也是一个实践的过程。如果有制度而不执行，则只能是纸上谈兵。

案例 1-5

中航油新加坡公司的内部控制制度为何失灵

中航油新加坡公司曾聘请国际"四大会计师事务所"之一的安永会计师事务所为其编制《风险管理手册》，设有专门的七人风险管理委员会及软件监控系统。实施交易员、风险控制委员会、审计部、总裁、董事会层层上报和交叉控制的制度，规定每名交易员损失20万美元时要向风险控制委员会报告和征求意见；当损失达到35万美元时要向总裁报告和征求意见，在得到总裁同意后才能继续交易；任何导致损失50万美元以上的交易将自动平仓。中航油新加坡公司总共有10位交易员，如果严格按照《风险管理手册》执行，损失的最大限额应是500万美元，但中航油新加坡公司却在衍生品交易市场不断失利，最终亏损额高达5.5亿美元，以至申请破产保护。

资料来源：刘华，2008. 中航油新加坡公司内部控制案例分析[J]. 上海市经济管理干部学院学报，6(3)：16-20.

内部控制是一个动态的实践过程。从实践的时间顺序来看，内部控制包括事前控制、事中控制和事后控制。从实践的内容来看，内部控制包括内部控制制度设计、执行和监督评价。

内部控制要在实践中不断完善，只有起点，没有终点，必须坚持不懈地持续改进。

（三）内部控制只能为实现内部控制目标提供合理的保证，而不是绝对保证

内部控制的设计和执行存在固有局限，因此，内部控制仅能为董事会、监事会、经理层和全体员工实现内部控制目标提供合理的保证，而不是绝对保证。

二、内部控制的五个目标

（一）资产安全目标

资产安全目标是为了防止资产流失。要防止企业的货币资产被挪用、转移、侵占、盗窃，防止实物资产被低价出售。

（二）合规目标

企业要在法律和法规允许的经营范围内开展经营活动，严禁违法经营。

案例 1-6

海南矿业股份有限公司关于子公司收到《责令改正违法行为决定书》的公告

海南矿业股份有限公司（以下简称海南矿业）子公司昌江博创设备修造有限公司（以

下简称昌江博创）近日收到昌江黎族自治县生态环境局出具的《责令改正违法行为决定书》（昌环改决字［2019］4号），现将有关情况公告如下：

昌江黎族自治县生态环境局于2019年3月28日对昌江博创进行调查，发现昌江博创实施了以下环境违法行为：昌江博创对维修车间少量的危险废物未进行规范处理、处置。昌江博创上述行为违反了《中华人民共和国固体废物污染环境防治法》第五十五条、第七十五条，责令昌江博创自接到本决定书之日起，立即采取相应防范措施，避免造成危险废物扬散、流失、渗漏或者其他环境污染的行为。昌江黎族自治县生态环境局将对昌江博创改正违法行为的情况进行监督；如拒不改正，将依法申请人民法院强制执行。

资料来源：http：//www.sse.com.cn/disclosure/listedinfo/announcement［2021-01-07］

（三）报告目标

财务信息和非财务信息真实、没有遗漏负面信息或者其他信息，是投资者、债权人、监管机构等做出投资、信贷、是否达到监管要求等方面决策的重要依据。

财务信息包括资产负债表、利润表、现金流量表等报表和报表附注的信息。

非财务信息包括企业社会责任信息、公司治理信息、管理层讨论与分析等。

案例1-7

珠海市博元投资股份有限公司关于公司因涉嫌信息披露违法违规案被中国证监会移送公安机关的公告

2014年6月17日，广东证监局依法对珠海市博元投资股份有限公司（以下简称博元投资）立案调查。经查，博元投资2011年4月29日公告的控股股东华信泰已经履行及代付的股改业绩承诺资金38 452.845万元未真实履行到位。为掩盖这一事实，博元投资在2011年至2014年期间，多次伪造银行承兑汇票，虚构用股改业绩承诺资金购买银行承兑汇票、票据置换、贴现、支付预付款等重大交易，并披露财务信息严重虚假的定期报告。其中，2011年年报虚增资产34 705万元（占资产总额69%），虚增负债1 223.84万元；2012年半年报虚增资产35 500万元（占资产总额69%），虚增负债828.91万元，虚增营业收入和利润1 129.9万元（占利润总额326%）；2012年年报虚增资产36 455.83万元（占资产总额62%），虚增负债876.26万元，虚增营业收入和利润1 893.2万元（占利润总额90%）；2013年半年报虚增资产37 800万元（占资产总额59%），虚增负债1 017.29万元，虚增营业收入和利润1 347.25万元（占利润总额544%）；2013年年报虚增资产37 800万元（占资产总额62%），虚增营业收入和利润2 364.54万元（占利润总额258%）；2014年半年报虚增营业收入和利润317.4万元（占利润总额1327%）。根据《刑法》及《最高人民检察院公安部关于公安机关管辖的刑事案件立案追诉标准的规定（二）》的有关规定，博元投资上述行为涉嫌构成违规披露、不披露重要信息罪和伪造、变造金融票证罪。根据《行政执法机关移送涉嫌犯罪案件的规定》（国务院令第310号）及有关规定，中国证监会已于2015年3月26日将该案移送公安机关。

资料来源：http：//www.sse.com.cn/disclosure/listedinfo/announcement［2021-01-07］

（四）经营目标

内部控制促进了企业有效率地和有效果地使用现有资源，达到良好运营。

企业内部控制要求相互制衡、相互监督，并且不降低经营效率。清晰的内部控制流程和职责分配有效地防止了内部控制的风险点和薄弱点，所有员工工作时有据可依，提高了经营的效率和效果。

（五）战略目标

促进企业实现发展战略是内部控制的终极目标。发展战略是内部控制中控制环境的内容之一，其战略分析、战略选择、战略实施也经过内部控制多个流程的分析和监控，因此，企业在切实保证经营管理合法合规、资产安全完整、财务报告及相关信息真实完整、经营效率和效果稳步提高的基础上，提高核心竞争力，促进企业实现发展战略。

三、内部控制的五个要素

按照《企业内部控制规范——基本规范》第五条要求，企业建立与实施有效的内部控制，应当包括下列要素。

（一）内部环境

内部环境是企业实施内部控制的基础，也是其他内部控制要素的基础，构成了企业的总体氛围，主导企业员工的理念和行为。内部环境一般包括治理结构、机构设置、权责分配、内部审计、人力资源政策、企业文化等。我国企业内部控制应用指引中的组织架构、发展战略、人力资源、社会责任和企业文化五项指引属于内部环境的内容。

（二）风险评估

风险评估是指企业及时识别、系统分析经营活动中与实现内部控制目标相关的风险，合理确定风险应对策略。风险就是企业实现目标过程中可能遇到的不确定性因素，风险评估之前要设定企业的目标。风险评估包括目标设定、风险识别、风险分析、风险应对四项内容。

（三）控制活动

控制活动是指企业根据风险评估结果，采用相应的控制措施，将风险控制在可承受度之内。从控制手段来说，控制活动包括全面预算、合同管理、内部信息传递、信息系统四项内容。从控制措施来看，控制活动一般包括不相容职务分离控制、授权审批控制、会计系统控制、财产保护控制、预算控制、运营分析控制及绩效考核控制等。需要进行控制活动建设的常规业务：资金运动、采购业务、资产管理、销售业务、工程项目、担保业务、业务外包、财务报告、研究与开发。

（四）信息与沟通

信息与沟通是指企业及时准确地收集、传递与内部控制相关的信息，确保信息在企业内部、企业与外部之间进行有效沟通。企业内部的信息沟通包括董事会、监事会、管理层、全体员工自上而下、自下而上以及贯穿于不同部门之间的信息沟通。企业与外部的投资者、债权人、监管部门、供应商、消费者、注册会计师之间也需要信息沟通。

（五）内部监督

内部监督是指企业对内部控制建立与实施情况进行监督检查，评价内部控制的有效性。内部监督分为日常监督和专项监督。对监督过程中发现的内部控制缺陷，企业应当分析缺陷的性质和产生的原因,提出整改方案,采取适当的形式及时向董事会、监事会或者经理层报告。

第二节 建立和实施内部控制的基本原则

《企业内部控制基本规范》第四条指出,企业建立与实施内部控制,应当遵循全面性、重要性、制衡性、适应性、成本效益五项原则。

一、全面性原则

企业的内部控制应当贯穿决策、执行和监督的整个过程,并且包括企业及其所属单位的各种业务和事项,实现全员、全过程、所有业务的控制,避免出现控制盲区。

二、重要性原则

企业在全面性原则的基础上,应当关注重要业务事项和高风险领域。由于资源具有稀缺性,因此无法保证在所有业务上都倾注同样的资源,"兼顾一般,突出重点"就很有必要。例如,跨国并购中的文化融合就是重要的风险点,应当予以重点防范。

 案例 1-8

跨国管理最大的风险就是文化融合

柳传志表示联想收购 IBM PC 业务时主要考虑了三方面的风险:品牌、员工流失和文化冲突。其中,最大的风险是文化冲突。

2009 年,联想一度出现巨额亏损,一个季度亏损了 2.9 亿美元。这对联想来说是一个巨大的亏损,联想已经站到了悬崖的边上。究其亏损的原因,世界金融危机只是导火索,根本原因在于管理,在于企业文化的融合。例如,原来老 IBM 的人在一边,新进来的 DELL 的人在一边,变成带有宗派性质的矛盾,这个公司永远不能成功。柳传志重新出山,再次担任董事局主席之后,亲自构建以中国传统文化为基础的、适合国际化的、兼容并包的新联想企业文化即(4P 价值):Plan——想清楚再承诺;Prioritize——公司利益至上;Perform——承诺就要兑现;Practice——每一年、每一天我们都在进步。在 2012 年加上了第 5P,Pioneer——敢为天下先。企业新文化构建之初,联想集团在全球各大区(中国、西欧、北美)开展了"文化日"启动活动,正式推出新文化——"联想之道",并首先在核心领导团队中贯彻新文化,由柳传志和杨元庆亲自授课。全面推出新的企业文化之后,联想全球高效执行新的战略,不但扭转亏损,还取得了连续十几个季度的增长。

资料来源:黄伟东,2017.跨国经营遭遇文化冲突怎么破[J].清华管理评论(9):61-66.

三、制衡性原则

企业内部控制在治理结构、机构设置、权责分配、业务流程等方面相互制约、相互监督,同时兼顾运营效率。相互制衡是建立内部控制和实施内部控制的核心理念。例如,不相容机构、岗位、人员相互分离和制约。权力如果没有制衡,就可能出现滥用权力或者串通舞弊,给内部控制的建设和执行带来重大隐患。

 案例 1-9

绝对权力为腐败打开方便之门

对于七冶金沙建设项目有限公司原执行董事、总经理、法定代表人张泽进来说,在公司里,自己就是说一不二的"老大",一声令下,财务人员就将1 000万元公款腾挪私借给处于亏损状态的民营煤矿。张泽进本人擅自决定、隐瞒不报,上到上级公司,下到金沙公司,都没有召开过党委会、董事会或经理办公会研究此事,其他领导班子成员事先、事中没有一个人知晓此事。时隔一年,个别领导甚至直到网上有了新闻报道后才知道此事。

资料来源:http://heping.tjjw.gov.cn/show-602-248-1.html[2021-01-07]

四、适应性原则

内部控制应当与企业经营规模、业务范围、竞争状况和风险水平等因素相适应,并随着情况的变化及时加以调整。内部控制在建立和实施过程中,需要克服一成不变的思想,要与时俱进,在百年未有之大变局情境之下,要不断地对内部控制进行调整和完善。

 案例 1-10

国企炒期货是与时俱进吗?

中信泰富的厄运开始于该公司签订的以1澳元兑0.87美元和以1欧元兑1.44美元的平均汇率,买入数十亿澳元及数额略小的欧元协议。中信泰富为发展多样经营而进军澳大利亚铁矿石项目。据有关人士介绍,中信泰富在澳大利亚西部经营着一个铁矿,为此,公司需要以澳元购买设备和供应品。为了对冲铁矿石投资的外汇波动风险,"用美元锁定项目开支成本",从2007年起,中信泰富开始订立澳元对赌合约,购买澳元的累计外汇期权合约。

这一合约的特点是"止赚不止亏",当中信泰富获利累计达到一定金额,合约将自动中止。如果澳元实际汇率低于约定的接货汇率,中信泰富须以2倍或多倍接货,即放大损失。在金融衍生品专家、美国康奈尔大学黄明教授看来,这种合约实际上不是传统的金融衍生品,而是包含了复杂的"敲出障碍期权""双外汇选低期权"与"看跌期权"。双方的对赌犹如"普通人与乔丹一对一进行篮球比赛"。通常说,企业的衍生品交易出现问题之后,处理步骤无外乎叫停交易、处置相关责任人、设法平仓等。但中信泰富涉足的这种衍生产品有两个明显特点:一是发生问题后很难止损平仓;二是很难找到其他产品进行对冲。在这种安排下,中信泰富最多可赚5 350万美元,但要面对巨大的亏损风险。也就是说,中信泰富把宝完全押在了多头上。事实上,2008年7月中信泰富还在大举做多澳元时,多数投行已开始看淡澳元走势,作为交易对手的投资银行及商业银行,拥有顶尖的数理金融人才,对衍生品数学模型有深入研究,掌握估值与风险对冲技术。据中投证券衍生品部门的估算,中信泰富的澳元合约在签订之际,对手银行合计收取的佣金已在1亿美元左右——也就是说,在合约签订时,中信泰富已经处在极为不利的位置。最终平仓时,中信泰富共损失 156 亿港元,由中信集团注资"兜底"。中信泰富并非唯一的输家,2007 年 10 月 23 日,中国中铁、中国铁建都被爆出有大额的汇兑损失。鉴于国有企业的重大损失,中国市场监管机构证监会召集 25 家国有企业负责人,再次提醒其不得在境外大宗商品市场从事投机交易,只能进行套期保值。

资料来源:http://www.lifeweek.com.cn/2009/0119/23764.shtml [2021-01-07]

五、成本效益原则

内部控制应当权衡实施成本与预期收益,以适当的成本实现有效控制。内部控制的成本包括内部控制制度的设计成本、内部控制的实施成本、内部控制的审计成本。内部控制制度既可以由本单位自行设计,也可以委托注册会计师事务所或者咨询公司来设计。如果采用第一种方式,就涉及设计人员的培训费用、调研费用、五险一金、工资薪酬等费用;如果采用第二种方式,则视公司规模、业务复杂程度等收取咨询费用。执行内部控制同样需要成本。例如,设立内部审计部门对内部控制进行监督和自我评价的成本,内部牵制的人员成本,以及为达到技术进步和内部控制的要求对信息系统进行完善和升级的成本等。内部控制的审计成本是指聘请注册会计师对本企业内部控制进行审计的成本。中华人民共和国财政部颁布了《关于 2012 年主板上市公司分类分批实施企业内部控制规范体系的通知》,文件规定主板上市公司当年开始分批实施强制内部控制审计,到 2014 年为止,全部主板上市公司执行强制披露内部控制审计报告的制度。

成本效益原则要求企业不可能不惜一切代价,付出自身无法承担的成本去建设和实施内部控制,企业应当在保证内部控制制度有效性的前提下,简化内部控制流程,改进控制手段,提高工作效率。企业要充分认识到内部控制带来的效益,避免出现"不出漏洞,看不出内部控制的重要性;出了漏洞,损失惨重"的现象;在力所能及的情况下,尽最大努力建设、完善、执行内部控制体系。

第三节 内部控制的历史沿革

一、国外的内部控制发展历史沿革

国外内部控制的历史沿革经历了内部牵制、内部控制制度、内部控制结构、内部控制整合框架、全面风险管理整合框架五个阶段。

(一)内部牵制阶段

根据《柯氏会计辞典》的解释,内部牵制是指提供有效的组织和经营,防止错误和其他非法业务发生的业务流程设计。内部牵制的基本思想体现为岗位分离、相互核对、相互监督。在实务发展过程中,内部牵制包括实物牵制、簿记牵制、机械牵制、职责牵制等形式。

实物牵制:由两个或者两个以上的人共同管理实物工具。例如,两个或者两个以上人员管理银行金库的钥匙,不同时使用两把或者两把以上的钥匙是无法打开金库的。

簿记牵制:原始凭证、记账凭证、会计账簿、会计报表之间的数据要核对一致。

机械牵制：借助一定的技术手段才能完成的操作。例如，对于保密信息系统，需要通过密码才能进入，密码错误，系统将报警或者自动锁定。

职责牵制：不同的部门或人员完成不同的业务环节，达到牵制的目的。例如，不相容职务相分离（见本书第四章）。

公元前 4000 年，古埃及国库管理就采用了内部牵制的思想。国库粮物钱币的出入，必须由记录官、出纳官和监督官分别登记、检查。审计师 Dicksee 于 1905 年提出内部牵制这个概念，他认为，内部牵制由三个要素构成：职责分工、会计记录、人员轮换。

内部牵制基于两个假设：第一，两个或者两个以上的人或部门无意识地犯同样错误的概率，远小于一个人或部门犯该种错误的概率；第二，两个或者两个以上的人或者部门有意识地串通舞弊的可能性，远低于一个人或部门单独舞弊的可能性。

（二）内部控制制度阶段

美国在内部控制制度阶段具有代表性，表 1-1 为美国内部控制制度的演进过程。

表 1-1 美国内部控制制度的演进过程

年度	机构	主要内容
1949	美国会计师协会（该协会于 1957 年更名为美国注册会计师协会）所属的审计程序委员会发布《内部控制：系统协调的要素及其对管理部门和独立公共会计师的重要性》	首次提出内部控制的定义。内部控制包括组织机构的设计、企业内部采取的所有协调方法和措施，旨在保护财产、检查会计信息的正确性和可靠性，提高经营效率，促进既定管理政策的贯彻执行。内部控制不仅包括会计部门，还包括预算控制、成本控制、定期报告、统计分析、培训计划、内部审计及其他领域的经营活动
1953	美国会计师协会颁布了《审计程序说明》	把内部控制分为会计控制和管理控制，前者旨在保护财产安全、会计记录的准确性和可靠性；后者旨在提高经营效率，促使有关人员遵守既定的管理方针
1958	美国注册会计师审计程序委员会发布《独立审计人员评价内部控制的范围》	把内部控制分为内部会计控制和内部管理控制，说明了两者包含的内容
1963	美国注册会计师审计程序委员会发布《审计程序公告第 33 号——审计准则与程序（汇编）》	独立审计师应该主要检查会计控制，但是，如果独立审计人员认为某些管理控制可能对财务记录可靠性有影响，他应当考虑评价管理控制
1972	美国注册会计师协会审计准则委员会发布《审计准则公告第 1 号——审计准则和程序汇编》	详细说明了管理控制和会计控制的定义和所包括的内容
1977	美国国会发布《国外反贿赂实务法案》	上市公司必须建立足以达到控制目标的内部会计控制

（三）内部控制结构阶段

1985 年，由美国注册会计师协会、美国会计协会、财务经理人协会、国际内部审计师协会、管理会计师协会组成了反虚假财务报告委员会。1987 年，该委员会发布了《全国委员会关于反虚假财务呈报的报告》，报告指出 50% 的财务报告舞弊源于内部控制失效。反虚假财务报告委员会赞助成立了一个专门研究内部控制的组织——COSO 委员会（The Committee of Sponsoring Organizations of the Treadway Commission）。

1988 年，美国注册会计师协会发布《审计准则公告第 55 号：财务报表审计中对内部控制结构的关注》，提出以"内部控制结构"代替"内部控制制度"。内部控制结构由以下三个要素构成。

1. 控制环境

控制环境是指对建立、加强或削弱特定政策和程序的效率发生影响的各种因素。具体包括下列内容：管理理念和经营风格；组织结构；董事会及其所属委员会特别是审计委员会发挥的职能；确定职权和责任的方法；管理者监控和检查工作时所用的控制方法，包括经营计划、预算、预测、利润计划、责任会计和内部审计；人事工作方针及执行情况；影响企业业务的各种外部关系，如由银行指定代理人的检查等。

2. 会计系统

会计系统是指为确认、分析、归类、记录和编报各项经济业务，明确各项资产和负债的经营管理责任而规定的各种方法。具体包括下列内容：确认和登记一切合法的经济业务；及时对各项经济业务进行适当分类；作为编制会计报表的依据；将各项经济业务按适当的货币价值计价，以便列入会计报表；确定经济业务发生的日期，以便按照会计期间进行记录；在会计报表中恰当地表述经济业务及对有关内容进行揭示。

3. 控制程序

控制程序是指管理当局所制定的用以保证达到目标的政策和程序。具体包括下列内容：经济业务和经济活动的适当授权；明确各个人员的职责分工，例如，指派不同的人员分别承担业务批准、业务记录和财产保管的职责，以防止有关人员对正常业务图谋不轨和隐藏错弊；凭证和账簿的设置、记录和使用，以保证经济业务活动得到正确的记载；资产及其记录的限制接触；已经登记业务的记录与复核。

与内部控制制度相比，内部控制结构有两个特点：第一，将控制环境纳入内部控制中来，强调了管理理念、经营风格、组织结构、职责分配等因素的重要性，控制环境是内部控制有效实施的基础；第二，不再区分会计控制与管理控制，在实践中，二者是相互联系的，从控制环境、会计制度、控制程序等三个角度来看待内部控制，比制度二分法更全面。

（四）内部控制整合框架阶段

1.《内部控制——整合框架》（1992）

1992 年 9 月，COSO 委员会发布了《内部控制——整合框架》。该框架指出了内部控制的定义、三个目标和五个要素。

(1) 定义

内部控制是指由企业董事会、管理层和其他人员实施的，旨在为经营的效率与效果、财务报告的可靠性、相关法律法规的遵循性等目标的实现提供合理保证的过程。

(2) 三个目标

内部控制的三个目标分别为经营的效率与效果、财务报告的可靠性、相关法律法规的遵循性。

(3) 五个要素

① 控制环境：控制环境塑造企业文化，影响企业员工的控制意识，是所有其他内部控制组成要素的基础。

控制环境包括企业人员的诚信、道德观、胜任能力；管理层的管理理念和经营风格；管理层分配权力和责任；组织和培养员工的方式；董事会给予的关注和指导。

② 风险评估：每个企业都面临来自内部和外部的不同风险，这些风险都有必要加以评估。

评估风险的前提条件是设定目标。目标有不同的层级，这些目标内部之间必须一致。风险评估就是识别并分析与实现目标相关的风险，从而为风险管理奠定基础。由于经济、行业、监管环境和营运环境不断变化，上述变化带来了特殊风险，因此，建立识别和应对这些特殊风险的机制是必要的。

③ 控制活动：控制活动是确保管理层的指令得到贯彻落实的政策和程序，有助于采取必要的措施来应对目标不能实现的风险。

控制活动存在于企业的各个层级和职能部门。控制活动包括审批、授权、验证、调节、评价经营业绩、保障资产安全、职务分工等。

④ 信息与沟通：企业必须按照某种形式、在一定的时限内，辨识、取得适当的信息，并加以沟通，员工据此履行其责任。

信息系统产生报告，包括营运报告、财务报告、遵循法规相关的报告，业务运行和控制需要上述信息。信息系统不仅处理企业内部产生的信息，同时也处理与外部的事项、活动、环境相关的信息。这些信息是企业制定决策和对外披露所必需的。有效沟通的意义是广泛的，包括组织内部向下沟通、向上沟通及横向沟通。所有员工必须从最高管理层清楚地获得控制责任的信息，了解自己在内部控制制度中所起的作用，以及每个人的活动如何影响其他人的工作。他们必须有向上沟通重要信息的方法，也必须与外界的顾客、供应商、政府主管部门、股东等进行有效的沟通。

⑤ 监控：内部控制制度必须被监控。监控是随着时间推移而评估制度执行品质的过程。监控包括持续监控、个别评估或两者合并。持续监控发生在营运过程中，包括例行的管理和监控活动，以及员工为履行其职责所采取的行动。个别评估的范围和频率，主要基于评估所发现风险的大小及持续监控程序的有效性。内部控制缺陷必须向上报告，重要的事项要向最高管理层及董事会报告。

1994 年，COSO 委员会发布了补充报告，扩大了内部控制的范围，增加了与保障资产安全有关的控制。

2002 年，美国国会通过了《萨班斯-奥克斯利法案》（Sarbanes-Oxley Act），该法案的另一个名称是《2002 年公众公司会计改革与投资者保护法案》，上市公司管理层和注册会计师都需要对企业的内部控制做出评价，而且，上市公司必须在年度报告中提供企业的内部控制报告和内部控制评价报告。国外除了美国之外的其他国家或组织制定的内部控制规则见表1-2。

表1-2 国外除了美国之外的其他国家或组织制定的内部控制规则

年度	报　　告
1991	国际内部审计师协会发布《制度保证与控制》（Systems Assurance and Control），1994年修订
1992	英国《卡德伯力报告》（Cadbury Report）
1995	加拿大控制基准委员会发布《控制指南》（Guidance on Control）
1996	信息系统审计与控制协会发布《信息及相关技术的控制目标》（Control Objectives for Information and Related Technology）
1998	英国《哈姆佩尔报告》（Hampel Report）
1998	巴塞尔银行监督委员会发布《银行组织内部控制制度框架》（Framework for Internal Control Systems in Banking Organizations）
1999	英国《特恩布尔报告》（Turnbull Report）
1999	加拿大控制基准委员会发布《评估控制指南》（Guidance on Assessing Control）

2. 《内部控制——整合框架》（2013）

2013年，COSO委员会发布了新版《内部控制——整合框架》，主要内容包括：一个定义、三个目标、五个要素和十七项原则。其中前三项内容与1992年的版本基本相同，差异在于内容上略有扩充。例如，经营的效率和效果目标中增加了环境保护、产品质量、客户和员工的满意度等。2013年《内部控制——整合框架》的十七项原则内容如下。

（1）控制环境

原则1：组织对诚信和道德价值观做出承诺。

原则2：董事会独立于管理层，并对内部控制的建立和实施效果进行监督。

原则3：管理层在董事会的监督下，围绕企业目标，建立健全组织架构、报告路径及合理的授权和责任机制。

原则4：组织对吸引、开发和保留认同组织目标的人才做出承诺。

原则5：组织本着实现其目标的宗旨，让员工各自担负起内部控制的相关责任。

（2）风险评估

原则6：组织设定清晰的目标，以识别和评估与目标相关的风险。

原则7：组织对影响其目标实现的风险进行全面识别和分析，并以此为基础来决定应如何管理风险。

原则8：组织在对影响其目标实现的风险进行评估时，考虑潜在的舞弊行为。

原则9：组织识别和评估可能对内部控制体系造成较大影响的变革。

(3) 控制活动

原则 10：组织选择并设计控制活动，将风险对其实现目标的影响降到可接受水平。

原则 11：针对信息技术，组织选择并设计一般控制活动以支持其实现目标。

原则 12：组织通过预期的政策和确保这些政策得以贯彻执行的程序来开展控制活动。

(4) 信息和沟通

原则 13：组织获取或生成信息，并使用相关的、高质量的信息来支持内部控制发挥作用。

原则 14：沟通传递包括内部控制的目标和职责在内的必要信息以支持内部控制发挥作用。

原则 15：组织与外部相关方就影响内部控制发挥作用的事项进行沟通。

(5) 监控

原则 16：组织选择、设计并实施持续的或专门的评估以确认内部控制各个要素是否存在并且正常运行。

原则 17：组织及时地评价内部控制的缺陷，并视情况与那些负责采取纠正措施的相关方（包括高级管理层、董事会）进行沟通。

(五) 全面风险管理阶段

1. 《企业风险管理-整合框架》(2004)

2004 年，COSO 委员会发布了《企业风险管理-整合框架》。COSO 委员会指出，《内部控制-整合框架》经受了时间的考验，并且成为现行规则、法规和法律的基础，因此内部控制框架依然有效。《企业风险管理-整合框架》涵盖了《内部控制-整合框架》，但并没有取代《内部控制-整合框架》，企业可以用企业风险管理框架来满足内部控制的需要并且推进企业建立全面风险管理流程。该框架基本内容如下。

(1) 定义

企业风险管理是一个过程，它由一个企业的董事会、管理层和其他人员实施，应用于战略制定并贯穿于企业之中，旨在识别可能会影响企业的潜在风险，并且在风险容量之内管理风险，从而为组织目标的实现提供合理保证。

(2) 四个目标

战略目标：高层次目标，与使命相关联并支撑其使命。

经营目标：有效和高效率地利用其资源。

报告目标：报告的可靠性。

合规目标：符合适用的法律和法规。

(3) 八个要素

内部环境：内部环境包含组织的基调，是组织内的人员认识和对待风险的基础，包括风险管理理念、风险容量、诚信和道德价值观，以及他们所处的经营环境。

目标设定：只有先确定目标，管理层才能识别影响目标实现的潜在事项。企业风险管理层确保管理层采取适当的程序去设定目标，确保所选定的目标支持和切合该组织的使命，并且与它的风险容量相符。

事项识别：必须识别影响目标实现的内部事项和外部事项，分清楚风险和机会。机会被反馈到管理层的战略或目标制定的过程中。

风险评估：企业应分析风险发生的可能性和影响大小，并以此为基础，决定如何进行风险管理。风险评估应立足于固有风险和剩余风险。

风险应对：管理层在风险评估的基础上，选择风险应对措施，如回避、承受、降低或者分担风险，采取一系列措施以便把风险控制在企业的风险容忍度和风险承受能力以内。

控制活动：制定政策与程序并执行，以便有效实施风险应对措施。

信息与沟通：为确保员工履行其职责，必须及时地识别、获取和沟通相关的信息。有效沟通的含义比较广泛，包括信息在企业中向下、平行和向上流动。

监控：对企业风险管理进行全面监控，必要时加以修正。监控可以通过持续的管理措施、个别评价或者两者结合来完成。

2.《企业风险管理——与战略和绩效的整合》（2017）

2017年，COSO委员会发布了《企业风险管理——与战略和绩效的整合》，其基本内容如下。

(1) 将原有的八个要素整合成为五个要素

① 治理和文化：治理设定了组织的基调，强化了企业风险管理的重要性，建立了风险管理的监督责任；文化包括企业内部的伦理价值、期望的行为和对风险的理解。

② 设定战略和目标：在战略规划过程中，企业风险管理、设定战略和目标应当共同发挥作用，企业建立风险偏好并使之与战略相协调。业务目标将战略付诸实践，同时也是识别、评估和应对风险的基础。

③ 绩效：管理层应当确定和评估可能影响战略和业务目标实现的风险，在企业风险偏好的范围内，按照风险的严重程度设定风险的优先级别。在此基础上，组织选择风险应对措施，并从风险组合的角度来估量风险总量。这一过程的结果应当向主要的风险利益相关者报告。

④ 审阅与修订：通过对绩效的审查，组织能够考察一段时间内企业风险管理各要素的运行情况，根据重大变化，确定哪些内容需要修订。

⑤ 信息、沟通与报告：企业风险管理要求持续地从企业内部和外部、企业自下而上、自上而下、贯穿于企业内部各部门获得和分享必需的信息。

(2) 提出了二十项原则

① 治理和文化部分包括五项原则：董事会风险监督，建立运营架构，确定合意的文化，承诺实现核心价值，吸引、培育和留住人才。

② 设定战略和目标部分包括四项原则：分析业务环境，确定风险偏好，评估备选战略，制定业务目标。

③ 业绩部分包括五项原则：确定风险，评估风险的严重程度，风险的优先等级，实施应对风险方案，建立组合风险观念。

④ 审阅与修订部分包括三项原则：评估重大变化，审阅风险和业绩，追踪企业风险管理的改进情况。

⑤ 信息、沟通与报告包括三项原则：运用信息和技术，沟通风险信息，报告风险、文化和业绩。

(六) 国外内部控制思想演化的特点

1. 纳入内部控制的范围越来越广泛

目前的内部控制制度包括了企业内部所有人员，内部牵制主要针对会计、财务、审计人员；到了《内部控制-整合框架》（1992）阶段，内部控制的范围已经涉及企业的各个层级和职能部门，形成了董事会、管理层和其他人员都参与在内的全面内部控制体系。

2. 风险评估的领域越来越复杂

内部牵制、内部会计控制、内部管理控制所涉及的风险评估方法主要针对会计、财务、审计领域，到了《企业风险管理-整合框架》（2004）阶段，因为市场环境复杂多变，风险评估领域包括政治风险、文化风险、市场风险、信用风险等多个领域。

3. 越来越强调控制环境

自从1988年内部控制结构阶段引入了控制环境要素以来，对企业的风险管理理念、风险容量、诚信和道德价值观、胜任能力、伦理价值、企业文化等内容不断强化。

4. 内部控制的目标越来越多

内部牵制阶段的目标是账目正确和财产安全，而到了《企业风险管理-整合框架》（2004）阶段，内部控制的目标包括战略目标、经营目标、报告目标、合规目标等四个目标。

二、中国的内部控制发展历史沿革

我国最早的内部控制思想见于《周礼》。我国宋代理学家朱熹在《周礼·理其财之所出》指出，"一毫财富之出入，数人耳目之通焉"。这句话说明了同样一件事情，经过多人参与，可以达到内部牵制的目的。

1978年，中华人民共和国国务院颁布的《会计人员职权条例》，要求企业生产、改造及重要的经济业务需总会计师签字。1984年，财政部发布的《会计人员工作规则》，要求岗位轮换、职务分开。1985年，全国人民代表大会常务委员会通过的《中华人民共和国会计法》，要求各单位应建立、健全本单位的内部会计监督制度。1986年，财政部发布的《会计基础工作规范》，提出内部会计控制的要求。1996年，中国注册会计师协会发布的《独立审计具体准则第9号——内部控制与审计风险》，要求从审计的角度对企业内部控制做出评价。1997年开始，冠名"内部控制"或者"风险管理"的各种规章制度不断出台，表1-3是对这些规章制度的一个简要总结。

表1-3 中国不同机构发布的内部控制规则的列表

年度	发布机构	内部控制规章
1997	中国人民银行	《加强金融机构内部控制的指导原则》
2000	中国证监会	《关于加强期货经纪公司内部控制的指导原则》
2001	财政部	《内部会计控制规范——基本规范》 《内部会计控制规范——货币资金（试行）》

续表

年度	发布机构	内部控制规章
2002	财政部	《内部会计控制规范——采购与付款（试行）》 《内部会计控制规范——销售与收款（试行）》
2002	中国注册会计师协会	《内部控制审核指导意见》
2002	中国人民银行	《商业银行内部控制指引》
2002	中国证监会	《证券投资基金管理公司内部控制指导意见》
2003	中国证监会	《关于加强证券公司营业部内部控制若干措施的意见》
2003	中国证监会	《证券公司内部控制指引》
2004	财政部	《内部会计控制规范——担保（试行）》 《内部会计控制规范——对外投资（试行）》 《内部会计控制规范——工程项目（试行）》
2004	中国银监会	《商业银行市场风险管理指引》
2004	中国银监会	《商业银行房地产贷款风险管理指引》
2006	中国保监会	《寿险公司内部控制评价办法（试行）》
2006	中国银监会	《商业银行合规风险管理指引》
2006	上海证券交易所	《上海证券交易所上市公司内部控制指引》
2006	国务院国有资产监督管理委员会	《中央企业全面风险管理指引》
2007	国务院	《期货交易管理条例》（2007年发布，2012年、2013年、2016年、2017年修订）
2007	中国证监会	《证券投资基金销售机构内部控制指导意见》
2007	中国银监会	《商业银行操作风险管理指引》
2007	中国保监会	《保险公司风险管理指引（试行）》
2007	中国保监会	《保险公司合规管理指引》
2007	深圳证券交易所	《深圳证券交易所上市公司内部控制指引》（深圳证券交易所2010年7月28日发布《深圳证券交易所主板上市公司规范运作指引》《深圳证券交易所中小企业板上市公司规范运作指引》，自2010年9月1日起施行，《深圳证券交易所上市公司内部控制指引》同时废止）
2008	财政部、证监会、审计署、银监会、保监会	《企业内部控制基本规范》

续表

年度	发布机构	内部控制规章
2009	深圳证券交易所	《深圳证券交易所创业板上市公司规范运作指引》
2009	中国银监会	《商业银行声誉风险管理指引》
2009	中国银监会	《商业银行信息科技风险管理指引》
2010	财政部、证监会、审计署、银监会、保监会	《企业内部控制应用指引第1号——组织架构》等18项应用指引和《企业内部控制评价指引》《企业内部控制审计指引》
2010	中国银监会	《融资性担保公司内部控制指引》
2010	中国保监会	《保险公司内部控制基本准则》
2010	中国保监会	《人身保险公司全面风险管理实施指引》
2012	财政部	《企业内部控制规范体系实施中相关问题解释第1号》
2012	财政部	《企业内部控制规范体系实施中相关问题解释第2号》
2012	国资委、财政部	《国资委、财政部关于加快构建中央企业内部控制体系有关事项的通知》
2012	财政部	《行政事业单位内部控制规范（试行）》（2014年1月1日开始施行）
2012	中国证监会企业内部控制规范体系实施工作小组	《上市公司实施企业内部控制规范体系监管问题解答》
2013	财政部	《石油石化行业内部控制操作指南》
2014	财政部	《电力行业内部控制操作指南》
2014	中国银监会	《关于印发商业银行内部控制指引的通知》
2014	中国保监会	《保险公司声誉风险管理指引》
2015	中国银监会	《商业银行并购贷款风险管理指引》
2016	中国银监会	《关于印发银行业金融机构全面风险管理指引的通知》
2017	财政部	《小企业内部控制规范（试行）》
2017	国资委	《中央企业境外投资监督管理办法》
2018	国资委	《中央企业合规管理指引（试行）》
2018	国资委	《中央企业违规经营投资责任追究实施办法（试行）》
2018	中国银保监会	《商业银行流动性风险管理办法》

续表

年度	发布机构	内部控制规章
2018	审计署	《审计署关于内部审计工作的规定》
2019	国资委	《关于加强中央企业内部控制体系建设与监督工作的实施意见》
2020	国务院	《国务院关于进一步提高上市公司质量的意见》,提出了"规范公司治理和内部控制、提升信息披露质量、严肃处置资金占用、违规担保问题"等要求
2020	国资委	《关于深化中央企业内部审计监督工作的实施意见》

我国现行的内部控制就是以2008年财政部等五部委发布的《企业内部控制基本规范》和2010年发布的《企业内部控制应用指引第1号——组织架构》等18项应用指引、《企业内部控制评价指引》《企业内部控制审计指引》为指导,各行业的企业根据本企业的具体情况建立适合自己的内部控制体系。

我国企业内部控制规范框架体系如图1-1所示。

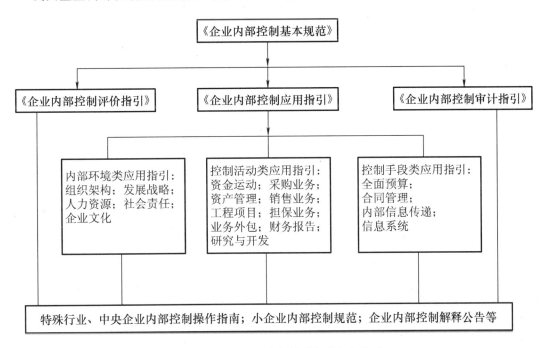

图1-1 我国企业内部控制规范框架体系

第四节 内部控制的局限性和实施中的常见问题

内部控制具有固有的局限性,内部控制制度不是一成不变的,也不是万能的。如下因素可能导致内部控制失去效果。

一、内部控制的局限性

(一) 人为失误

内部控制制度是由设计人员或设计人员组成的团队设计完成的,有可能因未对个别业务的重要风险设计有效的内部控制流程或控制措施,导致内部控制失控。

内部控制制度的执行人并非有意,而是因为粗心大意、过度疲劳、误解内部控制有关条款、判断失误等原因,导致内部控制失控。

内部控制制度的执行人素质低,不足以胜任相应的岗位。同样的内部控制制度,由不同素质的人执行,将产生不同的效果。对于素质低的执行人要进行针对性教育,如果教育效果不好,应当进行人员调整。

 案例 1-11

巴林银行总行的内部审计人员夜夜醉酒

沙基得·沙克拉尼是巴林银行总行的内部审计人员,人尽皆知的是,他喜欢在酒吧里占人便宜。现在,他正在亚洲检查巴林银行各分部的运作情况。在他来新加坡分行查账的时候,尼克·李森带他去了酒吧——想让他夜夜醉倒,这样,他就不会在早上去办公室查账了;不想让他看到给新加坡交易所交保证金的单据,因为那上面白纸黑字,记录着有关88888账户的情况,不想让他知道有88888这个账户;也不想让他看到任何资产负债表,否则他一定会对那些有问题的数字追问不休;特别希望用酒精麻醉他的神经,这样,他查看账目时就会迷迷糊糊的。我的计划显得非常出色——沙克拉尼几乎没进过办公室。他每天睡到下午四点,然后四处坐坐,让脑袋休息休息,喝喝咖啡;然后又问我们当晚带他去哪儿。

资料来源:尼克·李森,1996.尼克·李森自传:我如何弄垮巴林银行 [M]. 张友星,陈红胜,王朝晖,译. 北京:中国经济出版社.

(二) 合谋串通

对于合谋串通,内部牵制是控制方法之一,其设计思想就是利用多个部门、人员之间的相互制衡,来防止错误与舞弊行为。但是,若两个或者两个以上的人合谋,就使相互制衡失去了原有的意义。

 案例 1-12

人事管理有漏洞一案揪出五条"蛀虫"

浙江省绍兴市上虞区某企业发生多起企业管理人员涉嫌职务侵占案,五名企业管理人员以虚构员工"吃空饷"手法,骗得70多万元。近日,这家企业的五名管理人员因涉嫌职务侵占罪被提请公诉。阮某是上虞区一家企业的生产经理,平时个人的开销很大。2016年年初的一天,他将企业统计员车某叫到办公室,"讨教"报销发票的"良方"。碰巧,车间主任范某的两名在该单位工作的亲戚预备离职,他也向车某"讨教"是否可以继续缴社保。很快，阮某、范某、车某三人一拍即合，想到了骗取公司钱财的方法，利用职务便利，他们对两名离职人员隐瞒不报，由车间主任范某负责伪造考勤记录，统计员车某编造工资单，阮某负责签字。直到 2016 年 12 月，三人共骗取公司发放的社保费、工资等近 9 万元。得手后，三人平分了这笔钱。2017 年 1 月 20 日，阮某等三人的行为被公司发现，公司报警后三人随后被警方抓获。警方在调查取证过程中，竟然发现该企业还有一起更大的涉嫌职务侵占案。这家企业的另一名生产经理夏某，勾结统计员李某，从 2014 年 2 月—2016 年 12 月，采取虚构员工"吃空饷"的方法，骗得企业发放的工资 20 多万元。统计员李某胆子更大，从 2014 年 7 月至 2016 年 12 月，采用同样方法，将自己母亲、弟弟和表弟三人的名字编入公司工资单，骗得企业发放的工资近 43 万元。

资料来源：http：//sjc.xxu.edu.cn/info/1177/1511.htm［2021-01-07］

（三）管理层凌驾于内部控制体系之上

内部控制的设计思想是董事会、监事会、经理层之间形成相互制衡的机制，但是，实际工作中，可能出现董事长、总经理或业务单位总经理权力过大，从而带来权力滥用，无法制衡的情况。董事会、监事会、经理层是公司的治理层和执行层，他们凌驾于内部控制体系之上，不遵守已经制定的内部控制政策和程序，将造成内部控制失去效果。

（四）成本效益因素

内部控制可以由本单位自行设计，也可以委托注册会计师事务所或者咨询公司来设计，显然，设计内部控制是需要成本的，执行内部控制同样需要成本。例如，不相容职务相分离，为保证内部牵制的需要，就需要一些不同的人员来执行不同的业务，这些人员的工资、五险一金等就是内部控制执行的成本。而内部控制产生的效益往往又是无法预先估算的。因此，一些企业出于成本因素考虑，省略了某些内部控制流程这一做法可能导致内部控制失去效果。

（五）环境变化

随着新冠肺炎疫情、美国去全球化趋势、技术进步、市场竞争等多种因素的作用，企业面临的形势和外部环境可能发生了变化，原来某些不重要的业务现在变成了重要业务，而内部控制制度没有及时修订，可能导致内部控制失控。

二、内部控制实施中的常见问题

根据财政部发布的《企业内部控制规范体系实施中相关问题解释第 1 号》和《企业内部控制规范体系实施中相关问题解释第 2 号》，较为常见的内部控制问题如下。

（一）如何协调好内部控制与风险管理的关系

《企业内部控制基本规范》及其配套指引，充分吸收了全面风险管理的理念和方法，强调了内部控制与风险管理的统一。内部控制的目标就是防范和控制风险，促进企业实现发展战略，风险管理的目标也是促进企业实现发展战略，二者都要求将风险控制在可承受范围之内。因此，内部控制与风险管理不是对立的，而是协调统一的整体。

（二）对于《企业内部控制配套指引》尚未规范的领域，应如何处理

由于企业所面临的客观环境和自身的经营管理活动比较复杂，目前的《企业内部控制配套指引》仅对企业常见的、一般性生产经营过程的主要方面和环节进行了规范。在建设与实施内部控制的过程中，对于《企业内部控制配套指引》尚未规范的业务领域，企业应当遵循《企业内部控制基本规范》的原则和要求，按照内部控制建设与实施的基本原理和一般方法，从企业经营目标出发，识别和评估相关风险，梳理关键业务流程，根据风险评估的结果，制定和执行相应控制措施。

（三）实施《企业内部控制基本规范》及《企业内部控制配套指引》的企业，是否需要设置专门的内部控制机构

根据《企业内部控制基本规范》的规定，企业董事会负责内部控制的建立健全和有效实施。为便于董事会履行好企业内部控制规范体系的设计、建立、运行与改进方面的职责，董事会应当指定专门委员会负责指导内部控制建设与实施工作。一般情况下企业应当成立专门机构负责组织协调内部控制的建立实施及日常工作。对于少数受制于岗位编制、专业人员等条件限制的企业，尚不具备成立专门的内部控制管理机构的，可暂将内部控制管理职能划归现有机构。随着企业内部控制建设的持续深入和相关条件的不断成熟，企业应考虑成立专门机构，保证有足够的资源支持和协调内部控制工作的开展，确保内部控制工作的相对独立性。

复习思考题

1. 试述内部控制的五个要素。
2. 企业建立和实施内部控制的原则有哪些？
3. 内部控制局限性有哪些？
4. 试述我国企业内部控制规范框架体系。
5. 试述我国内部控制的定义。
6. 试述我国内部控制的五个目标。

第二章

内 部 环 境

学习目标

1. 掌握组织架构的定义；
2. 掌握我国企业的内部治理结构和外部治理结构；
3. 掌握战略分析的基本内容；
4. 掌握战略选择的基本内容；
5. 掌握人力资源的定义；
6. 了解人力资源的考核方法；
7. 掌握企业社会责任的基本内容；
8. 掌握企业文化的定义。

内部环境包括组织架构、发展战略、人力资源、社会责任、企业文化五个部分。内部环境是建立和实施内部控制的基础。内部环境影响着企业内部控制的各个方面，是其他四个构成要素的基础，在企业内部控制建立和实施过程中发挥着基础性作用。企业若没有良好的内部环境，内部控制就形同虚设。

第一节 组织架构

一、组织架构概述

（一）组织架构的基本内容

《企业内部控制应用指引第1号——组织架构》规定，组织架构是指企业按照国家有关法律法规、股东（大）会决议和企业章程，结合本企业实际，明确股东（大）会、董事会、监事会、经理层和企业内部各层级的机构设置、职责权限、人员编制、工作程序和相关要求的制度安排。

组织架构包括治理结构和内部机构两个内容。

1. 治理结构

治理结构是企业治理层面的组织架构。

狭义的企业治理是指所有者（主要是股东）对经营者的一种监督和制衡机制，即通过一种制度安排，合理地配置所有者与经营者之间的权力和责任关系。它是借助股东大会、董事会、监事会、经理层构成的企业治理结构来实现的内部治理。广义的企业治理不局限于股东和经营者之间的制衡，还涉及广泛的利益相关者，包括中小股东、雇员、债权人、供应商和政府等与企业有利害关系的集体或个人。因此，狭义的治理结构仅包括内部治理结构，广义的治理结构包括内部治理结构和外部治理结构。

（1）我国企业的内部治理结构

我国企业的内部治理结构包括股东大会、董事会、监事会、经理层。

① 我国企业的董事会下设战略、审计、提名、薪酬等专门委员会。企业根据自身情况，可以增加或者减少不同种类的专门委员会。

② 我国企业的董事会应当设立独立董事，独立董事不得在上市公司担任除独立董事之外的其他职务；独立董事维护公司整体利益，关注中小股东的合法权益不受损害。

③ 我国企业的监事会有权检查公司财务；对董事、高级管理人员执行公司职务的行为进行监督，对违反法律、行政法规、公司章程或者股东大会决议的董事、高级管理人员提出罢免的建议；当董事、高级管理人员的行为损害公司的利益时，要求董事、高级管理人员予以纠正；依照2018年修正的《中华人民共和国公司法》第一百五十一条的规定，对董事、高级管理人员提起诉讼。

（2）国外企业的内部治理结构

① 美国企业的内部治理结构是股东大会选举董事会，董事会选举、评价、考核经理层，内部不设监事会，相应的监督职责由独立董事履行；因此，董事会既有监督职能又有决策职能。

② 德国企业的内部治理结构是同时设置董事会和监事会，监事会的权力在董事会之上，股东大会选举监事会，监事会具有监督和任命董事会成员的权力；监事与董事不得兼任。

③ 日本、韩国、东南亚一些国家的企业内部治理结构是监事会与董事会之间的关系是平行的，董事会具有决策职能，由于董事会大多数成员是执行董事，因此，也具有执行职能。由股东大会选举的监事会对董事会和经理层进行监督。

（3）我国企业的外部治理结构

我国企业的外部治理结构包括证券市场、产品市场、劳动力市场、公司控制权市场、媒体、政府管制、党组织巡视等。

国外企业的外部治理结构除了无党组织巡视之外，与我国企业的外部治理结构相同。

外部治理结构反映了企业外部的各种权益主体对企业内部治理机制的影响。

 案例 2-1

党组织巡视 体现外部治理价值

2017年是王红梅正式进入贵州省毕节市织金经济开发区（简称经开区）财政局工作的第三年，如果不是巡察组的到来，财政局很多工作人员还不知道这个1990年出生的小姑娘已经"捅出了大娄子"。2017年8—9月，毕节市委第四巡察组进驻织金经开区开展巡察。巡察组发现经开区财政局存在资金管理混乱、大额转款原因不详等问题,要求经开区党工委进行自查整改。

在自查过程中,经开区党工委发现了王红梅存在"将单位千万巨款转存其个人账户、向身份不明人员大额转款、疑似侵吞公款"等问题。接到相关问题反映后,毕节市纪委指定织金县纪委开展调查。

2012年9月,王红梅通过选调生招考进入织金县八步街道办事处,随后借调在经开区工作。2014年10月她正式调到经开区,并从2015年1月起,开始从事经开区财政局出纳工作。为博得男友欢心,王红梅拟定"财务规划",想通过购买股票、彩票等证明自己的赚钱能力,以提高自己在对方心中的地位。结果不仅把自己的积蓄赔了进去,还将男友投入的10万元打了水漂,这让自认为是理财能手的王红梅难以接受。于是想继续投钱,以赢回"自尊"和在男友心目中的地位。钱从哪里来?"我想到单位的账务从来没有被检查过,就想先把单位的钱转出来投资,盈利后再'神不知鬼不觉'地把钱还回去。"王红梅第一次通过单位网银转出50万元到个人账户,购买了基金、股票和彩票。按照经开区财政局规定,每个月月初,会计要拿上月的银行对账单做账、对账。在挪用公款之前,王红梅已想好了应对之策——通过扫描、抠图技术伪造银行对账单。2016年1月—2017年4月,王红梅先后50余次从单位公款账户划转了1 500余万元到自己的私人账户,多数用于购买彩票和个人消费。其间,为了炫耀自己的挣钱能力,王红梅以买彩票中奖的名义,先后划转540余万元至男友的个人账户。

经查,经开区财政局财务管理混乱,借支公款的事时有发生。谭建珐在担任经开区财政局局长期间,多次从出纳处借走大量现金,年终再要求出纳虚列办公开支来冲平借款。一次,王红梅在办理两家公司注册事宜时,需要公司提供社区居委会出示的无犯罪记录证明。"去找社区太麻烦,你去外面私刻一个居委会的章就行了。"谭建珐如此指示。"那一刻我才知道公章可以通过其他方式来伪造,这为我后来做假票据时用假公章提供了'借鉴'。"上级领导的"言传身教",王红梅看在眼里、记在心里,有样学样。在王红梅贪污挪用公款的时间段中,经开区财政局先后有两任会计——夏延伟、王佳武。夏延伟把应由自己保管的单位网银口令密码甚至财务专用章,都交由王红梅一人管理。王佳武接任后,继续沿用夏延伟的做法,对王红梅每月提供的虚假银行对账单不认真审核就直接做账。

王红梅的造假技术并不高明,她通过抠图技术伪造银行对账单,模仿领导签字,私刻单位公章。可就是通过这种方式造出的虚假票据,竟在长达一年多的时间里无人发现。在后来核对一笔费用时,谭建珐等人也没有发现自己的签字是伪造的。

后来,王红梅贪污挪用公款一事暴露后,当领导要求她提供单位账户及其个人账户的银行流水时,她依旧心存侥幸。她掐准时间,白天把真实的银行流水交给领导后,夜晚悄悄利用早配好的钥匙潜入领导办公室,把真实的银行流水更换为自己制作的虚假银行流水聪明反被聪明误。目前,王红梅已经被开除党籍、开除公职,因贪污、挪用公款1 500余万元,被判处有期徒刑12年。其他涉案人员正在接受审查调查。

资料来源:http://www.hylz.gov.cn/data/v/201812/2353.html[2021-01-07]

党的二十大报告指出,推进政治监督具体化、精准化、常态化,增强对"一把手"和领导班子监督实效;发挥政治巡视利剑作用,加强巡视整改和成果运用;落实全面从严治党政治责任,用好问责利器。

2. 内部机构

(1) 设置职能机构

内部机构包含规划、设计、采购、生产、销售、会计、审计、人事、法律、后勤等职能机构。企业经理层需要确定是否设置上述职能机构、这些职能机构岗位职责的划分、权限体系的分配。

(2) 岗位职责的划分

岗位职责划分应当体现不相容职务相互分离的控制要求。不相容职务是指如果某一职务完全由一名员工担任，将为该员工实施舞弊行为提供便利。不相容职务包括可行性研究与决策审批、决策审批与执行、执行与监督检查等。董事与经理层人员之间的交叉任职，或者监事与经理层人员之间的交叉任职，将导致权力泛滥、制衡效果欠佳、权责不清等现象。

企业经理层或者业务部门通过发布本企业各职能机构的组织结构图、岗位职责说明书，能够使员工了解各职能机构的设置情况和岗位职责划分情况；通过发布业务流程图，可以使员工了解不同职能机构之间的业务关联关系。

(3) 权限体系的分配

企业经理层或者业务部门通过发布本企业各职能机构的权限指引，明确不同层级之间的授权机制。如果出现权力交叉、逆序授权（没有从上级到下级逐级授权）、越级授权、权力真空、缺乏书面依据的口头授权、授权范围不清晰、授权人与被授权人之间存在利益冲突等现象，表明企业的权限体系设计和运行效果不良。

二、国有企业组织架构的特殊性

(一) 党组织在国有企业组织架构中的地位

习近平指出，"坚持党的领导、加强党的建设，是我国国有企业的光荣传统，是国有企业的'根'和'魂'，是我国国有企业的独特优势。""中国特色现代国有企业制度，'特'就特在把党的领导融入公司治理各环节，把企业党组织内嵌到公司治理结构之中。"

《中华人民共和国公司法》第十九条规定，在公司中，根据中国共产党章程的规定，设立中国共产党的组织，开展党的活动，公司应当为党组织的活动提供必要条件。

《中国共产党章程》第三十三条规定，国有企业党委（党组）发挥领导作用，把方向、管大局、保落实，依照规定讨论和决定企业重大事项。国有企业和集体企业中党的基层组织，围绕企业生产经营开展工作。保证监督党和国家的方针、政策在本企业的贯彻执行；支持股东会、董事会、监事会和经理（厂长）依法行使职权；全心全意依靠职工群众，支持职工代表大会开展工作；参与企业重大问题的决策；加强党组织的自身建设，领导思想政治工作、精神文明建设和工会、共青团等群团组织。

(二) 国有独资企业组织架构特殊规定

国有资产监督管理机构代行股东会职权，国有独资企业不设股东会。国有独资企业的合并、分立、解散、增加或减少注册资本、发行企业债券，必须由国有资产监督管理机构决定。国有独资企业董事会成员中应当包括职工代表，职工代表由职工代表大会选举产生。国有独资企业的董事长、副董事长由国有资产监督管理机构在董事会成员中指定产生。国有独资企业监事会成员由国有资产监督管理机构委派,监事会主席从监事会成员中由国有资产监督管理机构指定产生;监事会成员中的职工代表由职工代表大会选举产生。

（三）对"三重一大"的特殊考虑

"三重一大"最早源于1996年中央纪委第六次全体会议公报,对党员领导干部在政治纪律方面提出的四条要求的第二条纪律要求。具体表述如下：认真贯彻民主集中制原则,凡属重大决策、重要干部任免、重要项目安排和大额资金的使用,必须经集体讨论作出决定。

对于国有企业来说,重大决策（企业的发展方向、经营方针、中长期发展规划、重大资产处置、利润分配和弥补亏损、财务预算、从事高风险经营等）、重要项目（担保项目、关键性设备引进、重大招投标管理项目、重大工程承包发包项目等）安排、重要干部任免（中层以上经营管理人员任免、董事会成员、监事会成员、二级子单位领导班子成员选聘等）、大额资金使用（年度计划的大额资金使用、较大金额预算外资金使用、较大金额的非生产性资金使用、重大捐赠、赞助等）,必须按照规定的权限和程序实行集体决策审批或者连签制度,可以避免权力集中于个人手中,导致决策失误。当前,一些非国有企业也实施"三重一大"制度。

三、组织架构设计和运行中的风险点

组织架构设计失误或者虽然有良好的设计但没有按照规定有效执行,都将给组织架构带来风险。

（1）治理结构形同虚设,缺乏科学决策、良性运行机制和执行力,可能导致企业经营失败,难以实现发展战略。

案例 2-2

啃倒国企喂饱自己 湘潭巨蠹终上法庭

湖南电线电缆集团公司（简称湘缆集团）是1992年以湘潭电缆厂为骨干组建的国企大型一类电线电缆骨干企业,跻身全国企业500强之林。1978年,陈海燕顶替其父进入湘潭电缆厂工作;1980—1985年,陈海燕在湘潭电缆厂职工大学学习,毕业后任厂团委副书记;1986年,湘潭电缆厂派陈海燕到湘潭电缆厂下属的深圳太平洋铜材有限公司;1992年10月,时在湘缆集团下属的深圳太平洋铜材有限公司工作的陈海燕与同事李世丰、彭蛊武利用原来在湘缆集团工作的技术、业务关系等便利条件,创建了深圳大阳电工材料有限公司,生产经营与原来所在的深圳太平洋铜材有限公司相类似的产品,陈海燕担任总经理,其余两人担任其他要职。1994年9月,陈海燕被录用为国家干部。半年后,即1995年5月,陈海燕由一名湘缆集团下属公司负责人一跃而成为湘缆集团党委副书记兼总经理,一年后又接任党委书记,集大权于一身。这位国有大型企业的法人代表同时还是私营企业的老板,这在中国是罕见的。陈海燕出任湘缆集团党委书记兼总经理后,短短两年多时间,湘缆集团亏损3.61亿元,而他那些靠着湘缆集团这棵大树发不义之财的私营企业——"大阳"系列公司却赢利1 000多万元。湘缆集团人心涣散,生产经营陷于瘫痪。

陈海燕被判处无期徒刑、剥夺政治权利终身。

资料来源：http://news.sina.com.cn/society/2000-2-28/66056.html [2021-01-07]

（2）内部机构设计不科学，岗位权责分配不合理，导致职能交叉或者缺失、推诿扯皮，运行效率低下。

案例 2-3

职能交叉引发贪污

许杰是原贵阳市财政局综合处出纳兼会计，并兼任贵阳市国债委员会办公室出纳兼会计、贵阳市财政局预算外资金专户的出纳及部分会计工作，负责代保管有关单位国库券，保管支取国债办资金所需的3枚印鉴章和市财政局局长印鉴章。杜建生原系贵州省医药公司职工。1997年8月，杜建生以假名龙彬和所谓的广东老板、香港龙氏集团家族成员等假身份与许杰相识，骗取许杰的信任，并逐步建立恋爱关系。1997年10月—2000年2月，杜建生利用许杰想与其结婚移居国外生活的心理，通过许杰利用职务上的便利条件及管理上的漏洞，以付手续费、奖励费、兑付款、事业费支出等名义，采取私盖印章和偷盖他人保管的综合计划处专用印鉴章、隐匿支票存根等手段，私开现金支票和转账支票，将总计7 272万多元国债办资金、预算外财政资金、国库券非法转入杜建生开设的贵州恒力机电有限公司和贵州新申贸易发展公司账号上并据为己有。2000年8月4日，贵阳市中级人民法院开庭宣判，判处许杰、杜建生死刑。许杰、杜建生不服，提出上诉。贵州省高院经审理后驳回上诉，维持原判。

资料来源：http://gsrb.gansudaily.com.cn/system/2000/09/19/000264895.shtml [2021-01-07]

四、组织架构设计和运行中的风险点的控制措施

（一）组织架构设计风险点控制措施

（1）符合《中华人民共和国公司法》《上市公司治理准则》等法律法规对股东大会、董事会、监事会、经理层的权利、义务、任职资格、离职要求等方面的规定。应当避免有道德诚信污点或者胜任能力不足的个人担任董事、监事、经理层。

案例 2-4

诈骗前科高管串通舞弊

麦克森·罗宾斯药材公司于1938年突然宣布倒闭，债权人米利安·汤普森遭受重大损失。作为审计师，普化会计师事务所没有对公司负责人的背景进行了解和调查，一直对麦克森·罗宾斯药材公司发表"正确、适当"的审计意见。然而，事实情况是：麦克森·罗宾斯药材公司1937年12月31日的合并资产负债表上虚构存货1 000万美元、应收账款900万美元和银行存款7.5万美元，相应地虚构销售收入1 820万美元和毛利180万美元。麦克森·

罗宾斯药材公司总裁菲利普和他的三个兄弟都是有前科的诈骗犯,均用化名混入公司并爬上领导岗位,将亲信安插进来掌管钱财。会计师事务所认为麦克森·罗宾斯药材公司的诈骗是由于经理部门串通舞弊所致。但在证券交易委员会的调停下,普赖斯·沃特豪斯退出历年来收取的审计费共 50 万美元,作为对米利安·汤普森公司的部分债权损失的赔偿。

麦克森·罗宾斯药材公司案例也为建立起现代美国审计的基本模式——在评价内部控制基础上的抽样审计,奠定了基础。针对此案,美国证券监督管理委员会和纽约证券交易所均建议"由公司的非执行董事组成一个特殊的委员会来选择公司的审计人员",即审计委员会。随后,审计委员会制度受到空前的重视,功能也不断拓展。

资料来源:http://www.iaudit.cn/Item/201576.aspx [2021-01-07]

(2) 组织架构设计应当与企业所处的市场环境、行业特征、公司战略及经营规模相适应,过大或者过小的组织架构都将影响管理控制的效果。

(二) 组织架构的运行风险点控制措施

(1) 提高企业信息化管理的先进程度。例如,财务共享服务中心将各个分支机构"票、账、表、钱、税"等基础业务集中起来,进行专业分工和流程再造,增加了舞弊难度。

(2) 提高内部控制流程的标准化程度。企业应当针对不同的业务,确定标准化的业务流程图,使不同岗位的员工明确岗位职责和权限,避免越级操作、错误授权等。

(3) 内部审计部门对企业组织架构的风险点进行监督。例如,全面评价企业董事会的运行效果、监事会的运行效果、经理层的运行效果、企业内部机构的职责分工的效果、权力制衡的效果等。如果上述某一方面的运行效果不佳,建议股东大会或者董事会进行相应的治理结构调整或者内部机构调整。

第二节 发展战略

一、发展战略概述

(一) 发展战略的概念

《企业内部控制应用指引第 2 号——发展战略》指出,发展战略是指企业在对现实状况和未来趋势进行综合分析和科学预测的基础上,制定并实施的长远发展目标与战略规划。

(二) 发展战略的意义

(1) 发展战略可以帮助企业确定市场定位,避免盲目生产、盲目扩张、盲目投资。

(2) 发展战略是企业执行层的行动指南。董事会成员和董事长构成企业的决策层,决策层负责制定企业的发展战略,企业高级管理人员又称执行层。例如,总经理、副总经理、财务总监等,只有有了科学合理的发展战略,企业执行层才能有的放矢,才能避免浪费企业资源。

(3) 发展战略是企业内部控制设定的最高目标。内部控制的目标包括资产安全、财务报告及相关信息真实完整、提高经营的效率与效果、经营管理合法合规、促进企业实现发展战略;其中,促进企业实现发展战略是内部控制最高层次的目标。实现发展战略必须通过建立和健全内部控制体系才能得以实现。

二、发展战略的制定

战略管理包括战略分析、战略选择、战略实施三个部分;其中,前两个部分属于战略的制定过程。

(一)战略分析

企业在制定战略之前,要对企业外部环境和企业内部环境进行透彻分析。

1. 企业外部环境分析

(1) 宏观环境分析

宏观环境包含如下四类。

① 政治和法律因素:政府行为、法律法规、政局稳定情况、路线方针政策、国际政治法律因素、各政治利益集团。

② 经济因素:社会经济结构、经济发展水平、经济体制、经济政策、其他一般经济条件。

③ 社会和文化因素:人口因素、社会流动性、消费心理、生活方式变化、文化传统、价值观。

④ 技术因素:技术水平、技术力量、新技术的发展。

(2) 行业环境分析

行业环境分析包括产品生命周期分析和产业五种竞争力分析,具体内容如表 2-1 所示。

表 2-1 行业环境分析

产品生命周期	导入期	产品用户很少,只有高收入用户会尝试新的产品;利润较低
	成长期	产品销量增加,消费者对产品质量要求不高;利润最高
	成熟期	竞争者之间出现价格战,虽然市场巨大,但基本饱和;利润适中
	衰退期	客户精明,对性价比要求很高;产能过剩,利润很低
产业五种竞争力	潜在进入者	进入者将瓜分市场份额,激发现有企业之间的竞争
	卖方	卖方的产品很难被替代品替代,则卖方的议价能力增强
	买方	买方的购买力集中,买方的议价能力就会增强
	替代品	如果替代品的功能高于老产品的功能,则老产品很可能被替代
	产业内现有企业的竞争	一个产业内的企业为争夺市场占有率而进行的竞争,如价格战、广告战等

(3) 经营环境分析

企业对消费者消费状况、劳动力市场状况、市场及本企业所处的竞争地位进行分析,有利于企业应对威胁、抓住机会。

2. 企业内部环境分析

（1）企业资源分析

全面分析企业的有形资源（包括物质资源和财务资源）、无形资源（包括品牌、商誉、技术、专利、商标、企业文化、组织经验等）、人力资源（组织成员向组织提供的技能、知识等）；侧重于分析上述资源的稀缺性、不可模仿性、不可替代性及持久性等。

（2）企业能力分析

分析企业的研发能力、生产管理能力、营销能力、财务能力及组织管理能力等。

（3）企业核心竞争力分析

核心竞争力是指在具有重要竞争意义的经营活动中能够比竞争对手做得更好的能力。例如，优秀技能、技术诀窍、一系列生产技能的组织等。核心竞争力对于企业构建稀缺资源、不可模仿资源、不可替代资源具有重要意义。

（二）战略选择

企业在做好战略分析的基础上，选择适合于本企业的战略。企业的战略应当包括总体战略、业务单位战略、职能层战略三个层次的内容，在每个内容中，根据表 2-2 所列的基本内容，选择适合本企业的具体战略。

表 2-2　企业战略的不同层次

总体战略（该层次战略由公司最高管理层来制定）	发展战略	一体化战略	纵向一体化：整合业务链上下游企业，节约交易成本
			横向一体化：开发价值链相同阶段的产品，采用规模经济，获得竞争优势
		密集型战略	市场渗透：增加现有产品的市场份额或使用频率
			市场开发：将现有产品或服务打入新市场
			产品开发：开发新产品或提高原产品的差异化程度，提高竞争地位
		多元化战略	相关多元化：企业以现有业务或市场为基础，进入相关产业或市场的战略
			非相关多元化：企业进入与当前产业和市场均不相关的领域的战略
	稳定战略		也称维持战略，是指企业限于经营环境和内部条件，基本保持在战略起点的经营状况水平。企业只需要集中资源用于原有的经营范围和产品，以增加其竞争优势
	收缩战略		也称撤退战略，是指企业缩小原有的经营范围和规模的战略

		续表
业务单位战略（该层次战略由公司事业部门管理层来制定）	基本竞争战略	成本领先战略：通过成本控制，把成本降到最低限度，成为产业中的成本领先者的战略
		差异化战略：企业向顾客提供的产品和服务在产业范围内独具特色，可带来额外的加价
		集中化战略：针对某一购买群体、产品细分市场或区域市场，采用成本领先或差异化战略，获得竞争优势的战略
	中小企业的竞争战略	中小企业一般处于零散产业或新兴产业，采用连锁经营、提高产品差异化程度、选择进入时机等战略
	蓝海战略	拓展非竞争性市场空间，创造新需求
职能层战略（该层次战略由公司职能部门管理层来制定）	市场营销战略	包括确定目标市场、设计市场营销组合
	生产运营战略	准时生产系统，产能计划的领先策略、滞后策略和匹配策略等
	研究与开发战略	确定研发定位、研发政策、研发类型等
	财务战略	筹资战略（包括资本结构决策、筹资来源决策、股利分配决策）和资金管理战略（建立和维护有利于创造价值的资金管理体系）
	人力资源战略	人力资源的规划、招聘、选拔、继任、激励、绩效评估、培训和发展等内容

案例 2-5

两面针的多元化分析

表 2-3 为柳州两面针股份有限公司（简称两面针）2017—2019 年三年主要财务指标对比。

表 2-3 两面针 2017—2019 年三年主要财务指标对比

主要财务指标	2019 年	2018 年	本期比上年同期增减	2017 年
基本每股收益/（元/股）	-0.10	0.04	不适用	-0.26
稀释每股收益/（元/股）	-0.10	0.04	不适用	-0.26
扣除非经常性损益后的基本每股收益/（元/股）	-0.22	-0.14	不适用	-0.28
加权平均净资产收益率/%	-3.04	1.19	减少 4.23 个百分点	-7.49
扣除非经常性损益后的加权平均净资产收益率/%	-6.76	-4.09	减少 2.67 个百分点	-8.00

表 2-4 为两面针证券投资情况。

表 2-4　两面针证券投资情况

序号	证券品种	证券代码	证券简称	最初投资金额/元	持有数量	期末账面价值/元	会计核算科目
1	股票	600030	中信证券	45 371 877.47	8 659 800	219 092 940.00	交易性金融资产
2	股票	601328	交通银行	67 508.50	51 551	290 232.13	交易性金融资产
3	基金	519800	货币基金	359 549.12	/	3 881 371.48	交易性金融资产

表 2-5 为两面针按细分行业划分的公司主营业务基本情况。

表 2-5　两面针按细分行业划分的公司主营业务基本情况

细分行业	营业收入/元	营业成本/元	毛利率/%	营业收入比上年增减/%	营业成本比上年增减/%	毛利率比上年增减/%
日化产品	723 023 531.19	563 655 874.69	22.04	5.32	5.18	0.10
纸浆、纸品	322 547 967.85	322 561 934.25	−0.00	−21.68	−10.14	−12.84
药品	108 927 853.61	66 619 898.56	38.84	1.43	1.68	−0.15
商业贸易	7 049 370.96	5 723 773.32	18.80	−17.08	−21.07	4.10
房地产及物业管理	2 373 160.97	1 655 837.27	30.23	−54.82	−42.79	−14.67

2019 年 12 月 13 日，两面针召开 2019 年第二次临时股东大会，审议通过了重大资产出售暨关联交易项目的相关议案，将两面针持有的纸品公司、房开公司的股权，对纸品公司、纸业公司和房开公司的债权转让给产投集团。详见公司临时公告，编号：临 2019-022 至临 2019-035，临 2019-037，临 2019-038。

两面针聚焦主业，围绕日化主业，融合日化与医药产业发展；以药业支撑日化发展，基于中草药研究与开发，专注于日化的发展，逐步从口腔品牌（牙膏用品）延伸到大健康品牌（药业、洗护产品等），将两面针大日化发展成具有技术领先优势的日化企业，致力于应用天然、健康和安全的中药原料来改善和提高人们的生活品质。

资料来源：http：//www.sse.com.cn/disclosure/listedinfo/announcement/c/2020-04-17/600249_20200417_2.pdf［2021-01-07］

三、发展战略的实施

（1）公司董事会的战略委员会和经理层是企业发展战略制定的参与者，应当作为战略实施的领导者，恰当地分配企业资源、优化内部组织机构、整合企业内外部资源、调整管理方式、培育企业文化、建立相应的激励和考核制度等。

（2）企业通过制订年度工作计划、编制全面预算等方式，将发展战略逐步细化、分解落实。

（3）加强发展战略的宣传培训工作，使内部各管理层级和全体员工都了解公司的发展思路、战略目标和具体举措，自觉地把公司发展战略与本人具体的工作结合起来，促进战略的有效实施。

四、发展战略制定和实施中的风险

（1）盲目多元化，导致资源浪费。

案例 2-6

三九集团多元化失败

三九集团前董事长赵新先追求"规模化而非效益化"。在 2000 年之前，三九集团涉足的汽车、农业、房地产、酒店、IT 等数十个领域，除少数盈利外，大多处于亏损或难以为继的状态。而在 2000 年之后，三九集团开始向医药专业化回归，短短数年之内，在连锁药店、医院集团、药厂和健康医疗中心等"五大项目"的投资预算总额就超过了 90 亿元。

在当时国企已经取消财政拨款、改为银行贷款支持的大环境下，三九集团这些新的投资项目，几乎全部靠银行贷款运作。2000 年，三九集团把旗下医药资产以三九医药股份有限公司（下称"三九医股"）的名义在深圳交易所上市融资。但仅仅一年之后，中国证监会就公开谴责三九医股的大股东占用资金问题。2003 年 9 月 28 日，公共传媒一篇《98 亿贷款：银行逼债三九集团》的稿件，引爆了长期以来各方最为担心的"炸弹"。银行等债权人纷至沓来，不但要求三九集团归还逾期贷款，甚至要求其提前还贷。2003 年 12 月，民生银行为实现 H 股上市，压缩不良资产，大力度清收三九集团贷款，出手对其资产实施诉前保全措施，冻结了三九集团持有的三九医股 4 亿股国有法人股。此举引发金融机构的连锁反应，工商银行、光大银行等争先恐后提起诉讼，封存冻结三九集团有效资产。三九集团债务危机全面爆发，资金链就此断裂，形势急转直下。2004 年年底，国务院国资委委托天职孜信会计师事务所对三九集团清产核资，最终核定三九集团总资产为 115.79 亿元，负债高达 151.15 亿元，其中银行负债 113 亿元。2007 年 11 月 27 日，华润集团正式全面接管三九集团。

2008 年 4 月，在正式入主三九集团半年后，华润集团成功化解了三九集团 100 多亿元债务危机。

资料来源：https：//www.yicai.com/news/3366263.html.［2021-01-07］

（2）发展战略不稳定，因各种原因频繁变动，威胁企业的生存和发展。
（3）发展战略过于激进，脱离实际能力，过度扩张，导致经营失败。

案例 2-7

华润集团的业务单位战略

华润集团直接控股和间接控股的上市公司有十一家，其中：在香港有七家上市公司（华润啤酒、华润电力、华润置地、华润水泥、华润燃气、华润医药、华润医疗），在内地有四家上市公司（华润三九、华润双鹤、华润江中、东阿阿胶）。

华润集团的发展战略是多元化战略，但其在香港和内地的十一家上市公司分属于不同的业务单位，各业务单位的战略各有不同。2007 年 11 月 27 日，华润正式全面接管三九集团，并对三九集团的战略重新定位。

当时的三九医股总经理宋清对记者坦陈，"对很多企业，尤其是国企，做加法很容易，但做减法就有挑战。那时李福祚是华润集团战略部总经理，他天天给我讲做减法，我就特别不服不理解，你华润集团什么都干，凭啥要我们做减法？""开始不理解这个东西，后来就慢慢地理解了，集团是可以多元化的，但战略业务单位必须专业化。"

在6S报表的引导下，三九医股进行了长达三年的战略梳理，逐步卖掉旗下印刷、花椒油、房地产、连锁药店等非核心业务，战略聚焦在品牌非处方药和中药处方药业务上。

资料来源：https://www.yicai.com/news/3366263.html［2021-01-07］

（4）没有发展战略或者发展战略不够明确，导致企业盲目发展。

（5）战略实施过程中出现偏差，却没有能力或者不愿意纠正偏差，导致发展战略失效。

五、发展战略制定和实施中的风险的控制措施

（一）加强对发展战略实施的评估与监控

加强对发展战略制定和实施的事前、事中、事后的评估与监控，采取财务指标和非财务指标相结合的方法，根据监控情况持续纠正发展战略的错误或偏差。

（二）持续优化调整发展战略

企业决策层和执行层要定期收集和分析相关信息，对于因为国际形势、新冠肺炎疫情、产业政策、技术进步等不可抗力发生变化导致的战略偏离，应当及时对战略做出调整和优化。如果企业内部经营管理发生较大变化，也应对发展战略做出调整。

（三）抓住机遇实现战略转型

当企业进入新的成长阶段或者行业竞争状况发生重大变化时，企业必须选择新的生存和发展模型，即战略转型。战略转型不是战略的局部调整，而是各个战略层次上的方向性改变。

第三节　人力资源

一、人力资源概述

《企业内部控制应用指引第3号——人力资源》指出，人力资源是指企业组织生产经营活动而录（任）用的各种人员，包括董事、监事、高级管理人员和全体员工。

案例 2-8

创新的事业呼唤创新的人才

习近平指出，创新的事业呼唤创新的人才。实现中华民族伟大复兴，人才越多越好，本事越大越好。知识就是力量，人才就是未来。我国要在科技创新方面走在世界前列，必须在创新实践中发现人才、在创新活动中培育人才、在创新事业中凝聚人才，必须大力培养造就规模宏大、结构合理、素质优良的创新型科技人才。要把人才资源开发放在科技创新最优先的位置，改革人才培养、引进、使用等机制，努力造就一批世界水平的科学家、科技领军人才、工程师和高水平创新团队，注重培养一线创新人才和青年科技人才。

党的二十大报告指出，人才是第一资源、创新是第一动力，要深入实施人才强国战略、创新驱动发展战略，开辟发展新领域新赛道，不断塑造发展新动能新优势。

资料来源：http://news.cntv.cn/special/2014rcgz/xjp/〔2021-01-07〕

（1）董事会成员和董事长构成企业的决策层，是决定企业发展战略的关键管理人员，企业应当建立和完善人力资源制度，优化企业决策层的人员构成。

（2）监事会成员和监事会主席负责监督董事和高级管理人员。《中华人民共和国公司法》规定，有限责任公司设监事会，其成员不得少于三人。股东人数较少或者规模较小的有限责任公司，可以设一至二名监事，不设监事会。监事会应当包括股东代表和适当比例的公司职工代表，其中职工代表的比例不得低于三分之一，监事会中的职工代表由公司职工通过职工代表大会、职工大会或者其他形式民主选举产生。监事会设主席一人。董事、高级管理人员不得兼任监事。

（3）高级管理人员又称执行层，包括总经理、副总经理、财务总监等。企业决策必须通过执行层的贯彻实施才能实现，因此，好的人力资源制度，必须引进优秀的管理团队。

（4）全体员工是指董事、监事、高级管理人员等决策层和执行层之外的专业技术人员和一般员工。

① 专业技术人员：专业技术人员包括核心技术人员和其他技术人员。他们是企业核心技术的创造者和维护者，是企业赖以生存和发展的关键所在。例如，企业的发明型专利、实用新型专利、外观设计专利就是由核心技术人员和其他技术人员完成的。这些专利对企业生存和发展具有重大意义。

② 一般员工：一般员工是人力资源的主体，是企业发展的动力。良好的人力资源制度，能够调动包括一般员工在内的全体员工工作的积极性、主动性和创造性，不断提升员工素质，使员工体会到获得感和幸福感。

 案例 2-9

郑州亚细亚商场的人力资源政策

1987年，郑州亚细亚商场建立。郑州亚细亚商场之所以闻名全国，是因为一场商战。郑州亚细亚商场开张的时候，郑州已经有五家国营商场：郑州百货大楼、紫荆山百货大楼、商城大厦、商业大厦和华联商厦。国营商场的营业员话难听、脸难看，亚细亚商场员工却是笑脸迎人。当时的亚细亚商场招女营业员，条件要求很高，就跟现在招空姐一样，个头、长相都有很高要求，可以说个个都是美女。1990年，亚细亚商场的营业额达到1.86亿元，一举名列全国大型商场第35位，成为上升速度最快的一匹黑马。此后3年，亚细亚商场的营业额以年均30%以上的速度递增，稳居河南第一。一名老员工回忆当年亚细亚商场的辉煌：1994年，我从老家来到郑州，应聘亚细亚商场五彩广场的员工。培训后，去了亚细亚商场上班，上班第一个月，正赶上亚细亚商场员工涨工资，一下子涨了

200元,一个月工资有八九百元,简直无法想象,这在当时可不是小数目。有媒体曾经报道过这样一件事:说当时一位天津的小学生给商场总经理写信说,老师布置作文题《我的理想》,班里很多同学写的都是"到亚细亚当营业员!"

1993—1997年,亚细亚商场先后开出了15家大型连锁百货分店,平均每4个月一家。其中,河南省内6家,以"亚细亚"命名,省外9家则命名为"仟村百货"。1997年,亚细亚商场就开始露出衰败的迹象,从内部管理上来说,已开始出现混乱。亚细亚商场曾经的员工回忆说,当时的工资发得已跟不上趟;其次,人员调动频繁,今天只是个营业员,明天可能就被派去外地当总经理了。经营管理不善与巨额债务导致资金链断裂。全国各地的分店一家接一家地倒闭。终于在2000年9月,郑州中院依法裁定郑州亚细亚商场破产。

资料来源:https://www.henandaily.cn/2014/12-19/103958961.html [2021-01-07]

二、人力资源管理的主要内容

(一)人力资源的引进

(1)高级管理人员的引进。高级管理人员应当具有在其他企业担任同一职位或者相似职位的经历,并取得较好的工作业绩。在个人素质上,具有谋划重大事项的能力、解决复杂问题的能力、综合分析的能力和敏锐的洞察力。

(2)专业技术人员的引进。通过发布广告、上门招聘、借助中介、熟人推荐、网络招聘等引进专业技术人员。

(3)一般员工的引进。一般员工具有高流动性、更关注短期物质利益,具有群体效应的特点。其招聘方式主要有发布广告、借助中介、网络招聘等。

(二)人力资源的开发

(1)人力资源开发的方式主要有岗前开发培训、在岗开发培训、轮岗开发培训、员工业余自学等。

(2)针对高级管理人员,注重企业家精神、公司战略、领导能力、公共关系、创新思维等方面的培训与开发;针对技术人员,注重专业知识更新,以及新技术、新工艺和新产品等方面的研发培训和继续教育;针对一般员工,注重岗位职责、生产安全、人际沟通等方面的培训。

案例 2-10

企业人力资源的引进与开发

当前,国内多家高科技企业的人力资源部网站挂出通知,提供优厚待遇吸引院士、首席专家、特聘专家等人才。待遇条件包括提供一次性购房补贴、年度高额科研经费、年薪制等三项核心条件。仅有极少数企业对本企业已在编研发人员开放院士、首席专家、特聘专家待遇的申请通道,即尽管已经是本企业的在编研发人员,但是,达到本企业上述引进人才相应科研水平要求的,也可以享受一次性购房补贴、年度高额科研经费、年薪制三项待遇。然而，国内绝大多数企业的一次性购房补贴、年度高额科研经费、年薪制仅针对非本企业研发人员；本企业原在编研发人员无权申请。多家企业的上述政策导致了企业研发人员只有通过跳槽才能拿到相应人才待遇的窘境。个别企业对跳槽人员采取"感情留人"的态度，并没有给予相应的待遇。这种政策导向不利于本企业现有人才的开发和培养，频发的跳槽现象也不利于研究与开发人才队伍的稳定与和谐劳动关系的构建。

资料来源：作者根据若干企业人力资源部文件编写

（三）人力资源的使用

1. 建立完善的绩效考核指标体系

（1）评级量表法。从德、能、勤、绩、廉五个角度建立量表；也可以从基本能力、业务能力、工作态度等三个角度建立量表。该方法的优点是考核指标全面，易于完成。该方法的缺点是一些考核者会把每个项目都评为最高分或平均分；一些与被考核者有怨气的考核者会把每个项目都评为最低分，从而导致结果不够客观。

（2）关键事件法。考评员工的标志性事件，如特别成功或者特别失败的事件。该方法的优点是成功事件或者失败事件是切实可靠的事实，结论不易受主观因素影响。该方法的缺点是遗漏了平均绩效水平。

（3）述职鉴定法。由被考核人员做述职报告，把自己的工作完成情况、通过自我学习获得的知识和技能以书面形式表述出来。该方法的优点是内容详细，有事实依据。该方法的缺点是自我考核鉴定，主观性强，难以作为最终考核结果。

（4）目标管理法。给被考核者设置一个或者多个可以量化的指标，根据其目标完成情况，确定考核结果。该方法的优点是较为客观。该方法的缺点是有些目标难以量化或者目标缺乏同行业可比性，过高的目标不利于对被考核者实现客观的考核。

2. 建立科学合理的薪酬体系

（1）以业绩为主的考核体系。这种方法不再根据传统的职位来确定薪酬（即职位越高，薪酬越高），而是根据业绩来确定薪酬（即业绩越高，薪酬越高）。这就会出现普通员工的收入高于经理的情况。

（2）弹性化的福利制度。企业按照国家政策规定，为员工提供住房公积金、养老保险、失业保险、工伤保险、医疗保险等之外，还设置一些弹性化的福利，例如，健康体检、免费工作餐、旅游、服装、特殊津贴、商品房团购；为员工子女的入托、入学提供便利等。较好的弹性化福利制度可以打消员工的后顾之忧，增加员工的忠诚度，并可能获得"最佳雇主"等荣誉称号。

（3）注重荣誉激励。前面两点的物质激励固然十分重要，但是，企业也要注重相应的精神激励，评比优秀技术人员、优秀员工，并作为提拔培养的依据。

3. 科学地设置岗位，合理地配置人力资源

企业要做到人尽其才，量才使用，使员工感觉有一定的工作压力，但是，又不至于无法完成工作任务。企业应当给员工提供必需的工作条件、技术和经验指导；促进其快速成长，保持奋发向上的进取精神。

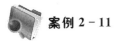 **案例 2-11**

马明哲的天价薪酬是否合理?

2008年7月17日召开的中国平安本年度第二次股东大会本来是上市公司的一次"例行公事",孰料因为其董事长马明哲先生的一番言辞居然成了媒体焦点。会上,马明哲除了澄清了中国平安"偷税""赠股"等谣言外,还特地就他的"6 600万元天价高薪"做了一番解释:平安从无到有,从小到大都有他的辛勤努力,他对平安做出的贡献能匹配他拿的薪酬。同时,他还表示把平安带入世界500强是他最大的荣耀。马明哲还表示,他只是一个打工仔,王永庆不领工资只因他是老板。平安公司也对外界表示:该薪酬得到企业的薪酬委员会审核通过,这种高薪完全是合法的;平安在1988年成立之初,总收入只有418万元,利润190万元;但到2007年年底,平安保险集团的资产总值达6 511亿元。没有马总的辛勤努力就不会实现这种飞跃式发展。

但媒体批评随之而来,平安的确是从1988年靠5 000万元现金投入起家,但是,它还有一笔巨额资产就是"牌照"。当时全国就两张寿险牌照,一张给了央企中国人保,另一张就给了深圳特区的中国平安,作为"特区政策"的一部分。这个垄断地位,是中国平安的巨大优势。此外,中国平安所谓6 500多亿元总资产,实际上有5 400多亿元都是负债,还有A股、H股上市时股民给了500多亿元,靠2006—2007年的大牛市,平安账面上又多出400多亿元的资产增值。撇除这些,平安拿5 000万元本金加一张垄断性金融牌照花了20年时间积累了多少资产呢?

资料来源:http://www.chinanews.com/cj/plgd/news/2008/07-21/1318671.shtml [2021-01-07]

(四)人力资源的退出

(1)终止劳动关系:包括员工自愿离开,如辞职、自愿离职;非自愿离开,如解聘、裁员。

(2)退休:符合连续工龄要求的、因疾病丧失劳动能力的、为社会或企业做出过贡献的,享受退休带来的养老待遇。

(3)离岗:员工因工作能力不够、工作态度不良等原因,导致在岗位上业绩较差,或者因年龄、身体状况不适合该岗位,应当及时退出岗位,可以采用离岗培训、离岗之后转到其他岗位或者离岗待命三种形式。

 案例 2-12

厦门三维丝环保股份有限公司关于董事会秘书离任的公告

厦门三维丝环保股份有限公司(以下简称"公司")于2017年7月20日召开第三届董事会第二十五次会议审议通过《关于解聘王荣聪公司董事会秘书职务的议案》,尽管独立董事王智勇先生及王荣聪先生本人对本次董事会解聘董事会秘书职务的合法性持有异议,但是王荣聪先生本人对此议案也表示予以尊重。王荣聪先生离任后仍担任公司副总经理职务。为保证公司董事会、信息披露等各项工作正常运行,在公司正式聘任董事会秘书之前,由副总经理耿占吉先生代行董事会秘书职责。公司将根据《公司法》《公司章程》及有关法律法规的规定,尽快聘任符合任职资格的人员担任董事会秘书。王荣聪先生在担任董事会秘书期间在三会规范运作、信息披露、投资者关系、对外投融资等方面做出了巨大贡献,特别是在公司治理结构发生变动期间,在罗祥波违规占领公司、个人薪酬未予发放的情形下,仍坚守岗位,带领董事会办公室人员排除万难完成各项工作。公司为其坚守正义、不畏强权、秉公做事的态度点赞,公司也对王荣聪先生在任职董事会秘书期间为公司的规范运作与发展壮大所做出的重要贡献给予高度评价,并表示衷心的感谢!

资料来源:http://www.szse.cn/disclosure/listed/notice/index.html [2021-01-07]

三、人力资源管理的主要风险及管控措施

(一)人力资源管理的关键风险点

(1)人力资源管理的理念风险。企业的人力资源管理实践主要取决于董事会和高级管理层对人力资源管理思想的认识。如果高级管理层的人力资源理念出现错误,将导致提拔的人员无法胜任新的岗位。例如,前述的郑州亚细亚集团案例中,将营业员直接提拔到外地担任总经理岗位,显然是高级管理层的人力资源理念出现了偏差。

(2)人力资源管理的制度风险。对人力资源的招聘、考核、薪资、晋升、奖惩制度定位不正确或不系统,将引发劳动争议案件。

(3)人力资源缺乏或过剩、结构不合理、开发机制不健全,都可能导致企业的发展战略难以实现。

(4)人力资源激励约束机制不合理,关键岗位人员管理不完善,可能导致人才流失、经营效率低下或者关键技术、商业秘密和国家机密泄露。

(5)人力资源的道德和诚信状况不佳所带来的风险。

(6)人力资源的退出机制不当,可能导致企业声誉受损,甚至法律诉讼。

 案例2-13

中科云网科技集团股份有限公司关于公司职工代表监事更换事项的公告

中科云网科技集团股份有限公司(以下简称"公司")于2017年2月5日召开第一次职工大会,会议对职工代表监事人员进行了民主选举,经与会职工讨论通过,一致同意将职工代表监事艾东风先生进行变更,选举王青昱先生担任公司第三届监事会职工代表监事(公司已于2月6日在指定媒体公告披露该事项)。

2017年2月8日,公司收到原职工代表监事艾东风先生发来的《关于艾东风与中科云网科技集团股份有限公司存在劳动关系及符合职工代表监事身份的说明》。2月15日,公司收到监事会主席刘小麟先生邮箱发来的标题为《关于聘请律师事务所对职工监事改选是否有效发表专业意见的申请》文件,文件经刘小麟先生、冯凯先生两名监事签署。刘小麟先生、冯凯先生希望公司能提供职工大会会议资料(包括提名程序及选举程序),并申请公司聘请专业的律师事务所就更换职工监事发表专业意见。为此,公司聘请广东华科(北

京）律师事务所就上述两位监事提出的请求事项进行核查并出具意见。公司于 2 月 23 日收到该所 2 月 21 日出具的《关于公司 2017 年第一次职工大会召开以更换职工代表监事事宜的法律意见书》原件，法律意见书结论为："1. 公司 2 月 5 日召开的职工大会的召集、召开程序并未违反相关法律、法规的规定，其决议应具有法律约束力。2. 艾东风先生已经不是公司职工后，已经不符合职工代表监事的任职资格。公司依法召开职工大会更换监事符合法律法规和《公司章程》的规定。"

资料来源：http://www.szse.cn/disclosure/listed/notice/index.html［2021-01-07］

（二）人力资源管理风险的控制措施

（1）建立轮岗与强制休假制度。轮岗或强制休假可以起到两个作用：第一，使同一岗位有两个或者两个以上的工作人员可以胜任，这样可以在某一员工病假或者辞职时，其他员工可以充分胜任这一工作，不会影响工作效率和效果；第二，轮岗或强制休假时，某些员工的舞弊或者贪污行为将被继任员工发现，从而起到防范舞弊的作用。一般来说，某一员工在同一岗位工作的时间越长，对该岗位的内部控制缺陷越熟悉，他进行舞弊被发现的概率就越低，因此，轮岗或强制休假制度是重要的人力资源管理风险控制措施。

（2）建立董事、监事、高级管理层、一般员工的诚信档案，任职亲属回避制度；强化职业道德和诚信教育。

（3）对董事、监事、高级管理人员建立任前考察、任前公示、试用期制度、系统培训制度。

（4）建立合理的薪酬和考核制度。对为企业做出重大贡献的人才一定给予与其贡献相匹配的激励措施，坚决杜绝"只谈奉献、没有奖励"的现象。

（5）对于董事、监事、高级管理人员、一般员工的退出机制，应当符合法律法规的相应要求，杜绝"人治而非法治"的现象。

（6）关键技术人员签订竞业禁止协议。对于离职的关键技术人员，企业应当签订技术保密协议。

案例 2-14

北京恒通创新赛木科技股份有限公司总工程师及核心技术人员辞职的公告

北京恒通创新赛木科技股份有限公司（以下简称"公司"）董事会近日收到公司总工程师倪绍良先生提交的书面辞职报告。倪绍良先生由于个人年龄及身体原因，辞去公司总工程师职务，辞职后，将不在公司担任任何职务。根据双方签署的保密合同，倪绍良先生离职后仍对在公司任职期间接触、知悉的公司技术秘密和其他商业秘密，承担如同任职期间一样的保密义务。离职后承担保密义务的期限为无期限保密，直至公司宣布解密或秘密信息实际上已公开。离职后，倪绍良先生亦不会就职同行业其他单位。倪绍良先生所负责的工作已实现平稳交接、过渡，其辞职不会对公司的工作和生产经营产生重大影响。

资料来源：http://www.szse.cn/disclosure/listed/bulletinDetail/index.html［2021-01-07］

第四节 社会责任

一、企业社会责任概述

（一）企业社会责任的定义

《企业内部控制应用指引第 4 号——社会责任》规定，社会责任是指企业在经营发展过程中应当履行的社会职责和义务，主要包括安全生产、产品质量（含服务）、环境保护、资源节约、促进就业、员工权益保护等。

（二）企业履行社会责任的原因

1. 企业存在的目标

企业是否履行社会责任与企业目标存在一定的联系，关于企业目标，存在着两种代表性的观点，即股东利益最大化还是利益相关者利益最大化。股东利益最大化的代表人物 Friedman 认为，企业的社会责任就是在遵守法律和相应的道德标准的前提下赚尽可能多的钱。也就是，企业除了吸收就业、维护股东利益之外，无须承担额外的社会责任。而利益相关者理论的支持者则认为，企业是一个社会组织，要对包括股东在内的所有要求者负责，认为利益相关者就是可以影响或者正在影响企业达成目标的任何企业、机构和个人，包括股东、债权人、政府机构、雇员、消费者、供应商、公益组织（环保组织、慈善基金组织）等。多年来，利益相关者理论的支持者与股东利益最大化理论的支持者争论不休，争论的最终结果是股东利益最大化仍然是企业的目标，但是却做出了一定的修正。例如，卢代富（2001）提出，企业的社会责任是指企业在谋求股东利益最大化之外所负有的维护和增进社会公益的义务。企业的社会责任是对股东利益最大化这一传统原则的修正和补充，且这一修正和补充并不否认股东利益最大化原则。这一观点与欧洲联盟的观点一致，欧洲联盟（2002）指出，企业的目标是为所有者和股东创造利润，但企业可以通过创造社会所需要的产品和服务、增加就业机会等方式来增加社会福利。这个观点与我国的《上市公司治理准则》的内容也是一致的，《上市公司治理准则》在第八十六条指出，上市公司在保持公司持续发展、实现股东利益最大化的同时，应关注所在社区的福利、环境保护、公益事业等问题，重视公司的社会责任。综上所述，我们赞同修正的股东利益最大化观点。

资本家为了榨取剩余价值不择手段

《资本论》是政治经济学的经典著作，下面的案例节选自《资本论》。剩余价值由剩余劳动形成已经不是什么秘密。

火柴制造业是从 1833 年发明使用木梗涂磷的办法之后出现的。自 1845 年起，它在英国迅速发展起来。牙关锁闭症是火柴工人的职业病。被调查的工人中，270 人不满 18 岁，40

人不满 10 岁，10 人只有 8 岁，5 人只有 6 岁；工作时间从 12 小时到 14 小时或 15 小时不等，此外还有夜间劳动，吃饭没有固定时间，而且多半是在充满磷毒的工作室里吃饭。让工人过度劳动，是加速资本自行增殖、加速剩余价值生产的一种方法，1860 年前后，英国煤矿平均每周死亡 15 人；1852—1861 年共死亡 8 466 人；还有大量不幸的和死亡的事故根本没有呈报。

为了保护劳工权益，《马萨诸塞州普通法》第 60 章第 3 节规定，"12 岁以下的儿童在工厂中每天不得劳动 10 小时以上"。

资料来源：马克思，2004. 资本论第一卷 [M]. 中共中央马克思恩格斯列宁斯大林著作编译局. 北京：人民出版社，271 - 301.

马克思，2004. 资本论第三卷 [M]. 中共中央马克思恩格斯列宁斯大林著作编译局. 北京：人民出版社，102 - 113.

2. 符合各级政府部门的制度规定

企业是市场经济的重要构成单位，是在政府的规制下运行的。近年来，全球变暖导致的海平面升高、冰川融化等环境灾难已经严重地影响了全人类的生存和发展。企业欠薪、超标排放污染物、偷排污染物、生产安全事故等现象也制约了社会主义市场经济的健康发展。为了人类的可持续发展，全国多个省、市政府出台了社会责任方面的规章制度。表 2-6 举例说明了浙江省委、省政府、各市政府推进企业社会责任的相关政策。

表 2-6 浙江省委、省政府、各市政府推进企业社会责任的相关政策

时间	政府部门	相关政策
2005 年 8 月	浙江省人民政府	浙江省循环经济发展纲要
2008 年 2 月	浙江省人民政府	浙江省人民政府关于推动企业积极履行社会责任的若干意见
2008 年 5 月	义乌市人民政府	企业社会责任义乌标准认证体系
2008 年 5 月	嘉兴市人民政府	嘉兴市人民政府关于推动企业积极履行社会责任的若干意见
2009 年 10 月	杭州市人民政府	关于加强企业社会责任建设的意见
2015 年 1 月	浙江省生态办	浙江省大气污染防治行动计划实施情况考核办法（试行）实施细则
2015 年 11 月	中共浙江省委 浙江省人民政府	中共浙江省委、浙江省人民政府关于进一步构建和谐劳动关系的实施意见
2017 年 3 月	浙江省人民政府办公厅	浙江省人民政府办公厅关于全面实施"放心消费在浙江"行动的意见
2017 年 4 月	浙江省环境保护厅	2017 年"剿灭劣Ⅴ类科技在行动"系列活动方案

我国其他省、自治区、直辖市政府也出台了相应的推动企业履行社会责任的规章制度。除此之外，国务院国资委在 2008 年 1 月，颁布了《关于中央企业履行社会责任的指导意见》；深圳证券交易所在 2006 年 9 月颁布了《深圳证券交易所上市公司社会责任指

引》；上海证券交易所在2008年5月发布了《关于加强上市公司社会责任承担工作的通知》和《上海证券交易所上市公司环境信息披露指引》。

无论是上市公司还是非上市公司，都要受到各级政府部门出台的规章制度约束，因此，企业履行社会责任是企业生存和发展的必然要求。

相比于民营企业，国有企业在社会责任履行方面的制度约束更多，各级国资委的考核更有利于国有企业履行社会责任。2023年《政府工作报告》提出，要深化国资国企改革，提高国企核心竞争力，处理好国企经济责任和社会责任关系，完善中国特色国有企业现代公司治理。

（三）企业履行社会责任的意义

1. 负面的社会责任事件减损企业价值

企业发生环境污染事件、生产安全事故、产品质量问题（如三鹿奶粉含三聚氰胺事件）等负面社会责任事故导致了企业股票价格下跌，消费者不愿购买事故企业的产品等现象，从而影响企业的经济效益和市场价值。严重的生产安全事故除了导致企业的经济损失之外，还可能导致企业负责人承担法律责任。

 案例 2-16

安全事故带来的经济损失与刑事处罚

2015年8月12日，位于天津市滨海新区天津港的瑞海公司危险品仓库发生火灾爆炸事故，本次事故中爆炸总能量约为450t TNT当量，造成165人遇难（其中参与救援处置的公安现役消防人员24人、天津港消防人员75人、公安民警11人，事故企业、周边企业员工和居民55人），8人失踪（其中天津消防人员5人，周边企业员工、天津港消防人员家属3人），798人受伤（伤情重及较重的伤员58人、轻伤员740人），304幢建筑物、12 428辆商品汽车、7 533个集装箱受损。

截至2015年12月10日，依据《企业职工伤亡事故经济损失统计标准》等标准和规定统计，事故已核定的直接经济损失为68.66亿元。经国务院调查组认定，8·12天津滨海新区爆炸事故是一起特别重大生产安全责任事故。2016年11月7日至9日，8·12天津滨海新区爆炸事故所涉27件刑事案件一审分别由天津市第二中级人民法院和9家基层法院公开开庭进行了审理，并于9日对上述案件涉及的被告单位及24名直接责任人员和25名相关职务犯罪被告人进行了公开宣判。宣判后，各案被告人均表示认罪、悔罪。天津交通运输委员会主任武岱等25名国家机关工作人员分别被以玩忽职守罪或滥用职权罪判处三年到七年不等的有期徒刑，其中李志刚等8人同时犯受贿罪，予以数罪并罚。

资料来源：https://baike.baidu.com/item/8·12天津滨海新区爆炸事故/18370029?fr=aladdin[2021-01-07]

2. 正面的社会责任提升企业的经济利益

企业在确保不发生环境污染、生产安全事故、产品质量问题、欠薪等负面事件的前提下，积极履行社会责任，能够提升企业形象、提高品牌声誉，保证企业稳健可持续发展。已有研究表明，消费者愿意购买积极为灾害捐赠企业的产品，抵制诈捐的企业。企业从事节能减排项目也将带来经济利益。

案例 2—17

企业参与碳排放权交易，获利 2 000 多万元

北京扬德环境科技股份有限公司（以下简称"扬德环境"）是主营煤矿瓦斯发电、沼气发电、垃圾焚烧发电等环保、新能源业务的一家企业。公司于 2015 年 10 月 16 日在新三板市场正式挂牌。根据扬德环境披露的公告，近期平定扬德（扬德环境的全资子公司）获得了联合国清洁发展机制（Clean Development Mechanism，CDM）执行理事会签发的汇能项目合计 360 993 吨二氧化碳当量（tCO_2e）的碳减排。之所以能够获签上述碳减排当量，在于平定扬德的主营业务是煤矿瓦斯发电，是一种典型的减排环保的新能源业务。平定扬德开辟了"瓦斯"的新用途，以发电的方式充分利用煤层气资源，减少煤层气直接排入大气，将有力推进环境保护，减少碳排放。由于平定扬德的汇能项目确实为减排做出了贡献，因此获得了 CDM 执行理事会签发的二氧化碳当量碳减排。

联合国 CDM 执行理事会是在《联合国气候变化框架公约》（以下简称《公约》）的体系架构内，由《公约》签署于 1997 年 12 月的第一个附加协议——《京都议定书》（以下简称《议定书》）所确认建立的联合国下属机构。而确认建立 CDM 执行理事会的《议定书》，则是把市场机制作为解决温室气体减排问题的新途径——把温室气体（以二氧化碳及其当量）排放权作为一种商品，从而促进了二氧化碳排放权的交易，最终形成了全球范围内的碳排放交易市场。

本次平定扬德获得 CDM 执行理事会签发的核证减排量（CER）为 360 993 吨二氧化碳当量，根据 ICE Futures Europe（ICE 欧洲期货，包括 ECX 市场交易）提供的信息，上述 CER 减排份额，可以在该交易所与 CER 相关的期货和期权交易品种中进行交易，从而兑现获利。近期欧洲市场 CER 交易均价约为 7.28 欧元/吨，按即期汇率换算，单位二氧化碳减排量价格为 56.64 元/吨。如果平定扬德在近期内将 CDM 签发的全部 360 993 吨二氧化碳减排当量兑现，那么总获利将高达 2 044.62 万元。

资料来源：https://www.sohu.com/a/208706412_477020 [2021 - 01 - 07]

3. 满足上市公司社会责任信息披露要求

企业只有履行了社会责任，才能进行相应的披露，否则就是欺诈行为。2019 年 6 月，国际证监会组织发布《新兴市场的可持续金融及证监会的角色》，推动各新兴市场国家执行 ESG（环境、社会责任、治理）信息披露。2016 年中国人民银行等七部委颁发的《关于构建绿色金融体系的指引》，要求将企业环境违法违规信息等企业环境信息纳入金融信用信息基础数据库，建立企业环境信息的共享机制，为金融机构的贷款和投资决策提供依据。

二、企业社会责任应当关注的主要风险和开展的控制措施

（一）安全生产

企业因缺乏生产安全设施、设备老化、操作错误等多种原因导致生产过程中发生风

险，员工发生职业病、工伤甚至死亡。

1. 安全生产的主要风险

（1）企业生产安全资金预算不足，生产安全设施落后，甚至缺乏相应的生产安全设施。

（2）发生生产安全事故之后，谎报、瞒报事故死亡人数和损失，导致被监管部门处罚。

（3）安全生产规章制度落实情况不好，新员工的安全生产培训效果欠佳，特种作业人员未持证上岗。

（4）缺乏生产安全事故演习，已有的应急预案可操作性不强。

（5）缺乏生产安全事故的常规化排查机制，没有安全隐患排查台账和后续处理措施。

2. 生产安全的主要风险的控制措施

（1）建立生产安全规章制度。煤矿、化工、钢铁、交通运输等生产安全事故频发的行业，需要建立专门的生产安全管理机构，负责生产安全事故的常规化排查工作，完善隐患排查台账和后续处理措施。非生产安全事故频发的行业，应当对重要设施进行经常性的维护管理。

案例 2-18

设备部件损坏导致生产安全事故

2020年7月30日，日本福岛县郡山市一家餐馆发生爆炸，已造成1人死亡、18人受伤。消防部门说，餐馆存放了6个液化石油气罐，其中3个气罐的气阀已损坏，可能造成了气体泄漏。目前，警方正在调查事故发生原因。

资料来源：http://xh.xhby.net/mp3/pc/c/202007/31/c807493.html［2021-01-07］

案例 2-19

落后的生产工艺导致生产安全事故

2012年2月20日23时30分许，鞍钢重型机械有限责任公司铸钢厂发生喷爆事故，当场致10人死亡、3人失踪、17人受伤。截至21日12时，搜救人员找到3名失踪者遗体，该起事故死亡人数升至13人。

根据有工作经验的鞍钢工人介绍，以往作业一般有两到三名浇铸工、一名吊车司机、一到两名"指挥"，如果是多炉浇铸，则需多个浇铸工浇铸。在进行较大镀件的浇铸时，为防止"跑钢"，可能会有领导现场监督，谨慎对待。

所谓"跑钢"，就是在浇铸过程中，钢水从砂型的模子里喷溅出来。"以前不少工友在浇铸时也被喷伤过脚，如果是小镀件，跑钢小，可以用泥巴堵上。"这名工人说。

事故发生后，多位工人推测事故原因，不外乎以下几点：铸造型腔干燥度不够；钢水温度过高；浇铸速度太急；环境温度过低，工序设计中没有注重外模保温。

一些专家介绍，可能是由于铸造腔体本身不均匀，钢水灌注后遭遇水分，形成大量气体，从而导致爆炸。

资料来源：http://news.sohu.com/20120222/n335445854.shtml［2021-01-07］

(2) 保证生产安全设备、生产安全资金投入。
(3) 开展经常性的安全生产教育，实施特殊岗位资格认证制度。
(4) 建立生产安全事故应急演练、预警、报告制度，存在安全隐患的车间暂停生产。

（二）产品质量

1. 产品质量的主要风险

(1) 无法对产品生产的全过程进行控制。

案例 2-20

无法控制牛奶生产全过程导致的重大产品质量事故

石家庄市中级人民法院经审理查明，2007 年 7 月，被告人张玉军等人明知三聚氰胺是化工产品、不能供人食用，还以三聚氰胺和麦芽糊精为原料，配制出专供往原奶中添加、以提高原奶蛋白检测含量的混合物（俗称"蛋白粉"）。至 2008 年 8 月，张玉军累计生产"蛋白粉"770 余吨，销售 600 余吨，销售金额 683 万余元。张玉军等人生产、销售的"蛋白粉"被某些奶厅（站）经营者添加到原奶中，销售给石家庄三鹿集团股份有限公司等奶制品生产企业。

被告人耿金平为谋取非法利益，伙同他人自 2007 年 10 月开始购买含三聚氰胺的"蛋白粉"共计 560 千克，将其中约 434 千克"蛋白粉"添加到其收购的 900 余吨原奶中，销售到石家庄三鹿集团股份有限公司等处，销售金额 280 余万元。

石家庄三鹿集团股份有限公司使用含有三聚氰胺的原奶生产的婴幼儿奶粉流入市场后，导致全国众多食用此类奶粉的婴幼儿患有泌尿系统疾病，最终导致多人死亡。

资料来源 http：//news.sohu.com/20090123/n261914015.shtml ［2021-01-07］

(2) 产品设计和制造存在缺陷导致的质量瑕疵或产品缺陷，造成消费者的人身安全和财产安全受损，影响企业形象，产生经济赔偿责任，甚至导致企业破产。

(3) 售后服务意识不强，对缺陷产品不实施恰当的召回制度。在收到消费者的退货、换货申请时，推卸责任。

2. 产品质量的主要风险的控制措施

(1) 对产品生产的全过程进行控制。
(2) 企业领导应当树立消费者至上的理念。

案例 2-21

使用陈年月饼馅能节约成本吗？

晨报讯（实习记者刘旭波）昨天，被央视曝光、用陈馅做新月饼的南京冠生园食品厂（简称冠生园）全面停产整顿。江苏省和南京市有关卫生防疫部门、技术监督部门已组成调查组进驻该厂。据当地记者介绍，昨天上午，南京卫生监督所到冠生园进行了采样，采集了 10 多种月饼样本进行化验，估计化验结果将于今天公布。该厂的成品库、馅料库全部被卫生监督部门查封，各类月饼 2.6 万个及馅料 500 多桶被封存。

当地商家从 9 月 4 日清晨开始紧急将冠生园的各类月饼产品撤下柜台。据了解，央视曝光后，冠生园向所有经销商发了一份申诉材料，声声含冤。但出于对消费者负责，各商家决定暂停销售。许多商家向消费者承诺：已经售出的冠生园月饼无条件退货。购进冠生园月饼的商家也纷纷向厂家要求退货。

南京某商家一位负责人说，冠生园事件曝光后将重创整个月饼市场，对商家来说，销量至少减少一半，一些当地月饼生产企业对今年的月饼市场前景忧心忡忡。

南京市民对"老字号"冠生园的"落马"感到震惊和叹息，表示今后购买月饼一定要"擦亮眼睛"。冠生园 80 多岁的刘老师傅痛心地说，冠生园 1918 年创立，发展到今天，倾注了多少代人的心血，实在不应该有今天这样的结局。

资料来源：http：//news.sohu.com/89/65/news146486589.shtml［2021-01-07］

（3）严格产品质量控制和检验制度。对于不合格产品或者存在质量缺陷的产品坚决不出厂销售，实施整改措施，落实责任到人制度。

（4）加强产品售后服务。

（三）环境保护与资源节约

1. 环境保护与资源节约的主要风险

（1）隐藏负面环境信息带来的风险。一些企业发生了环境污染事件，但没有如实向主管部门或者投资者披露可能带来的风险。

（2）未执行各类环保法规带来的处罚、停产风险。

案例 2-22

向腾格里沙漠偷排污水 宁夏涉事染化企业被关停

宁夏中卫市腾格里沙漠一企业非法排污事件被媒体曝光，涉事企业——宁夏明盛染化有限公司位于中卫市腾格里沙漠边缘，因没有采取有效治污措施，多年来向腾格里沙漠偷排污水。目前，中卫市政府已经关闭了该污染企业。公安部门牵头对涉事企业排污行为和造成的后果进行立案调查，对相关责任人进行了处理。

资料来源：http：//m.haiwainet.cn/middle/345646/2014/0918/content_21097611_1.html
［2021-01-07］

（3）绿色消费、绿色贸易壁垒带来的风险。

（4）企业的生产方式为高投入、高消耗、高排放。

2. 环境风险的控制措施

党的二十大报告指出，要全面实行排污许可制，健全现代环境治理体系，严密防控环境风险。企业可以采取以下措施来防范环境风险。

（1）企业董事会、监事会和高级管理层重视环境保护责任，实现清洁生产、绿色生产、发展循环经济，对偷排、污染等负面事件带来的处罚有足够的重视。

（2）对因天气变化和地震等自然灾害引发的企业尾矿、污染物储存地发生溃坝及污染物泄露有充分可行的预案。

（3）加强环保技术研发，建立环境保护管理体系。

（4）企业加强对废水、废气、废渣的综合治理，建立废料回收和资源再生利用制度。

（5）转变生产和发展方式，实现低投入、低消耗、低排放和高效率。

（四）促进就业与员工权益保护

1. 促进就业与员工权益保护的主要风险

（1）因为员工的性别、民族、宗教、疾病、毕业院校等原因，产生就业歧视，带来投诉风险，影响企业的声誉。

（2）为满足政府部门促进就业率的要求，招聘的人才多于企业实际需求，增加了企业的运营成本。

（3）员工的工作环境和居住条件恶劣，引发职业病带来的诉讼风险和企业声誉损失。

（4）侮辱、体罚、非法搜身等伤害员工身心健康、人格尊严的行为。

（5）损害职工通过职工代表大会或者工会组织参与企业决策的权利。

（6）在企业改制、重组、购并中没有充分考虑员工权益或者其他因素导致的罢工、游行示威、人身安全等风险。

 案例 2-23

吉林通钢千人反重组打死总经理　管理层集体辞职

2009年7月22日晚，通化钢铁股份有限公司（简称通钢集团）副总经理以上干部在通化宾馆集合，吉林省国资委在此次会议上宣布建龙钢铁股份有限公司（简称建龙集团）增资扩股通钢集团并将控股的决定。

7月23日上午，吉林省国资委部分领导、建龙集团部分高管到通钢集团召开重组大会，遭到近百名员工的包围抗议。"领导拼命向员工解释，但是没有办法制止"。

7月24日上午，近3 000名在职员工及员工家属在通钢集团办公大楼前集会，并高举"建龙滚出通钢"等标语，高喊口号，由于人数增加，场面无法控制，导致通钢7个高炉全面停产。以企业内退人员及退休人员为主体的人群在通钢集团办公区内聚集，一度达到千余人，这些人员冲击生产区，堵塞原料运输线，造成部分高炉休风。在聚集中，部分人员将矛头集中指向建龙集团派驻通钢集团总经理陈国军，对其进行围堵，并将其打伤。陈国军遭殴打的同时，建龙集团高管张志祥和李明东亦遭到群攻，后在武警保护下躲进宾馆。此后，吉林省国资委、通化市政府主要领导向围堵群众宣布终止建龙集团增资扩股决定，让大家放出人质，退离现场后，大部分人员离去。陈国军于当晚死亡，通钢集团于当天被迫全面停产。

资料来源：http://news.sohu.com/20090728/n265545669.shtml ［2021-01-07］

2. 促进就业与员工权益保护的主要风险的控制措施

（1）依法执行公平就业机制。

（2）加强对应聘人员的年龄、学历、资格、工作经历等信息的审查，避免招聘童工、犯罪潜逃人员。

(3) 维护员工的身心健康，防止职业病，不断完善员工的工作条件和居住条件。

(4) 维护员工的合法权益。

(5) 对改制、重组、购并中，因员工持股、员工薪酬、员工补偿方案等存在争议的，暂缓改制、重组、购并进程。待问题解决，再进行下一步工作。

(五) 支持慈善事业

捐助弱势群体是中华民族的传统美德，也是人类文明的重要组成部分。

1. 支持慈善事业的主要风险

(1) 企业因地震、水灾、传染疾病等灾害事件发生，承诺某一大额捐款，但因企业现金流不足，可能影响企业正常的生产经营活动，或者承诺捐款之后又反悔的"诈捐"事件。

(2) 捐赠程序或者捐赠财产是否合法，避免影响企业声誉。

案例 2-24

万科捐款 200 万元　王石遭网友炮轰抠门

"5·12"汶川震灾发生后，不少企业纷纷解囊，更有不少企业捐出数千万元的巨资。而地震发生当天，万科集团总部捐款金额为 200 万元。一些网友在博客上称，才捐 200 万元，这和万科形象不相称。不少帖子举出捐款超过 1 000 万元的企业名单，呼吁万科再多捐点，不要显得寒酸、抠门。

王石回应称：对捐出的款项超过 1 000 万元的企业，表示敬佩。但作为董事长，他认为万科捐出的 200 万元是合适的，这是董事会授权的最大单项捐款金额，即使授权大过这个金额，他也认为 200 万元是个适当的数额。"中国是个灾害频发的国家，赈灾慈善活动是个常态，企业的捐赠活动应该可持续，而不成为负担。"

资料来源：http：//www.chinanews.com/estate/fqzx/news/2008/05-19/1254719.shtml [2021-01-07]

案例 2-25

万科 53 亿元捐赠清华遭举报　程序上到底是否合规？

2020 年 4 月 2 日，万科企业股资产管理中心与清华大学教育基金会签署捐赠协议，代表万科全体员工将 2 亿股万科股票（按当时市值，价值 53 亿元）一次性捐赠给清华教育基金会。4 月 5 日，广东省房地产研究会执行会长韩世同撰写《王石率万科员工集体捐赠 2 亿股万科股票引发疑问》的文章，对这 2 亿股万科股票的权属关系提出了质疑。1988 年，万科前身"深圳市现代企业有限公司"进行股份制改造，改造完成后的"万科企业股份有限公司"，60%为国家股，40%为企业股，这是万科企业股资产最初来源。根据当时深圳市政府办公厅下发的股改文件，只允许 10%量化到个人名下，其余由集体持有。2010 年 12 月，万科向深圳证监局和深圳市政府提出申请，拟将原企业股资产全部用于公益事业。2011年3月，深圳市政府回函同意了处置方案。2011年1月5日，当时王石给全体万科员工写了一封题为"给2011一个礼物"的信，他号召万科员工把这笔企业股资产贡献给社会用于公益事业，随后万科员工代表大会一致通过上述决定。但是，如果万科企业股中心在公司章程里，没有授予理事会在重大资产捐赠事项的决策权，那么万科企业股中心对清华大学的捐赠行为就存在程序上的问题，具体还是要看万科企业股中心的公司章程如何规定。从目前万科公开的信息来看，企业股的这些财产只能用于公益，但并没有相关信息表明，这笔资产全部捐出时，谁来做最终的决定，需要谁来同意，公司有没有相关的规定。

资料来源：https://www.sohu.com/a/391655141_452604. ［2021 - 01 - 07］

2. 支持慈善事业的主要风险的控制措施

（1）诚实捐赠，量力而行。
（2）充分评估捐赠财产的合法性和捐赠程序的合法性。
（3）捐赠金额比照同行业的平均水平。

第五节　企业文化

一、企业文化概述

（一）企业文化的定义

《企业内部控制应用指引第5号——企业文化》指出，企业文化是指企业在生产经营实践过程中逐步形成的、为整体团队所认同并遵守的价值观、经营理念和企业精神，以及在此基础上形成的行为规范的总称。

价值观回答的是"企业应该怎样做"的问题，是全体员工必须共同信奉和始终坚守的价值标准和基本信念。

经营理念回答的是"企业遵循何种法则"的问题，是指导企业经营管理活动的总体原则，是企业必须遵循的经营哲学。

企业精神回答的是"企业应具有什么样的内心态度和行为风格"的问题。

案例 2 - 26

华润集团的企业文化

华润集团直接控股和间接控股的上市公司有十一家，其中：在香港地区有七家上市公司（华润啤酒、华润电力、华润置地、华润水泥、华润燃气、华润医药、华润医疗），在中国内地有四家上市公司（华润三九、华润双鹤、华润江中、东阿阿胶）。华润集团的企业文化是其不断成长壮大的重要因素。

华润文化理念体系包括使命、愿景、价值观、发展理念和企业精神五大要素。其中，使命回答的是"我们为什么而存在"的问题，体现了华润作为央企的崇高责任，是华润持续发展的内在驱动力；愿景回答的是"我们要去哪里"的问题，描绘了全体华润人为之奋斗的理想蓝图，是华润为履行庄严使命必须树立的追求；价值观回答的是"我们应该怎样做"的问题，是华润文化的核心，是全体华润人必须共同信奉和始终坚守的价值标准和基本信念；发展理念回答的是"我们遵循何种法则"的问题，是指导华润经营管理活动的总体原则，是为履行使命、实现愿景而必须遵循的经营哲学；企业精神回答的是"我们应具有什么样的内心态度和行为风格"的问题，是全体华润人应该具备的团队气质和精神风貌，是华润价值观在员工思想行为层面的延伸。

1. 华润使命：引领商业进步，共创美好生活

（1）华润将从以下四个方面，发挥表率作用，引领商业进步。

① 恪守商业伦理，维护市场规则，引领构建良好的商业生态。

② 转变发展方式，创新商业模式，为中国企业提供成功样本。

③ 履行社会责任，承担央企使命，努力以实际行动回报社会。

④ 贡献商业智慧，分享最佳实践，为社会进步提供思想源泉。

（2）华润将携手客户、股东、员工、伙伴、社会和环境，共创美好生活。

① 携手客户，通过提供优质产品与服务，不断超越客户期望，持续创造客户价值。

② 携手股东，通过依法依规治企，提高治理能力与业绩水平，实现企业稳健发展。

③ 携手员工，通过权益保护与人文关怀，帮助员工实现价值，提升员工幸福指数。

④ 携手伙伴，通过恪守商业道德，营造良好商业环境，开创合作共赢新局。

⑤ 携手社会，通过响应国家号召，投身公益，弘扬主流价值，促进社会和谐发展。

⑥ 携手环境，通过严守环保法规，节能减排，发展循环经济，建设绿色生态文明。

2. 华润愿景：成为大众信赖和喜爱的全球化企业

（1）大众信赖和喜爱：华润不仅要使企业的产品服务受到客户青睐与喜爱、企业的业绩表现令股东放心和满意、企业的文化氛围让员工快乐和自豪，而且积极履行社会责任，受到社会公众喜爱、认可和赞赏，成为同行乃至企业界竞相效仿的对象；不仅为股东和客户创造卓越价值，而且为社会、环境创造令人满意的价值。

（2）全球化企业：以全球化企业为愿景，要求华润努力跻身于国际竞争的大舞台，以全球视野配置资源、拓展市场，以成熟和自信，在自由、开放的经济体系中赢得商业成功。华润旗下产业要努力建立行业领导地位，拥有国际水平的人才团队、管理水平、运营效率、企业文化和产品品牌，建立国际竞争力、实现全球化发展。

3. 华润价值观：诚实守信，业绩导向，以人为本，创新发展

（1）诚实守信：忠诚爱国，崇尚公平正义，敬畏法纪、尊重制度，坚守法律和道德底线。

遵守商业伦理与契约精神，维护利益相关方合法权益，信守承诺，知行合一。倡导真诚坦率的人际沟通，不唯上、不专断，构建简单透明的管理氛围。

（2）业绩导向：华润作为商业机构，业绩是企业生存和发展的生命线，必须坚持以实力去竞争、以付出求回报、用业绩来说话，才能持续为社会创造价值。华润强调业绩的"均好性"，业绩不仅表现在经营规模、发展速度上，还要反映于组织能力的提升、管理模式的创新，以及优秀人才的培养等各个方面，是全面、均衡、高质量的业绩。

没有增长的业务不是好业务，没有业绩的团队不是好团队。业绩是华润选人、用人、评价人、激励人的重要标准。

(3) 以人为本：尊重人的价值，开发人的潜能，升华人的心灵，从生活、情感和成长环节关爱和善待员工、为员工构建实现价值的平台，共享发展成果。顺应并满足人性的合理需求，倡导积极向上、绿色健康的生活方式，为客户提供优质的产品与服务。心怀感恩，谦卑行事，强调均衡与可持续发展，追求多方合作共赢以及人与自然、社会的和谐共生。

(4) 创新发展：大力培育创新体系，健全激励机制、约束机制和容错机制，营造开放包容的氛围，持续提升创新能力。顺时应势，主动变革。坚持客户导向，勇于颠覆自我，不断寻求商业模式、技术、管理、产品与服务的全新突破。鼓励创新思维，坚持持续学习，善于借鉴先进模式、经验与方法，实现创新在基层，创新在岗位，人人创新、全员创新。

4. 华润发展理念：做实、做强、做大、做好、做长（5M原则）

(1) 做实：做实对利益相关方的诚信承诺，守住依法合规底线；做实基础管控体系，落实制度文化，实现管理决策的规范化、透明化、专业化；做实商业模式，提升发展质量和效益。

(2) 做强：在关键技术、经济指标、资本回报水平、运行效率、产品竞争力、品牌影响力以及资本市场地位等方面优于同行，引领行业进步。不仅要做到在业务板块整体层面上好，还要做到业务板块下每个项目、每家公司都能达到行业优秀水平。

(3) 做大：在做强的同时，努力争取在经营规模、市场份额等方面达到行业的领先水平，以致对行业有重大的影响。

(4) 做好：拥有卓越的团队、优异的业绩、一流的产品和服务、较高的健康安全环保水平、良好的社会责任担当和声誉口碑，深受社会尊重，被客户、股东、员工所高度认同。

(5) 做长：建立核心竞争力，不断巩固市场优势，形成具有长久生命力的商业模式，最终建立良好的内部运行机制和外部生态环境，实现可持续发展的长远目标。

5. 华润企业精神：务实、专业、协同、奉献

(1) 务实是一种工作作风，体现了华润对实干、理性、坦荡的关注，它要求我们：关注基础，脚踏实地，崇尚实干，讲求实效。

(2) 专业是一种工作态度，体现了华润对精益、高效和卓越的关注，它要求我们：精通本职，胜任岗位，严谨细致，精益求精。

(3) 协同是一种组织能力，体现了华润对团队、包容和共赢的关注，它要求我们：融入团队，乐于分享，相互信任，荣辱与共。

(4) 奉献是一种精神境界，体现了华润对敬业、担当、激情的关注，它要求我们：传承文化，牢记使命，忠于职守，爱岗敬业。

资料来源：http://www.crc.com.hk/about/culture/［2021-01-07］

（二）企业文化的意义

(1) 企业文化中价值观、企业精神使得一起工作的员工对于本企业产品与其他企业产品的区别及本企业员工与顾客、利益相关者之间相互作用的方式，有明确而一致的认识，降低了工作中的不确定性，并提高了工作效率。

(2) 企业文化补充了正式控制。企业的价值观、经营理念和企业精神将会调整员工的

个人目标和行为，使之符合企业的目标和行为。员工主动的自我控制、员工之间的非正式监督，使得员工会比正式制度下更可能地去服从企业的正式控制。

（3）企业文化促进了合作并降低了讨价还价的可能性。企业文化不能由契约明确下来，但是制约和规范着企业的管理者和员工。在企业内部，各部门之间的讨价还价和权力之争，可能导致个体理性与集体理性之间的矛盾。企业文化中倡导的所有员工共同遵守的经营理念、企业精神和价值观，减少了利己因素，促进了合作行为。

案例 2-28

巨人集团早期的企业文化

企业文化是企业实现有效管理的一个十分重要的辅助工具。史玉柱指出当时的"巨人集团"在企业文化建设方面存在很多缺陷，比如"说到的，做不到"导致企业内部形成"信任危机"；干部不敢承担个人责任，出了问题相互推诿，找不到责任人；总是盯住别人的过失却又时常原谅自己的错误，导致企业的氛围恶化；总是强调困难和所谓的"苦劳"而置企业的利益于不顾；稍有成就之后就放弃"艰苦奋斗"的作风，导致企业整体的战斗力下降，等等。

资料来源：http://finance.sina.com.cn/g/38779.html？from=wap [2021-01-07]

二、企业文化建设

在企业文化的意义中，我们阐明了企业文化增加企业竞争优势的三种途径。在企业文化建设中，企业需要注意以下因素。

（1）企业文化必须是某一个企业所特有的。如果市场上多家企业的文化是相同的，那可能是一个国家或者一个地区的文化对多家企业的共性影响，这样趋同的企业文化不可能为企业带来竞争优势。

（2）企业文化很难被其他企业所模仿。成功的企业文化体现了企业的历史积累，凝聚着前任和现任董事、监事、经理层及员工的思想观念和创造精神，这种复杂性使得成功的企业文化很难被其他企业模仿，如果一个企业的文化很容易被其他企业模仿，那么该企业文化为企业带来的竞争优势很快就会消失。

（3）企业文化建设中既要挖掘自身文化，又要博采众长。企业文化建设中要把企业历史发展过程中的亮点挖掘出来。例如，大庆油田的"铁人精神"就是爱国、奉献、创业等企业文化的概括。企业文化建设中要大胆吸收国内外其他企业的优秀文化成果，结合本企业实际情况，进行恰当的融合。

（4）充分体现以人为本的思想。企业文化的承载者是包括董事会、监事会、经理层及员工在内的企业全体工作人员，企业应当形成理解人、尊重人、关爱人的氛围，规划员工的职业生涯，引导员工爱岗敬业、爱企如家。把员工的积极性、主动性、创造性激发出来，才能形成良好的企业文化。

（5）董事、监事、经理层在企业文化建设中的引领作用。董事、监事、经理层在企业文化建设中，应当起到引领作用，不但要以身作则，还要加强宣传。例如，在日常工作中，反复强调企业的价值观、经营理念和企业精神，来感染员工，使员工团结一致。

(6) 企业并购重组中的文化整合。企业董事会及经理层既要重视国内并购重组中的文化整合问题,也要重视跨国经营或并购重组中的文化整合问题。

① 国内并购重组中的文化整合。企业可以采取以并购方的文化为基础进行整合,也可以吸收被并购方的企业文化中的优秀部分。

案例 2-28

华润并购重组中的企业文化

在重组过程中,员工安置与分流问题一直到今天都是最大的难题之一。这不是靠简单的操作技巧能做到的,毕竟涉及员工的生存问题,所以对此华润一贯持高度的责任感看待并谨慎处理。华润在多年的并购重组当中都尽可能地让有效资产得以存续以保持员工的就业机会;对于不得不关闭的企业,始终遵循"依法、合规、有情"的原则给予员工妥善安置。资产处置与员工安置是分不开的,资产价值最大化,其中包含了对员工安置的满意程度,这是社会责任的彰显,是华润的企业文化。

大大小小的群体性事件,在华润重组三九过程中不断出现。每当遇到这种情形,华润重组团队总是第一时间赶到现场,听取诉求,耐心解释,从来不会躲起来回避或者无原则地退让。每一次事件的终结,都是以理服人的结果,是一次华润文化的传递。

资料来源:https://www.yicai.com/news/3366263.html[2021-01-07]

② 跨国经营或并购重组中的文化整合问题。可以采用促进文化融合、求同存异、优势互补的方式,整合出适合跨国经营的企业文化,培育熟悉国际市场和不同国家文化的人才。

案例 2-29

福耀集团跨国经营中的企业文化

中国企业走入欧美成熟市场时,最初往往将目光聚焦于电价便宜、土地便宜、燃气便宜、税收低等有利因素,却低估了文化冲突。自 2017 年 6 月 10 日开始的一段时间,国内外媒体都在频频报道福耀集团在美国工厂遭遇的文化冲突事件。福耀集团在美国投资近 10 亿美元,是中国在美投资额度最大的企业。其在国外的分公司有 9 家,美国占了 5 家,并分布在 5 个不同的州。

大量研究证明,文化差异对国际商务和组织的影响是不容忽视的。例如语言、沟通方式、建立信任的方式、好员工及好经理的标准、经营理念、价值观等。福耀俄亥俄州工厂刘道川先生认为:"文化冲突、沟通和交流是公司最大的成本。"

在跨国经营中,语言障碍导致的沟通不畅首当其冲。在福耀俄亥俄州工厂一线工作的既有美国员工,也有从中国来传授技术的师傅。师傅和徒弟之间的交流虽然有时靠人工翻译,但大多数情况下只能依赖手机上的翻译软件。

沟通方式与沟通习惯的差异易造成误解与冲突。中国同事都是玻璃制造专家,在工作中如果遇到问题,往往采取先解决问题、事后才告知美国同事的方式。而这种沟通作风完全不同于美国人沟通在先做事在后的习惯和风格。美国同事希望中国同事在修复问题之前能先与美国同事做一些沟通。其他差异还包括中国人的沟通方式比较含蓄,也不喜欢表达一些负面的信息,而美国人总体喜欢直接,不管是正面还是负面的问题,都喜欢放在桌面上谈。正是由于双方不理解彼此的差异,在日复一日的合作中很容易产生各种各样的误解。

价值观不同。价值观的差异体现在很多方面。比如在选人、用人方面,中国企业考核管理者时,对人品或德行的要求很高。但中国社会对好人品和德行的理解和欧美国家却有不同之处。例如,牺牲精神和忠诚在中国社会被认为是好人品和好员工的重要因素。一个人不能为企业做出点牺牲,对企业不忠诚,企业老板难以委以重任。在欧美企业里,雇主与雇员之间是雇佣与被雇佣的关系,谈不上谁对谁忠诚,更不存在谁为谁牺牲,维系双方雇佣关系的是合同或者契约,双方有责任严格遵守并履行合同或契约规定的各项条款,彼此之间谁也不期待对方有超越合同或契约规定的行为发生,因此员工没有责任对企业忠诚和为企业牺牲。类似这样的差别还有很多。例如,在中国企业里,员工比较遵循等级制,相对来说下级比较顺从上级。但在欧美企业里,员工则比较期待平等和共享式的管理方式。

资料来源:黄伟东,2017. 跨国经营遭遇文化冲突怎么破[J]. 清华管理评论(9):61-66。

三、企业文化建设中的风险

(1) 缺乏积极向上的企业文化,导致员工丧失对企业的信心和认同感,企业缺乏凝聚力和竞争力。

(2) 缺乏诚实守信的经营理念,可能导致舞弊事件发生,造成企业损失,影响企业声誉。

(3) 忽视不同企业之间、国内与国外的文化差异和价值观冲突,可能导致跨国经营或者并购重组失败。

(4) 缺乏约束机制、团队协作和风险意识,可能导致企业发展目标难以实现。

四、企业文化建设中风险的控制措施

(1) 评估企业文化建设中存在的问题,挖掘深层次原因,不断改进和完善企业建设。
① 检查董事、监事、经理层在企业文化建设中的责任履行情况。
② 检查员工对企业价值观的认同感,员工对企业未来发展的信心是否充足。
③ 检查企业经营管理行为与企业文化的一致性。
④ 检查并购重组中的文化差异和文化融合程度。

(2) 加强企业内部各个层级对企业文化的理解,企业董事会、监事会、经理层加强宣传企业文化,使员工接受企业文化的教育和熏陶,全面提升员工的文化修养和内在素质,促使员工共同遵守。

(3) 加强企业文化创新。企业文化不是一成不变的,必须与时俱进,适应国内外不同行业的形势变化。既要摒弃原有企业文化中的糟粕,又要巩固和发扬已有企业文化的精化。

复习思考题

1. 试述企业内部治理结构。
2. 试述企业外部治理结构。
3. 战略分析的内容有哪些?
4. 战略选择的内容有哪些?
5. 试述企业社会责任的基本内容。
6. 试述企业文化的定义。
7. 试述人力资源的定义。

第三章

风险评估

> **学习目标**
>
> 1. 理解和掌握风险的概念、特征及类别;
> 2. 了解目标设定、风险识别、风险分析和风险应对的概念及四者的关系;
> 3. 掌握内部控制目标的含义;
> 4. 熟悉企业内外部不同因素引发的风险;
> 5. 掌握风险识别方法、风险分析工具;
> 6. 掌握风险规避、风险降低、风险分担和风险承受四种风险应对策略的内涵。

风险评估是内部控制五要素之一。根据《企业内部控制基本规范》的规定,企业应当根据设定的控制目标,全面系统持续地收集相关信息,结合实际情况,及时进行风险评估。风险评估是指企业及时识别、系统分析经营活动中与实现内部控制目标相关的风险,从而合理确定风险应对策略,包括目标设定、风险识别、风险分析和风险应对四个部分。

党的十九大报告提出,要深化金融体制改革,增强金融服务实体经济能力,健全金融监管体系,守住不发生系统性金融风险的底线。

 案例 3-1

光大证券董事长引咎辞职背后的风险评估缺失

光大证券全资子公司光大资本下属的子公司光大浸辉因一笔海外投资计提了 14 亿元预计负债及 1.21 亿元其他资产减值准备,共计减少公司 2018 年度合并利润总额约 15.21 亿元,减少合并净利润约 11.41 亿元。

不仅光大证券,2019 年 3 月 26 日广发证券海外投资也暴雷。据广发证券 2019 年 3 月 26 日发布的另一份公告,广发证券旗下公司广发投资(香港)有限公司去年一只基金亏损 1.39 亿美元,致使公司 2018 年合并净利润减少 9.19 亿元,给广发证券业绩蒙上阴影。损失原因为外汇剧烈波动和相关市场流动性缺乏。2019 年 4 月中旬公司分管副总汤晓东辞职,辞职原因或是广发证券海外投资暴雷事件。

资料来源:https://finance.sina.com.cn/stock/quanshang/qsyj/2019-04-30/doc-ihvhiewr9058740.shtml [2021-01-07].

企业在实现其目标的活动中会遇到各种不确定事件,这些事件发生的概率及其影响程度是无法预知的,且这些事件将对经营活动产生影响,从而影响企业目标的实现程度。在一定环境下和一定限期内客观存在的、影响企业目标实现的各种不确定因素就是风险。风险具有不确定性、客观性、相对性、动态性、普遍性、可知性、偶然性和必然性等特征，其中，不确定性是风险的本质特征。不确定性既可能给企业带来损失，也可能使企业获得收益。如果采取适当措施来管理这种不确定性，不仅能够减少损失，而且可能形成机会、获得收益。有时风险越大，回报越高。

每个企业都面临来自内部和外部的不同风险，内部控制的目的在于控制这些风险。风险评估就是在既定的控制目标下，识别出不确定事项产生负面影响的可能性，然后应对风险。目标设定、风险识别、风险分析、风险应对作为风险评估的四个步骤，这四个步骤紧密衔接，相互作用，相互影响。

第一节 目标设定

一、目标设定的含义

目标设定是指企业在识别和分析影响目标实现的风险并采取行动来管理风险之前，采取恰当的程序去设定控制目标，确保所选定的目标支持和切合企业的发展使命，并且与企业的风险承受能力相一致。

《企业内部控制基本规范》第三章第二十条规定，企业应当根据设定的控制目标，全面系统持续地收集相关信息，结合实际情况，及时进行风险评估。可见，目标设定是企业风险评估的起点，是风险识别、风险分析和风险应对的前提。

二、目标设定的内容

巴纳德曾经说过，目标管理的最大好处是管理者能够控制他们自己的成绩。这种自我控制可以成为更强烈的动力，推动他们尽最大的力量把工作做好。

《企业内部控制基本规范》第一章第三条规定，内部控制的目标是合理保证企业经营管理合法合规、资产安全、财务报告及相关信息真实完整，提高经营效率和效果，促进企业实现发展战略。战略目标、经营目标、资产安全目标、合规目标和报告目标五个目标中，战略目标是最高层次的目标，要体现企业的使命和愿景，经营目标、资产安全目标、合规目标和报告目标均要服务于战略目标。

《企业内部控制基本规范》第二十一条规定，企业开展风险评估，应当准确识别与实现控制目标相关的内部风险和外部风险，确定相应的风险承受度。风险承受度是企业能够承担的风险限度，包括整体风险承受能力和业务层面的可接受风险水平。企业应当根据自身的风险偏好和风险承受度来制定公司层面目标，再将其层层分解为业务层面的可执行的目标，并对这些目标与该企业的风险偏好和风险承受度的一致性进行检验。业务包括采购业务、生产业务、销售业务、预算业务等，分别对应着采购部门、生产部门、销售部门、财务部门等。因此，业务层面的目标最终需要落实到相应的职能部门的具体目标。

（一）战略目标

1. 战略目标的含义

战略目标是基于企业整体视角的最高层次目标，是企业的使命和愿景的具体化和实现基础。战略目标是实现企业目标的全面性、方向性的行动计划，它可以帮助企业找准市场定位，指导企业执行层的行动，并为企业内部控制指明方向。

企业应当在董事会下设立战略委员会，或指定相关机构负责发展战略管理工作，履行相应职责，并在充分调查研究、科学分析预测和广泛征求意见的基础上制定战略目标。

2. 战略目标的内容

不同企业的战略目标是不同的，但需要制定目标的领域却是相似的。管理大师德鲁克曾提出八个关键领域的目标：市场、技术改进和发展、生产力、物资和金融资源、利润、人力资源、职工积极性发挥以及社会责任。企业不一定要在以上所有关键领域都制定目标，其战略目标也不局限于以上几个方面。表3-1列示几个知名企业的战略目标。

表3-1　知名企业的战略目标

企业	战略目标
华为	致力于把数字世界带入每个人、每个家庭、每个组织，构建万物互联的智能世界。为世界各地通信运营商及专业网络拥有者提供硬件设备、软件、服务和解决方案
小米	使手机取代电脑，做顶级智能手机
阿里巴巴	旨在助力企业，帮助其变革营销、销售和经营的方式，提升其效率
百度	致力于向人们提供"简单，可依赖"的信息获取方式
可口可乐	"买得起、乐得买、买得到"，采取积极的方式被消费者认可进入日常生活
福特汽车	提高汽车的质量，开发新产品，缩短新车上市的时间

从表3-1可知，企业往往不止制定一个战略目标，而是拥有由若干目标组成的一个战略目标体系，即总战略目标由多个职能性目标支撑，反映并体现企业的使命和愿景。

平衡记分卡是加强企业战略执行力最有效的战略管理工具，它从财务、客户、内部运营、学习和成长四个维度，将组织的战略落实为可操作的衡量指标和目标值，从而大大提高了战略的执行能力和绩效表现。

3. 战略目标的设定

战略目标的设定主体是董事会。在设定战略目标时，管理层应对企业绩效现状进行科学而必要的评估，结合对内外部环境的检测和分析，与董事会及员工相互沟通并共同确定，以确保战略目标与现有资源相匹配，并选取与其风险承受度相一致的战略。

由于战略目标是中长期的，一旦设定出来则会较为稳定。但在战略目标实施过程中，若企业内外部环境累积发生较大变化，导致原有战略目标不再适应新环境，或是执行情况偏离战略目标，企业就应当对战略目标做出调整、优化甚至转型。

(二) 经营目标

经营目标与企业经营的效率与效果有关，反映管理层在企业运营的特定业务、行业背景、外部环境和内部资源等条件下的管理决策。经营效率是在经营目标实现过程中对企业各种有形资源和无形资源合理利用的程度。经营效果是通过企业的经营活动，部分达成或全部达成企业的经营目标。

企业管理层除根据企业的总体经营目标控制各项资源的使用外，还应按各经营层次、经营单元的职能与责任确定相应层次和单元的经营目标，并落实相应责任人来组织和控制可供各层次、各单元使用的资源，使各经营层、经营单元为实现企业整体目标步调一致地运行。

（三）资产安全目标

资产安全目标是内部控制的基本目标。资产安全完整是企业开展生产经营的前提条件和物质基础，是促进企业实现发展战略的保障，也是投资者、债权人和其他利益相关者普遍关注的问题。将资产安全目标作为内部控制的目标单独列示，对于保证企业资产的安全完整、使用效率、保值增值、更新重置等具有重要意义。近年来国有资产流失的案件屡有发生，资产安全完整对于国有企业具有更为明显的现实意义。

（四）合规目标

合规目标与企业各项活动的合法性有关。合规目标的设定应反映企业适用的外部法律法规，包括相关法律、监管规则、国际组织制定的相关标准、行业组织制定的自律章程等。法律法规为企业建立了最低的行为准则，企业在设定目标的过程中，管理层有一定的自主裁量权，可以适当提高合规性标准。如果企业在国外运营，还要遵守国外的法律法规、国际组织制定的相关标准。公司层面和职能部门层面都要考虑遵守相关的法律法规。

（五）报告目标

报告目标与财务报告及其相关信息的真实完整有关，它是内部控制目标体系中的基础目标。报告目标的设定应以信息使用者的需求为导向，考虑使用者所要求的精准度，以合理的方式和适当的详细程度对信息进行分类和总结，使其既不过于烦琐，也不过于简单。

外部财务报告目标应符合适用的会计准则和监管要求，具备相应的质量特征。设定外部财务报告目标应考虑财务报表列报的重要性水平，遵循会计准则进行相关认定，包括认定报告期内的相关交易和事项、账户的期末余额、报表项目的列报和相关披露等。

内部报告目标则应反映管理层的选择，为管理层提供决策所需的准确、完整的信息。设定内部报告目标时，管理层应在非财务报告目标中体现满足信息使用者需求的精确度水平及准确性要求，并在财务报告目标中体现重要性水平。

三、目标的层级关系

控制目标包括公司层面目标和业务层面目标两个层级。企业不仅要按照《企业内部控制基本规范》的规定从公司层面确定上述五方面的内部控制目标，还要将这些目标分解到业务层面的各个业务单元。公司层面的目标较为宏观，综合体现了企业的使命及愿景，但不利于指导具体业务活动，也不便于进行业绩考核。例如，某制造企业在公司层面设定了实现净利润5亿元的经营目标，为了保证该目标的实现，企业将该目标通过生产部门落实到每个车间，具体到单个产品生产量、次品率、单位耗材等可考核指标，从而实现对经营效率和效果的有效控制。

此外，业务层面目标涉及面较广，在对公司层面目标分解的过程中，要做到职能部门之间横向一致与职能部门内部纵向一致。通过目标的层层分解，将各个目标落实到业务部门甚至个人，员工的组织认同感将有助于其对业务层面目标的理解和实现。

以公司层面目标分解到各个职能部门为例，公司层面目标的层级关系可用表3-2表示。

表 3-2　公司层面目标的层级关系

目标层级		战略目标	经营目标	资产安全目标	合规目标	报告目标
公司层面目标		促进企业实现发展战略	提高经营的效率和效果	确保资产安全完整	符合法律和规章制度要求	提供真实可靠的财务信息及其他信息
职能部门目标	采购部门	确保采购部门牵涉的各业务活动服务于总体战略目标的实现	维护和发展良好的、长期且稳定的供应商合作关系，开发有潜质的供应商，促进企业长远发展	防止采购质量低下或者不合格的原材料和商品	确保采购活动及供应商的管理方法和程序符合国家法律法规和企业内部规章制度的要求	保证供应商的资料数据保存完整，记录真实、准确，易于管理，便于追踪
	生产部门	确保生产部门牵涉的各业务活动服务于总体战略目标的实现	提高生产量，降低返修率、次品率和退货率等	保证固定资产和在产品的安全，防止因管理不善导致固定资产和在产品的损坏	按照相关法律法规及企业规章制度的要求进行生产活动	设置相应的会计科目，保留原始凭证，按产品类别和生产线进行明细分类核算
	销售部门	确保销售部门牵涉的各业务活动服务于总体战略目标的实现	加强客户管理，开发潜在目标客户，做好包括产品维修、销售退回、维护升级等客户服务	合理确定定价机制、信用方式及结算方式，避免出现资产被低价出售或者销售之后无法收回货款的情况	规范销售行为，按照经批准的销售合同开具相关销售通知	加强对销售、发货、收款业务的会计系统控制，包括销售收入的确认、应收账款的管理、坏账准备的计提和冲销、销售退回的处理等
	研发部门	确保研发部门牵涉的各业务活动服务于总体战略目标的实现	科学论证研究项目，妥善管理研发过程，提高研究成果转化率和利用效率	精确预计工作量和所需资源，提高资源使用率；加强研发外包的合同管理，特别是对承担的义务、经费落实、知识产权归属、赔偿条款以及纠纷处理条款的界定	确保研发业务按照立项、研发过程管理、结题验收、研究成果开发、研究成果保护及评估与改进的基本流程进行，符合法律法规及企业的规章制度要求	建立科技开发费用报销制度，明确费用支付标准及审批权限，完善科技经费入账管理程序，按项目正确划分资本性支出和费用性支出，准确开展会计核算，建立科技收入管理制度
	财务部门	确保财务部门牵涉的各业务活动服务于总体战略目标的实现	从预算、货币资金、投融资、财务报告编制等各个环节提高资金运用效率和效果	确保货币资金的安全完整；合理调度货币资金，避免资金被大股东、管理层侵占	严格按照法律法规及企业规章制度的要求进行业务确认、记录、计量及报告	确保货币资金、现金支付情况记录完整，定期对资金与开票金额进行核对

续表

目标层级		战略目标	经营目标	资产安全目标	合规目标	报告目标
职能部门目标	人力资源管理部门	确保人力资源管理部门牵涉的各业务活动服务于总体战略目标的实现	利用雇佣、培训、评价、考核、晋升、奖惩等业务向员工传达有关诚信、道德行为和胜任能力的期望水平	董事会、监事会、经理层、普通员工等不同层次的人力资源负责其各自资产的安全和完整	人力资源的引进、开发及退出均要建立在遵守法律法规的基础上，严格按照法律规定和企业规章制度进行操作	优化薪酬制度，建立以绩效为核心的分配激励制度，并保证薪酬核算及发放等信息的真实、完整和可靠

四、目标设定与风险偏好、风险容忍度

为确保所设定的目标符合企业的发展规划和使命，管理者应采取恰当的设定程序，综合考虑管理层风险偏好，确定风险容忍度，保证所设定目标与企业的风险容忍度一致。

风险偏好是企业在追求价值增值过程中愿意接受的广泛意义的风险的程度，即可接受的风险的种类和风险的数量。风险容忍度是企业在风险偏好的基础上设定的对相关目标实现过程中所出现差异的可容忍程度。

风险偏好与风险容忍度有密切的联系，但两者有着本质上的区别。风险偏好说明的是在承担风险时所获得效用的状况。获得正效用的是风险爱好者，正效用越大，对风险越爱好；获得负效用的是风险厌恶者，负效用越大，对风险越规避。而风险容忍度强调的是对风险承担的意愿和能力，本身并不直接说明其对风险爱好或厌恶的程度。例如，一家公司设定了收入增长率20%的目标，但同时还规定了对于实际实现情况的可接受范围，如15%~20%的收入增长率均可接受，那么该公司对收入增长率的风险容忍度为5%，仅说明对偏差的接受程度，并不体现对风险的爱好程度。

组合风险观认为企业应以风险组合的观点来看待风险。按照组合风险观，在实现企业目标的过程中，要从企业和业务单元两个角度以"组合"的方式考虑总体风险。就某个业务单位而言，风险可能处于风险容忍度范围之内，但从企业总体来看，多个业务单位风险总和可能会超出总体风险容忍度。因此，要从企业整体出发，以组合的观点看待企业风险。

第二节　风险识别

风险识别是识别出与实现内部控制有关的风险的过程，包括对风险源、风险事件、风险原因和风险潜在后果的识别。风险识别是风险分析和探求风险应对策略的基础，企业应当及时识别可能对其目标实现产生影响的所有潜在事项，不能因主观认为某一风险发生的可能性小或负面影响小而忽略该风险。

《企业内部控制基本规范》第三章第二十一条规定：企业开展风险评估，应当准确识别与实现控制目标相关的内部风险和外部风险，确定相应的风险承受度。风险识别的目的

是确认所有风险的来源、种类及发生损失的可能性,其是否全面和深刻,直接影响风险评估的质量和效果。因此,风险识别是整个风险评估过程的重要程序之一。

一、风险识别的内容

风险识别的内容包括外部因素和内部因素引发的风险事件。风险事件的发生将会给企业造成人身伤亡、财产损失、客户流失或声誉受损等不良后果。风险识别的重要内容之一,就是要识别出不同风险因素引发的风险事件。风险后果是风险事件发生所导致对目标实现的影响,可能是负面的,也可能是正面的,或者两者兼有。

(一) 外部因素及其引发的外部风险

《企业内部控制基本规范》第二十三条规定,企业识别外部风险,应当关注下列因素。
(1) 经济形势、产业政策、融资环境、市场竞争、资源供给等经济因素。
(2) 法律法规、监管要求等法律因素。
(3) 安全稳定、文化传统、社会信用、教育水平、消费者行为等社会因素。
(4) 技术进步、工艺改进等科学技术因素。
(5) 自然灾害、环境状况等自然环境因素。
(6) 其他有关外部风险因素。

党的二十大报告指出,我国发展进入战略机遇和风险挑战并存、不确定难预料因素增多的时期,各种"黑天鹅"、"灰犀牛"事件随时可能发生。企业应加强对外部风险的识别。

结合《企业内部控制基本规范》及企业实际,引发外部风险的因素主要包括政治因素、经济因素、社会因素、技术因素、法律因素和自然灾害等。

1. 政治因素

政治因素包括企业所在地政治体制的变更、政府官员的更替;新法律的颁布及新监管措施的推出;母国与东道国国际关系的变化等。处于经济转型期或政治意识十分浓厚的国家或地区,政治或政策波动的可能性更大。

 案例 3-2

芯片断供,华为无法承受之殇?

一直以来,"中国之光"华为凭借全球领先的通信技术、优质的产品,受到世界人民的喜爱。

堪称魔幻的 2020 年,华为也受到了不利影响。7 月 4 日,英国政府做出禁止在该国 5G 网络中使用中国华为公司设备的决定。根据英国政府做出的最终决定,英国移动运营商被禁止在 2020 年 12 月 31 日以后购买新的华为 5G 设备,并且必须在 2027 年前从它们的网络中移除华为的所有 5G 设备。

资料来源:https://new.qq.com/omn/20200723/20200723A0SUUI00.html [2021-01-07]

2. 经济因素

经济因素包括经济周期、汇率、价格与采购力水平、资本市场所能提供的融资渠道和投资渠道、金融证券市场的发育状况及所能提供的理财空间等，其影响也是十分广泛的。

在2017年全国金融工作会议上，习近平出席会议并发表重要讲话。他强调，金融是国家重要的核心竞争力，金融安全是国家安全的重要组成部分，金融制度是经济社会发展中重要的基础性制度。必须加强党对金融工作的领导，坚持稳中求进工作总基调，遵循金融发展规律，紧紧围绕服务实体经济、防控金融风险、深化金融改革三项任务，创新和完善金融调控，健全现代金融企业制度，完善金融市场体系，推进构建现代金融监管框架，加快转变金融发展方式，健全金融法治，保障国家金融安全，促进经济和金融良性循环、健康发展。

 案例 3-3

美国次贷危机的连锁反应

美国次贷危机（Subprime Crisis）也称次级房贷危机、次债危机，是一场发生在美国，因次级抵押贷款机构破产、投资基金被迫关闭、股市剧烈震荡引起的金融风暴。

它致使全球主要金融市场出现流动性不足危机，于2007年8月开始席卷美国、欧盟和日本等世界主要金融市场。2007年7月16日华尔街第五大投资银行贝尔斯登关闭了手下的两家对冲基金，爆出了公司成立83年以来的首次亏损；2007年8月6日美国第十大抵押贷款服务提供商美国住宅抵押贷款投资公司申请破产保护；2008年3月美国联邦储备委员会促使摩根大通银行收购了贝尔斯登；2008年9月7日美国财政部宣布接管房利美公司和房地美公司；2008年9月15日美国第四大投资银行雷曼兄弟控股公司申请破产保护；2008年9月15日，美国银行发表声明，愿意收购美国第三大投资银行美林公司；2008年9月16日美国国际集团（AIG）提供850亿美元短期紧急贷款；2008年9月21日，在华尔街的投资银行接二连三地倒下后，美联储宣布：把现在仅剩的最后两家投资银行，即高盛集团和摩根士丹利两家投资银行，全部改为商业银行，这样就可以靠吸收存款来渡过难关。

至此，历史在2008年9月21日这一天为曾经风光无限的华尔街上的投资银行画上了一个惊人的句号，"华尔街投资银行"作为一个历史名词消失了。美国金融危机的爆发，使美国包括通用、福特、克莱斯勒这三大汽车公司等实体经济受到很大的冲击，实体产业危在旦夕。

美国金融海啸也涉及全球，影响到了全世界。

资料来源：https://baike.sogou.com/v73397.htm?ch=ch.bk.innerlink［2021-01-07］

3. 社会因素

社会因素包括就业与社会稳定状况、社会风气与社会风俗、家庭结构、人们对待储蓄和消费的观念、客户需求等。有些社会因素较为稳定，对于人的影响是潜移默化的，如社会风俗、消费与储蓄理念；有些社会因素则会快速发生变化，如短期劳动力。

4. 技术因素

技术因素主要包括技术进步和工艺改进等，既会对企业的采购、生产、销售产生深刻的影响,也会对研究开发提出更高的要求。例如,信息技术与物流技术的发展迫使企业创新采购和销售方式,对原有的商业模式提出挑战;企业应当及时对现有销售和客户服务系统进行必要的技术更新与升级,否则可能面临被淘汰的风险。

5. 法律因素

法律因素是指会招致法律风险的因素,即若企业具体行为不规范,将会引起法律上的不利后果。按照来源可将法律因素分为外部环境法律因素和企业内部法律因素。前者是指企业以外的社会环境、法律环境、政策环境等因素,如立法不完备,执法不公正,合同相对人失信、违约、欺诈等,其导致的风险通常是不可控的;后者是指企业内部可能导致法律上不利后果的因素,如法律意识薄弱,未设置较为完备的法律风险防范机制,对法律环境认知不够,经营决策未充分考虑法律因素,甚至违法经营等。表3-3列示了中国企业海外直接投资失败的主要因素。

表3-3 中国企业海外直接投资失败主要因素

投资失败主要因素			案例数量/个	占比/(%)
一般商业风险	—	—	12	21.4
国家层面相关风险	政治类风险	战争	20	35.7
		国内政治斗争	9	16.0
	法律类风险	准入审查	7	12.5
		法治不完善	2	3.6
	运营环境类风险	基础设施建设不及预期	1	1.8
		民间反对情绪	2	3.6
	经济类风险	—	1	1.8
	汇兑类风险	—	2	3.6

资料来源:陈曦,2015. 中国企业海外投资的"拦路虎":透过失败案例看风险[J]. 国际工程与劳务(12):25-30.

6. 自然灾害

自然灾害、环境状况等自然环境因素均有可能招致自然风险,如建筑物的损失、限制获取原材料、人力资本方面的损失等。当然,企业应根据自身生产经营的特点考虑自然灾害的风险,而非所有形态的自然灾害。例如,某一农业企业考虑不同的干旱程度对企业的影响,并建立相应的风险控制程序是必要的,但过度担忧八级地震这样的极端灾害则是非效率的。

案例 3-4

3 000吨茶叶被泡　茶商损失9 000万元

据新京报报道:2020年7月10日安徽歙县强降水造成洪灾,当地茶企受灾严重,一家企业一夜损失 3 000 吨茶叶，损失金额达到 9 000 万元。

茶企负责人郑先生在整理工厂时，看到现场不禁泪流满面。现在，郑先生最关心的是对茶农的支付问题。茶农的资金还有 60% 没支付，郑先生表示会尽最大努力完成支付工作。

据悉，该茶企与 3 000 余户茶农有合作，他们从茶农手里收茶，经加工再出口。今年，由于新冠肺炎疫情影响，郑先生为帮助当地茶农出货，收的茶叶比往年更多，谁都没想到，郑先生的 3 000 吨茶叶刚拉进仓库，就遇到洪灾。

看到这一幕，大家都是心如刀割。3 000 吨茶叶在中国庞大的茶叶市场上不算多，但却是一个企业，一个茶商半生的心血。

资料来源：https：//www.sohu.com/a/407093531_822855

（二）内部因素及其引发的内部风险

《企业内部控制基本规范》第二十二条规定，企业识别内部风险，应当关注下列因素。

（1）董事、监事、经理及其他高级管理人员的职业操守、员工专业胜任能力等人力资源因素。

（2）组织机构、经营方式、资产管理、业务流程等管理因素。

（3）研究开发、技术投入、信息技术运用等自主创新因素。

（4）财务状况、经营成果、现金流量等财务因素。

（5）营运安全、员工健康、环境保护等安全环保因素。

（6）其他有关内部风险因素。

《企业内部控制应用指引》中列出了企业应当关注的主要风险，上述风险是在企业内部控制实施过程中，应通过日常或定期的评估程序与方法加以识别的风险。这些风险因素具体化为各项应用指引中的主要风险。企业在生产经营过程中，应当将各类风险进行分类整理，形成企业的风险清单。

例如，《企业内部控制应用指引第 6 号——资金活动》列出的风险包括：投资活动与企业战略不符带来的风险；投资与筹资在资金规模、期限、成本与收益上不匹配的风险；忽略资产结构与流动性的风险；缺乏严密的授权审批制度和不相容职务分离制度的风险；缺乏严密的投资资产保管与会计记录的风险等。再例如，《企业内部控制应用指引第 15 号——全面预算》列出的风险包括：不编制预算或者预算不健全；预算目标不合理、编制不科学，可能导致企业资源浪费或导致战略难以实现。其他内部控制应用指引也有与上述举例相类似的、不同种类的风险说明。

以下根据《企业内部控制基本规范》第二十二条规定的内容，从人员因素、营运管理和财务因素等三个方面举例说明引发内部风险的内部因素。

1. 人员因素

人员因素主要包括员工掌握岗位所需知识和技能的程度、知识更新与技能更新的能力、行为的价值取向、员工违规及人员流失的影响等。例如，企业的关键人员如缺乏必需的知识、技能与经验，会威胁到企业执行其经营模式并实现关键性经营目标的能力。

2. 营运管理

企业应该建立管理流程的持续跟踪、分析与优化制度，保证流程的适用性和先进性，流程出现错误容易造成经济损失,形成流程风险。企业要与时俱进,注重创新。产品开发效率低下会威胁到企业长期内满足客户需要与希望的能力,形成产品开发风险;对环境有害的行为会使企业可能承担对健康伤害的赔偿、消除损害所支付的成本及财产赔偿和惩罚性赔偿等,形成环境风险,同时,企业若不能为其员工提供安全的工作环境,会使企业额外做出补偿、丧失声誉及承担其他成本。

3. 财务因素

企业财务储备和财务状况不理想,会进一步降低企业应对其他危机的能力,例如降低对自然风险、政治风险等的应对能力甚至招致财务风险。财务风险是指企业各项财务活动过程中,由于内部环境、外部环境及各种难以预料或控制的因素,使企业的财务收益与预期收益发生偏离,或是现金流不足。财务风险可由价格、流动性和信用等因素导致。

二、风险识别的方法

风险识别是以设定的目标为导向,在综合分析外部因素和内部因素的基础上,识别出公司所面临的风险,并列出风险清单。企业既可依赖自身及同行业以往的教训及现有的知识和经验来识别风险,也可依赖一定的技术和方法。风险识别过程可能包含多种技术及支持性工具,针对不同情况不能依靠单一的方法或工具。风险识别的基本方法是风险清单分析法,同时还可使用其他辅助方法作为补充,以便识别出风险清单中没有包括的特殊风险。常见辅助方法有流程图法、事件树分析法、现场调查法和德尔菲法等。

(一) 风险清单分析法

风险清单分析法是指由专业人员根据经验将所有可能发生的风险和潜在损失分类,按一定的顺序排列并形成风险清单,供识别人员进行检查核对,用以判别是否存在表中所列或类似的风险的方法。风险清单应尽可能将所有可能的风险囊括在内,因此篇幅通常也较长。

风险清单分析法运用规范的方法,参照风险清单逐一检查,预见风险管理企业可能面临的各种风险,使用者只需对照清单上列示的项目分析风险,并视风险事故可能造成危害的严重程度,确定风险管理的先后顺序,采取不同措施。其优点是风险识别过程简单迅速,可以同时跟踪检测整个风险管理过程,不断修订风险清单以适应环境的变化;局限性在于风险清单的初次制作及回收都比较费时,回收率可能较低,而且质量难以有效控制。

1977年,美国风险与保险管理学会曾制定出一份较为全面的风险损失清单表,包括直接损失风险、间接损失风险和责任损失风险三大项(表3-4)。

表3-4 风险损失清单表

直接损失风险	无法控制和无法预测的损失	1. 电力中断:雷电、火灾及各种损坏 2. 物体下落:飞机失事、树、建筑材料 3. 地壳运动:火山、地震、滑坡 4. 声音及震动波:飞机、震动 5. 战争、暴力、武装冲突等 6. 水损:洪灾、水位抬高、管道破裂等 ……

续表

直接损失风险	可控制和可预测的损失	1. 玻璃或其他易碎物品的破裂 2. 毁坏：工厂设施的毁坏 3. 起始时或过程中的碰撞：飞机碰撞、船舶碰撞 4. 污染：液体、固体、气体、放射性污染 5. 腐蚀 6. 员工疏忽或大意 ……
	与财务有关的主要损失	1. 员工不诚实：伪造、贪污 2. 没收：国有化、充公 3. 欺诈、偷窃、抢劫 4. 事实、专利、版权、公证的无效 5. 库存短缺：无故消失、乱放丢失 ……
间接损失风险		1. 所有直接损失的影响：供应商、消费者、公用设施、员工 2. 附加费用增加：租金、通信费用、产品费用 3. 资产集中损失 4. 风格、品味、期望的变化 5. 破产：员工、管理人员、供应商、消费者、顾问 6. 管理失误：市场、价格、产品投资等 ……
责任损失风险		1. 航空损失 2. 运动责任 3. 出版商责任 4. 汽车责任 5. 契约责任 6. 雇主责任 ……

（二）流程图法

流程图法是将企业的各项经济活动按照内在的逻辑联系绘制成流程图，然后针对其中的关键步骤或薄弱环节进行调查、研究和分析，进而识别企业风险的方法。利用流程图法识别风险包括三个基本步骤：首先梳理各类经济活动的业务流程，明确业务环节；其次设计流程图，确定流程图所揭示的风险点；最后对流程中的所有风险点，尤其是主要风险做出解释。

流程图法的优点在于可以将复杂的生产过程或业务流程简单化，有助于熟悉主体运作过程中的技术层面问题，从而易于发现可能存在的风险。其局限性在于流程图的绘制一般要由具有专业知识的风险管理人员进行，需要花费较长的时间及较高的管理成本。流程图的准确性决定着风险管理部门识别风险的准确性。流程图的不准确性将导致不能进行定量分析，无法判断风险发生的可能性。

（三）事件树分析法

事件树分析法又称故障树法，其实质是利用逻辑思维的规律和形式，从宏观的角度去分析事故的形成过程。事件树分析法的理论基础：任何一起事故的发生，必定是一系列事件按时间顺序相继出现的结果，在整个事件发展过程中，每一事件有成功或失败两种可能的状态，前一事件的发生是随后事件发生的条件。因此，事件树分析法从某一风险结果出发，运用逻辑推理的方法推导出引起风险的原因，遵循风险事件—中间事件—基本事件的逻辑结构。它的具体操作步骤包括：定义目标；做出风险因果图；全面考虑各风险因素之间的相互关系，从而研究对风险所采取的对策或行动方案。

事件树分析法的优点是把影响企业整体目标实现的诸多因素及其因果关系一步步清楚且直观地列示出来，有利于下一步进行深入的风险分析。其局限性在于事件树的绘制需要大量的资料和时间，容易产生遗漏和错误，一般只有当系统存在很大风险隐患时才加以使用。

（四）现场调查法

现场调查法是指通过直接进行实地观察和分析，了解企业生产经营过程中存在的风险隐患的方法。现场调查法是获知企业经营情况的最佳途径，对企业各个活动场所进行检查，与企业员工及管理层沟通还可以发现一些可能被忽视的风险。现场调查法具体包含三个主要步骤：首先要做好调查前的准备工作，包括确定调查时间、调查对象及调查人数等，一般事先设计好调查表格；其次进行现场调查和访问，由被调查人认真填写调查表格，表格填写应符合规范，避免出现不符合要求的问卷而影响调查结果；最后及时将调查结果进行反馈，以便发现潜在问题。

现场调查法的优点是可以获得一手资料；可与现场工作人员建立良好的关系，宣传风险管理理念，为之后风险管理措施的落实做铺垫。其局限性在于耗时较长、成本较高，有时还会引起被调查人员的反感。

（五）德尔菲法

德尔菲法又称专家调查法，是指在识别风险时，对多位相关专家进行反复咨询并征求意见，直到取得较大程度的共识，从而最终确定主要风险因素的方法。德尔菲法采用背对背的通信方式征询专家小组成员的意见，专家之间一般不进行相互讨论，而是通过多次填写问卷，搜集各方意见，最终以共识的形式得出结论。

德尔菲法的优点是能够充分发挥相关专家的作用，集思广益；参与者可以免受团体压力，不必附和他人的看法，也可避免个性特征和相容性问题。其局限性在于过程较为复杂，耗时较长。

案例 3-5

轻奢品牌 Michael Kors 节节败退

曾经"打败"了 Coach 的美国奢侈品牌 Michael Kors（MK）决定在未来两年关闭

100～125家全价零售实体店。Coach和MK都是诞生在纽约的轻奢品牌，2011年时，Coach还是美国市场占有率最大的品牌，拥有32%的市场份额。但在2014年遭遇拐点，Coach在北美市场受到了MK的挑战，份额下滑。

那么，现在的MK为何"败"了呢？MK走了Coach当年失败的老路——快速扩张和疯狂打折。在设计方面，MK创新逐渐变少，每年在MK专卖店看到的钱包、背包款式都差不多。相反，Coach在失败过后努力改变自己，为了撕掉"折扣"的标签，Coach最近两年努力改革：聘请新设计师、扩张产品线、重新定位……终于让Coach消沉的业绩焕发了一丝生机。而MK却一直沉浸在快速扩张和疯狂打折中难以自拔。

2017年5月，Coach宣布收购美国另一奢侈品牌Kate Spade，以此来推进自己的多品牌化战略。在宣布这一消息后，Coach和Kate Spade的股价纷纷上涨。Coach集团首席执行官表示，Coach和Kate Spade几乎没有重叠，近年来Coach严格执行高端策略，且行之有效。此外，Kate Spade的主要客户为千禧一代，两个品牌的重叠用户仅10%。

为了挽救品牌形象，改善业绩，MK一直在试图削减产品在不同渠道的曝光量、减少打折促销活动。此外，有消息称，MK可能会收购Jimmy Choo，分析师说如果能拿下Jimmy Choo，将有利于强化MK的鞋履业务。律所合伙人Gearge Sevier曾表示，此时收购Jimmy Choo是个好时机，因为其"股价在过去十年来一直下滑，而且英镑走弱让公司在国外买家眼里更加吃香。"

由此看来，MK如果能成功改变品牌形象，扩大品牌影响力，那么再度崛起也不是没有可能。

资料来源：http://www.xinhuanet.com/fashion/2017-06/03/c_1121068820.htm［2021-01-07］

第三节　风险分析

企业识别出风险后，就要进行风险分析。风险分析是指对识别出的风险及其特征进行明确的描述，并分析和描述风险发生可能性的高低及风险发生后对企业造成的影响。根据《企业内部控制基本规范》第三章第二十四条的规定，企业应当采用定性与定量相结合的方法，按照风险发生的可能性及其影响程度，对识别的风险进行分析和排序，确定关注重点和优先控制的风险。风险分析是选择应对策略的前提，因此，企业应当充分吸收专业人员，组成风险分析团队，严格按照规范的程序开展工作，确保风险分析结果的准确性。

一、基于固有风险、剩余风险和风险承受度进行风险分析

固有风险是指企业未采取任何风险应对措施的情况下所面临的风险。剩余风险是指企业采取了应对措施进行控制后残余的风险。风险承受度是指对相关目标实现过程中所出现差异的可容忍程度。企业应当基于固有风险、剩余风险和风险承受度的理念对风险进行分析，若固有风险发生所造成的负面影响在企业的风险承受度之内，而采取应对措施需要付出高昂的成本，企业可以选择承受该风险，不对控制系统进行改善；若固有风险发生所造成的负面影响超出企业风险承受度，企业就应当采取相应的应对措施，并对剩余风险进行评价，直至将剩余风险控制在企业的风险承受度内。

二、风险分析的方法

风险分析应达到以下目的:首先,对各个风险进行比较,根据分析风险的不确定性和后果,确定风险发生的概率及其产生的不良后果,对其进行排序;其次,要确定风险事件之间的关系,表面上看起来不相干的多个风险事件可能是由同一个风险源所造成的,因此有必要理顺风险事件之间的关系;最后,要进一步量化已识别风险的发生概率和不良后果,降低风险发生概率和不良后果的影响,必要时根据形势的变化重新评估风险发生的概率和可能的后果。

风险分析的方法一般包括定性分析方法和定量分析方法,实务中通常采用定性和定量相结合的方法,对可以明确赋值的要素直接赋予数值,对难以赋值的要素则采用定性分析方法。

(一) 风险坐标图法

风险坐标图法(图 3-1)是重要的风险分析工具,它对不同属性的风险进行定量和定性描述,直观地展示各类风险对企业目标实现的影响程度。风险坐标图法在统计分析和经验判断的基础上,把风险发生可能性的高低、风险发生后对目标实现影响程度的大小作为两个维度绘制在同一个平面上,形成直角坐标系。

运用风险坐标图法,应当先对风险发生的可能性及风险发生后对目标的影响程度进行定性分析或定量分析,在此基础上对风险进行评级,绘制直角坐标系。通过分析风险坐标图,可以直观地看到企业的风险分布情况,从而确定风险管理的重要控制点和应对策略。

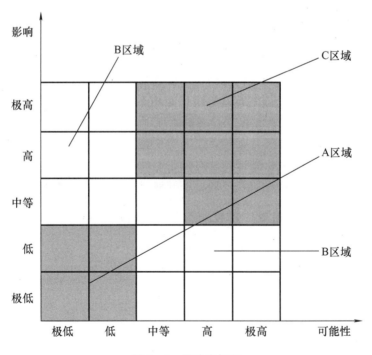

图 3-1 风险坐标图

如图 3-1 所示，处于 C 区域的风险，其发生的概率和影响程度均较高，企业应当根据风险的属性、企业的风险偏好和风险容忍度来选择应对策略。处于 B 区域的风险可分为两类：一类是不经常发生的事件，但影响程度较大；一类是影响程度不是很大，但发生概率偏高，企业应当在采取防范措施的同时制订应急计划，并加强日常管理和监控。处于 A 区域的风险，其发生的概率和影响程度均不太高，通常在企业风险承受度之内，企业可以对其进行承担而不再增加控制措施。

（二）定量分析法

定量分析法就是将风险发生的概率和影响程度用直观的数据表示出来，其主要思路是对构成风险的各个要素和潜在损失的程度赋予数值或货币金额。定量技术依赖于所用假设和支持性数据的质量，一般需要更高程度的努力和严密性，有时运用数学模型。当一项风险被认定是关键风险或其风险水平被认定很高，需要进一步分析研究时，通常要使用定量分析法。值得注意的是，使用定量分析法前，企业要充分考察所用数据的真实可靠性。数据质量是进行定量分析的前提。

1. 风险价值（Value at Risk，VaR）法

VaR 是指在正常的市场条件和给定的置信水平之下，某种投资组合在既定时期内所面临的市场风险及可能遭受的潜在最大价值损失。VaR 法把对预期的损失大小和该损失发生的可能性结合起来，不仅让投资者知道发生损失的规模，而且告知投资者损失发生的可能性，是一种对风险进行定量分析的重要工具。

在正常市场条件下，给定置信水平 $1-\alpha$ 和持有期 T，某种投资组合可能发生的最大损失值为 M，则 VaR 概念示意如图 3-2 所示。

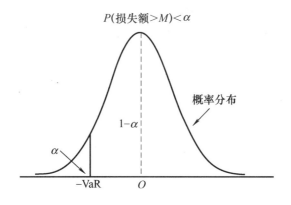

图 3-2 VaR 概念示意

例如，某投资组合的置信水平为 99%，持有期为一天时的 VaR 为 100 万元，表示有 99% 的把握相信持有该投资组合一天的最大损失是 100 万元，或者说持有该投资组合一天内损失超过 100 万元的可能性只有 1%。

计算 VaR 需要时间跨度、置信水平、投资组合的市价及未来价值变动的分布特征等信息。常用的方法有三种：历史模拟法、方差-协方差法、蒙特卡罗模拟法。

2. 情景分析法

情景分析法是指通过假设、预测、模拟等手段生成未来情景，并分析其对目标产生影响的一种分析方法。该方法根据发展趋势的多样性，通过对系统内外相关问题的全面分析，在假定关键影响因素有可能发生的基础上，构造出多种情景，提出多种未来的可能结果，以便采取适当措施防患于未然。

当一个项目持续的时间较长时，往往要考虑各种技术、经济和社会因素的影响，可用情景分析法来预测和识别关键风险因素及其影响程度。情景分析法对以下情况特别有用：①提醒决策者注意某种措施或政策可能引起的风险或危机性的后果；②建议需要进行监视的风险范围；③研究某些关键性因素对未来的影响；④提醒人们注意某种技术的发展会给人们带来哪些风险。

3. 敏感性分析法

敏感性分析法是指单个风险因素发生变化时对，通过对经济效果评价指标影响程度的比较，找出敏感因素，提出相应对策。该方法是在不确定分析中被广泛运用的方法之一，它从改变可能影响分析结果的不同因素入手，估计分析结果对这些变量变动的敏感程度。那些对评价指标影响大的因素称为敏感因素，反之则称为非敏感因素。

敏感性分析法适用于项目不确定性对结果产生的影响进行的定量分析，其实施步骤如下。第一，确定敏感性分析指标：经济评价通常有一整套评价指标，在进行敏感性分析时，应选择最能反映项目经济效益的一个或几个主要指标进行分析；第二，选定不确定因素：不确定因素应结合项目特点和经验判断，选择对项目影响较大且重要的不确定因素进行分析，如销售收入、经营成本、生产能力、初始投资等；第三，确定不确定因素的变化范围：在选定不确定因素的基础上，进一步分析不确定因素的可能变动范围，如用变动百分率5%、10%、15%等；第四，计算敏感性分析指标：为较准确反映项目评价标准对不确定因素的敏感程度，分析不确定因素的变化使项目由可行变为不可行的临界数值，应计算敏感度系数和临界点指标。

(1) 敏感度系数是指项目评价指标变化的百分率与不确定因素变化的百分率之比。敏感度系数高，表明项目效益对该不确定因素的敏感程度高。敏感度系数的计算公式为

某因素的敏感度系数＝项目评价指标变化的百分率/不确定因素变化的百分率

若敏感度系数的绝对值大于1，即当某影响评价指标的因素变化时，评价指标会发生更大程度的变化，该影响因素即为敏感因素，否则为非敏感因素。

(2) 临界点是指不确定性因素的变化使项目由可行变为不可行的临界数值，可采用不确定性因素相对于基本方案的变化率或相对应的具体数值表示。临界点的高低与计算临界点指标的初始值有关。若选取基准收益率为计算临界点的指标，对于同一个项目，随着设定基准收益率的提高，临界点就会变低；而在一定的基准收益率下，临界点越低，说明该因素对项目评价指标影响越大，项目对该因素就越敏感。

4. 压力测试法

压力测试法是指在极端情景下分析评估风险管理模型或内控流程的有效性，发现问题并制定改进措施的方法。极端情景是指在非正常情况下，发生概率很小但一旦发生后果十

分严重的事情。与情景分析法中关注常规情景相反,压力测试法一般被视为一种补充,用来分析那些通过与概率技术一起使用的分布假设可能没有充分捕捉到的低可能性、高影响力的事件的结果。

在风险评估中,压力测试通常被用于衡量潜在最大损失,测算在遇到假定的小概率事件等极端不利情况下可能发生的最大损失,分析这些不利情况(如经济增长骤减、失业率快速上升到极端水平、房地产价格暴跌)下的负面影响,进而对脆弱性做出评估和判断,并采取相应的控制措施。

5. 盈亏平衡分析法

盈亏平衡分析法也称保本点分析法或本量利分析法,是通过分析产销量、产品成本和销售利润之间相互制约的关系,预测利润、控制成本并掌握盈亏变化的临界点(保本点)进而进行选择的方法。所谓保本,是指企业在一定时期内的收支相等、损益平衡的一种状态,此时企业利润为零。当企业处于当期销售收入与当期成本费用刚好相等时,可称为达到了保本状态。盈亏平衡点又称保本点,是指企业达到保本状态的业务量或金额,即企业一定时期的总收入等于总成本、利润为零时的业务量或金额。利用盈亏平衡法进行风险分析,关键是要找到盈亏平衡点。

盈亏平衡点有两种表示形式:一种以实物量来表示,称为保本销售量;另一种以货币单位来表示,称为保本销售额。根据本量利分析基本关系式:

$$利润 = 销售量 \times 单价 - 销售量 \times 单位变动成本 - 固定成本$$

当利润为零时,求出的销售量就是保本销售量,即

$$保本销售量 = \frac{固定成本}{单价 - 单位变动成本} = \frac{固定成本}{单位边际贡献}$$

若用销售额来表示,则保本销售额计算公式为

$$保本销售额 = 保本销售量 \times 单价 = \frac{固定成本}{1 - \frac{单位变动成本}{单价}} = \frac{固定成本}{边际贡献率}$$

盈亏平衡分析的主要作用在于使企业管理者在经营活动发生之前,对该项经营活动的盈亏情况做到心中有数。盈亏平衡点越低,企业的经营风险就越小。通过盈亏平衡分析,可以科学地判断利润对各风险因素的敏感程度,观察相关因素变动对利润的影响。因此,盈亏平衡分析法是一种有用的定量分析方法。

(三)定性分析法

定性分析法与定量分析法的主要区别在于,定性分析法不是对各风险要素赋予确定的数值,而是对风险要素发生的可能性大小和影响程度高低进行定性描述。正如前文所介绍的,定量分析法要求使用复杂的概率计算方法并采用精度较高的模型,受资料和时间所限,很多风险管理人员不得不放弃对准确度有较高要求的定量分析法,转而采用定性分析法。

实务中,可以采用专家调查、问卷、面谈及研讨会等形式进行数据收集和风险分析,这个过程带有一定的主观性,往往需要凭借专业咨询人员的经验和直觉,或是业界标准和惯例,对风险从"可能性"和"潜在影响"两个维度进行描述。对"可能性"的定性描述可以分为"高""中""低"或"极不可能""不太可能""可能""较大可能""极有可能"

等；对"潜在影响"的定性描述可以分为"基本不受影响""轻度影响""中度影响""严重影响""重大影响"或"极轻微影响""轻微影响""中等影响""严重影响""灾难性影响"等。在不要求对风险进行定量分析，或者在定量分析所需的充分、可靠数据实际上无法取得和分析数据不具有成本效益性时，管理层通常采用定性分析法。定性分析法的步骤一般如下。

第一步，描述风险因素发生的可能性。

第二步，确定风险发生后对目标的影响程度的定性评价标准，将风险等级分为高、中、低或更多的等级。

第三步，编制风险矩阵表。

三、定量分析法与定性分析法的比较与选择

对风险分析方法的判断和选择应考虑行业自身特点，结合各自关注点，灵活确定风险分析过程和分析方法。与定量分析相比，定性分析的准确性稍好但精确性不够，定量分析则相反；定性分析没有定量分析那样繁多的计算负担，但却要求分析者具备一定的经验和能力；定量分析依赖大量的统计数据，而定性分析没有这方面的要求；定性分析较为主观，定量分析较为客观；此外，定量分析的结果很直观，容易理解，而定性分析的结果则很难有统一的解释。

企业可以根据自身的具体情况来选择定性或定量的分析方法。当前最常用的分析方法一般都是定量和定性相结合的方法，对一些可以明确赋予数值的要素直接赋予数值，对于难以赋值的要素使用定性方法，这样不仅更清晰地分析了风险情况，也极大简化了分析过程，加快分析进度。

第四节　风险应对

一、风险应对概述

风险应对就是在风险评估的基础上，针对企业所存在的各种风险，根据风险评估的原则和标准，运用现代科学技术知识和风险管理方面的理论与方法，提出各种风险解决的方案，经过分析论证与评价，从中选择最优方案并实施，进而达到降低风险目的的过程。

《企业内部控制基本规范》第二十五条规定，企业应当根据风险分析的结果，结合风险承受度，权衡风险与收益，确定风险应对策略。企业应当合理分析并准确掌握董事、经理及其他高级管理人员、关键岗位员工的风险偏好，采取适当的控制措施，避免因个人风险偏好给企业经营带来重大损失。

二、风险应对策略

风险应对可以从改变风险后果的性质、风险发生的概率和风险后果的大小等方面提出多种应对策略，并从中选择适当的处置方案。企业所面临的各种风险都可以通过综合运用多种策略进行处理。

《企业内部控制基本规范》第二十六条规定，企业应当综合运用风险规避、风险降低、

风险分担和风险承受等风险应对策略,实现对风险的有效控制。

(一)风险规避

风险规避是指企业对超出风险承受度的风险,通过放弃或者停止与该风险相关的业务活动以避免和减轻损失的策略,也就是退出会给企业带来风险的活动。例如,终止与不诚信的供应商合作、放弃一条产品生产线、卖掉一个持续亏损的分部等。风险规避能将风险因素消除在风险发生之前,是一种最彻底的控制风险的技术,但也是比较消极的风险应对策略,比较适合用于危害性风险的控制。当所有应对方案都不能把风险发生的可能性和影响降到可接受水平,即对风险采取控制措施后,剩余风险仍超出风险承受度,则应实行风险规避。实施风险规避的具体方式如下。

1. 放弃

放弃是指企业拒绝承担某种风险,根本不从事可能产生某些特定风险的活动。例如,某企业打算投资危险化学品行业,然而,当前国家政策越来越强调环境保护。危险化学品行业虽然有盈利空间,一旦发生生产安全事故,所带来的损失、赔偿、政府罚款等金额也是巨大的,因此,该企业完全放弃了该投资计划。

2. 停止

停止是指企业在项目进行的过程中终止承担某种风险。例如,某个经销预防医药的企业在 2018 年 7 月 15 日国家药品监督管理局发布"长春长生生物科技有限公司冻干人用狂犬疫苗生产存在记录造假等行为"的通告后,立即终止这种疫苗的经销活动。

风险规避的优点在于其通过中断风险源,规避了可能造成的潜在损失或不确定性,是一种有用的风险处理方法,此外,这种方法也是最为简单的方法。其局限性在于:有些风险是无法规避的,如世界性的经济危机、自然灾害等;规避风险的同时也就放弃了潜在的目标收益,一味地规避风险,会使得企业安于现状。

(二)风险降低

风险降低是企业在权衡成本效益之后,准备采取适当的控制措施降低风险发生的可能性或潜在影响,将风险控制在风险承受度之内的策略。风险降低的目的是降低风险发生的概率,或者减少风险造成的损失,或者两者兼而有之。通过风险降低,改善风险特性使其能为企业所接受,从而不至于丧失获利机会。因此,相对于风险规避,风险降低是较为积极的风险应对策略。

风险降低措施实际上是比较现时成本与潜在损失的大小,如果潜在损失远大于现时成本,那么,支付现时成本,采取预防风险的手段,降低风险发生的概率或潜在影响,就是恰当的。例如,写字楼的防盗监控系统、火灾报警器、自动喷淋系统、灭火器等措施,虽然付出了现时成本,但是与写字楼资产被盗、发生火灾的潜在损失相比较,起到了降低风险发生的概率和减小了潜在影响的效果。

(三)风险分担

风险分担是指通过某种安排把自己面临的风险全部或部分转移给另一方。业务分包、外包、购买保险、租赁、资产证券化、套期保值等都是转移风险的手段,是将风险控制在风险承受度之内的应对策略。风险分担是应用范围最广、最有效的风险应对手段。

案例 3-6

从代工到自建工厂，李宁集团首次布局体育用品生产环节

自 1990 年公司成立以来，李宁集团的供应链体系长期采用外包的方式。随着业绩回暖，这家国产运动品牌公司在供应链上游有所尝试。2019 年 5 月 22 日，李宁集团投资的广西供应基地正式启动。李宁集团的目标是，广西自建工厂的产能规模能够达到产能总量的 1/3，剩余产能则继续以外包方式进行合作，以此提升产品质量和优化生产流程。自建工厂相对于外包方式，成本将会增加，但生产环节存在利润空间。李宁集团希望将核心工艺技术沉淀到自建工厂中。不过，李宁集团不会盲目扩大上游生产环节，否则会对零售端的市场反应能力有所影响。

截至 2019 年 5 月 24 日午间，李宁集团的股价约为 12.54 港元，总市值约为 289.11 亿港元。

资料来源：http://finance.sina.com.cn/stock/relnews/hk/2019-05-24/doc-ihvhiqay1068221.shtml [2021-01-07]

（四）风险承受

风险承受是企业对风险承受度之内的风险，在权衡成本效益之后，不准备采取控制措施降低风险发生的概率或者减轻损失，而是对风险进行承受。例如，购买水灾保险的支出大于企业承受水灾之后的重置成本，那么，企业就可以考虑不购买水灾保险，而是承受水灾发生带来的损失。

三、风险应对策略的选择

风险应对的四种策略是根据企业的风险偏好和风险承受度制定的。《企业内部控制基本规范》第二十七条规定，企业应当结合不同发展阶段和业务拓展情况，持续收集与风险变化相关的信息，进行风险识别和风险分析，及时调整风险应对策略。

选择风险应对方案需要综合考虑：应对风险的成本与可能带来的收益、企业的风险容忍度、企业是否具有评估衍生金融工具等高难度风险的技术储备和人才储备、不同种类的风险组合起来是否超过了企业的风险容忍度等。

复习思考题

1. 风险评估包括哪几个步骤？它们之间有何联系？
2. 目标设定包括哪些内容？
3. 什么是固有风险？什么是剩余风险？两者有什么关系？
4. 风险识别和分析的常用方法及技术有哪些？
5. 常用的风险应对策略有哪些？运用每种策略时，应注意哪些问题？

第四章

内部控制的基本方法

学习目标

1. 理解和掌握不相容职务分离控制、授权审批控制、会计系统控制、财务保护控制、预算控制、运营分析控制和绩效考评控制等内部控制基本方法；

2. 在内部控制设计中灵活应用内部控制基本方法。

《企业内部控制基本规范》第二十八条明确提出，企业应当结合风险评估结果，通过手工控制与自动控制、预防性控制与发现性控制相结合的方法，运用相应的控制措施，将风险控制在可承受度之内。控制措施一般包括不相容职务分离控制、授权审批控制、会计系统控制、财产保护控制、预算控制、运营分析控制和绩效考评控制等。为此，本章将对上述内部控制基本方法逐一进行阐述。

第一节　不相容职务分离控制

一、不相容职务分离控制概述

（一）不相容职务分离控制的概念

不相容职务是指那些如果一个人担任既可能发生错误和舞弊行为，又可能掩盖其错误和舞弊行为的职务。不相容职务是企业内部控制设计中经常遇见的问题。因此，内部控制设计首先是要对不相容职务进行分离。由此，COSO委员会提出，不相容职务分离要求每项经济业务都要经过两个或两个以上的部门或人员的处理，使得个人或部门的工作必须与其他人或部门的工作相一致或相联系，并相互监督和制约。

 案例 4-1

司隶校尉、丞相司直与御史台的相互监督机制

孟德斯鸠说过，一切有权力的人都容易滥用权力，这是万古不易的一条经验，有权力的人使用权力一直到遇有界限的地方才休止。御史监督别人，谁来监督御史呢？御史也是人,还是有特权的人,御史不受监督同样会腐败。御史对皇帝负责,皇帝显然可以监督御史,可皇帝即使有三头六臂也不可能监督得过来,所以,皇帝想出了用监工来监督的办法。汉武帝设立司隶校尉和丞相司直,司隶校尉是皇帝特设的独立监察机关,负责监督京畿地区百官,理当包括御史台的官员;丞相司直监察政府行政官吏,无论中央地方,都可以监督;而这两个机构又都受御史台的监督,于是形成了三者互相独立,各成体系,又互相弹劾的一体监督格局。

资料来源:http://history.people.com.cn/n/2014/1125/c372329-26090763.html[2021-01-07]

(二)不相容职务分离控制的目的

不相容职务分离控制的主要目的是预防和及时发现员工履行职责过程中产生的错误和舞弊行为。从控制的视角来看,若企业员工兼任多项不相容职务,往往会发生错误和舞弊行为,且很难被内部控制所发现,那么可以确定企业员工所兼任的职务是不相容的。由此,需要对不相容职务进行分离,以预防企业员工职责履行过程中的错误和舞弊行为。

 案例 4-2

不相容职务与高通中国 1 100 余万元的"不翼而飞"

世界 500 强高通公司出纳丁某犯职务侵占罪,被北京市朝阳区人民法院依法判处有期徒刑十年六个月,并没收个人财产 10 万元,继续追缴违法所得 1 055.60 万元。2010 年 7 月至 2011 年 11 月期间,丁某利用其担任高通无线通信技术(中国)有限公司出纳员,负责管理该公司及高通无线半导体技术有限公司账务的职务便利,采用虚构公司业务支出等手段,将高通无线通信技术(中国)有限公司累计金额 848 万余元的转账支票、高通无线半导体技术有限公司累计金额 207 万余元的转账支票转入其他多家公司账户套取资金,后将所得赃款以赌球等方式挥霍。丁某于 2011 年 12 月 9 日向公安机关投案。

丁某于 2006 年 4 月进入高通公司工作,现金和支票业务都由丁某负责。平时,丁某可以轻松接触到财务章和法人名章等财务印鉴及凭证。由于上述不相容职务由丁某一人负责,他去银行办理业务时,多买转账支票,并在网上找好能"串支票"的人,然后通过虚构公司的业务支出项目如采购设备、礼品等开出支票,支票的收款方是"串支票"的人安排好的公司,后者把支票兑成现金,除去 0.7%~1% 的手续费,再把剩下的钱打入丁某的账户。为了掩盖犯罪,丁某伪造了 3 枚银行柜员的人名章、1 枚银行的业务专用章。银行定期给公司发对账单,但丁某提交给公司的银行对账单是他自己用电脑打印伪造的。此外,丁某还使用伪造的印章在公司询证函上加盖银行的业务章和人名章,直接发回公司。

直到 2011 年 12 月 6 日,高通公司开户行的工作人员告知该公司,其账户内余额不足,已经无法正常扣缴税款。公司派会计人员去银行核实相关情况,才发现四个账户内"消失"了 1 100 余万元,导致案发。丁某在接受记者采访时回答:"外企比不了国企,有庞大的财务管理机构,财务人员往往身兼数职。我就是利用单位领导对我的信任,我觉得自己挺对不起他们的。公司有审计制度,但由我负责。"

资料来源:https://it.sohu.com/20121207/n359813193.shtml[2021-01-07]

二、不相容职务分离控制的具体要求

不相容职务分离控制要求企业全面系统地分析、梳理业务流程中所涉及的不相容职务，实施相应的分离措施，形成各司其职、各负其责、相互制约的制衡机制。

（一）确定不相容的岗位和职务

企业的经济业务活动一般可分为授权批准、执行、记录及稽核检查等步骤。如果上述每一步骤分别由相对独立的人员（或部门）实施，就能够保证不相容职务分离。因此，不相容的职务通常包括授权批准与业务经办、业务经办与会计记录、会计记录与财产保管、财产保管与稽核检查以及授权批准与稽核检查等内容（图4-1）。若上述不相容职务未实现分离，很容易发生舞弊行为。表4-1列示了部分不相容职务不分离的具体情况。

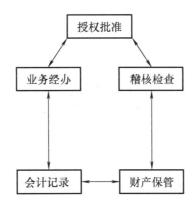

图 4-1 不相容职务分离的示意图

表 4-1 部分不相容职务不分离的具体情况

序号	类　型	部分具体情况
1	授权批准与业务经办	材料采购审批人员兼任材料采购经办人员，批准工程建设项目建设人员兼任工程项目招投标人员，信用政策制定人员兼任销售人员等
2	业务经办与会计记录	销售人员、采购人员或生产人员同时兼任会计人员等
3	会计记录与财产保管	财务部门的出纳、记账人员等不能同时兼任等
4	财产保管与稽核检查	既负责仓库保管业务，又负责仓库审计监督业务等
5	稽核检查与授权批准	材料采购审批人员同时兼任审核稽核等职务等

 案例 4-3

不相容职务与小会计玩转 2 亿元

2003年春节刚过，国家自然科学基金委员会财务局经费管理处刚来的一名大学生，上班伊始便到定点银行拿对账单，一笔金额为 2 090 万元的支出引起了这名大学生的注意,在其印象里他没有听说此项开支。这个初入社会的大学生找到国家自然科学基金委会计卞中刨根问底,一桩涉案金额超过2亿元的大案也因此浮出水面。国家自然科学基金委员会财务会计卞中从1995年到2003年期间,利用掌管国家基础科学研究的专项资金下拨权,采用谎称支票作废、偷盖印鉴、削减拨款金额、伪造银行进账单和信汇凭证、编造银行对账单等手段,贪污、挪用公款人民币2亿余元。卞中担任出纳一职,同时所有的银行单据和银行对账单也由他一手经办,使得他得以作案长达8年都没有引起过怀疑。

资料来源:http://www.fzhnw.com/Info.aspx?Id=71248&ModelId=1 [2021-01-07]

(二)构建权利相互制约的制衡机制

在明确不相容职务的基础上,企业应明确规定各个岗位或机构的职责权限,促使不相容的岗位和职务之间能够互相监督和制约,形成相互制衡的权利制约机制。一方面,对不相容的职务必须由不同部门或不同人员来完成,不能兼职或兼而办之,这不但是为明确职责分工,更重要的是杜绝差错、堵塞漏洞,更好地起到相互制约的作用;另一方面,企业应明确财务等关键岗位的轮换制度和强制休假制度,以达到权力制衡的效果。表4-2列示了部分会计不相容岗位分离的部分具体规定。

表4-2 部分会计不相容岗位分离的具体规定

法规名称	部分具体规定
《中华人民共和国会计法》	第二十一条 财务会计报告应当由单位负责人和主管会计工作的负责人、会计机构负责人(会计主管人员)签名并盖章;设置总会计师的单位,还须由总会计师签名并盖章。 第二十七条 各单位应当建立、健全本单位内部会计监督制度。单位内部会计监督制度应当符合下列要求: (一)记账人员与经济业务事项和会计事项的审批人员、经办人员、财物保管人员的职责权限应当明确,并相互分离、相互制约。 ⋮ 第三十七条 会计机构内部应当建立稽核制度。 出纳人员不得兼任稽核、会计档案保管和收入、支出、费用、债权债务账目的登记工作。 第四十一条 会计人员调动工作或者离职,必须与接管人员办清交接手续。 一般会计人员办理交接手续,由会计机构负责人(会计主管人员)监交;会计机构负责人(会计主管人员)办理交接手续,由单位负责人监交,必要时主管单位可以派人会同监交。
《会计基础工作规范》	第十二条 会计工作岗位,可以一人一岗、一人多岗或者一岗多人。但出纳人员不得兼管稽核、会计档案保管和收入、费用、债权债务账目的登记工作。 第十三条 会计人员的工作岗位应当有计划地进行轮换。 第十六条 国家机关、国有企业、事业单位任用会计人员应当实行回避制度。单位领导人的直系亲属不得担任本单位的会计机构负责人、会计主管人员。会计机构负责人、会计主管人员的直系亲属不得在本单位会计机构中担任出纳工作。需要回避的直系亲属为:夫妻关系、直系血亲关系、三代以内旁系血亲以及配偶亲关系。

 **案例 4-4**

出纳利用职权挪用公款 7 年

江苏蓝丰生物化工股份有限公司于 2018 年收到中国证券监督管理委员会江苏监管局（以下简称江苏证监局）行政监管措施决定书《关于对江苏蓝丰生物化工股份有限公司采取责令改正监管措施的决定》(〔2018〕52 号)，指出该公司在货币资金管理方面缺乏有效的内部控制，未严格执行不相容岗位分离原则。公司原银行出纳利用内部控制重大缺陷，在 2011 年至 2017 年期间挪用公司资金合计 1 848.76 万元，其中在挪用当年已归还公司共计 514.55 万元；截至挪用事项被发现之日，未归还金额 1 334.21 万元；截至 2017 年年报披露之日尚有 289.27 万元未归还。上述情况导致 2011 年至 2017 年前三季度定期报告货币资金披露均不真实、不准确。

资料来源：http://www.cairongquan.com/Article/view/95017.html [2021-01-07]

第二节 授权审批控制

一、授权审批控制概述

（一）授权审批控制的概念

委托-代理理论的核心思想就是权力下放。授权是组织运作的关键，它是以人为对象，将完成某项工作所必需的权力授权给下属，即将决策权力从组织中的一个层级移到另一个层级，或者由组织中较高的层级转移到较低的层级。由此可得，授权审批控制，是指各项交易或经营活动的办理必须由被批准和被授权的人去执行。换言之，企业组织的各级人员需获得授权或批准，才能从事某项交易或经营活动。同不相容职务分离控制一样，授权审批控制也是一种事前控制方法。但是，在存在腐败的情况下，授权审批控制可能沦为形式。

 案例 4-5

受贿 49 万元全是"发票报销"，发票腐败何其多？

拥有博士学历的河南登封市原副市长朱耀辉因受贿约 49 万元，被判有期徒刑 4 年，并处罚金 25 万元。值得关注的是，郑州市中级人民法院认定其 10 项受贿事实中，均为强行要求分管单位为其个人消费报销发票。2011 年至 2014 年，朱耀辉作为登封市副市长，曾分管教育、体育、卫生、食品安全等方面的工作。其间，朱耀辉以"协调工作"等名义曾多次安排其秘书、司机，或亲自出面，将发票拿到其分管领域的单位进行报销。判决书显示，被要求报销发票的单位有登封市教育局、体育局、卫生局、新型农村合作医疗办公室、武术管理中心等。此外，一些学校、医院也在索贿之列，如登封市实验高中、登封市妇幼保健院、登封市少林武僧文武学校等。其中最多的一家单位先后为其报销 13.9 万多元发票。

在基层，违反财经纪律，搞发票腐败的现象屡见不鲜。这些发票腐败案件的特点：一是基层多发，主要集中在县处级、科级甚至股级干部中；二是涉及人员广，既包括党政主要领导，也有一般办事科员；三是隐蔽性强，几乎每起案件的背后，都有财务人员参与做假账，难于被发现。

资料来源：http://tzlzw.taizhou.gov.cn/art/2016/8/24/art_12515_632239.html [2021-01-07]

（二）授权控制的分类

《企业内部控制基本规范》将授权划分为常规授权和特别授权。

常规授权是指企业在日常经营管理活动中按照既定的职责和程序进行的授权。常规授权是企业员工被任命时确定，或者以政策说明书、管理文件或指令等形式予以认定，如由企业规定在一定额度下的部门或个人按照授权审批权限和规定办理各项业务，通常由职责说明书、规章制度等专门的授权体系文件来进行明确。常规授权在企业经营管理过程中大量存在，其时效性一般较长。

特别授权是指企业在特殊情况、特定条件下进行的授权，是对非经营性行为进行的专门授权。同常规授权相比，特别授权是一种临时性授权，是办理例外、非常规性交易事件的权利、条件和责任的特殊规定，授权时效一般较短，经常适用于一事一议。特别授权一般由授权委托书、授权通知等临时性或阶段性文件来进行明确，需要明确授权的事项、内容、对象、期限和终止条件等。表4-3列示了部分常规授权与特别授权的部分具体情况。

表4-3 部分常规授权与特别授权的部分具体情况

授权类型	部分具体情况
常规授权	财务部门负责人授权财务人员王某审核支票，只要支票签发部门和签发人员符合要求时，王某就可以按规定授权办理支票审核业务； 管理部门规定某项赊销政策时，只要赊销业务符合相关政策规定，销售人员就可按上述政策的授权办理赊销业务
特别授权	总经理办公会向某一金融机构借款高达上亿元，其额度远远超过财务部门规定的权限； 企业购买的办公设备高达数百万元，远远超过采购部门处理的权限； 对外投资、资产处理、资产重组、收购兼并、担保抵押及关联交易等

 案例4-6

特别授权的恶果：巴林银行的毁灭

1995年2月27日，有着233年历史的巴林银行垮了。拥有四万员工、下属四个集团，全球几乎所有的地区都有分支机构的巴林银行怎么会垮呢？因为一个人——李森——巴林银行曾经最优秀的交易员之一。李森当年才28岁，是巴林银行新加坡分行的经理。他是25岁进入巴林银行的,主要做期货买卖。之前李森的工作非常出色,业绩也很突出,据说他一个人挣的钱一度达到整个银行其他人的总和。为了表示巴林银行对人才的重视,董事会决定采取一个政策,让李森拥有先斩后奏的权利。可巴林银行没有料到,正是这一决定,使巴林银行走上了毁灭的道路。从1994年年底开始,李森认为日本股市将上扬,于是未经批准就套汇衍生金融商品交易,期望利用不同地区交易市场上的差价获利。这一举动如果放在别人身上,早就引起上面的审查了,可是李森有先斩后奏的权利,没有人对此表示异议。后来,在已购进价值70亿美元的日本日经股票指数期货后,李森又在日本债券和短期利率合同期货市场上做价值约200亿美元的空头交易。这等于把整个巴林银行都压在了日经指数会升值上。

但不幸的是,日经指数并未按照李森的预测走,在1995年1月降到了18 500点以下。在此点位下,每下降一个点,巴林银行就损失200万美元。李森又试图通过大量买进的方法促使日经指数上升,但都失败了。随着日经指数的进一步下跌,巴林银行越亏越多,眼睁睁地看着10亿美元化为乌有,而整个巴林银行的资本和储备金只有8.6亿美元。尽管英格兰银行采取了一系列的拯救措施,但都没能救活这家拥有233年历史的银行。

此外,授权还可划分为口头授权和书面授权。口头授权是指上级领导以口头语言的形式对下属进行工作交代。书面授权是指上级领导以文字形式对下属工作的职责范围、目标任务、组织情况、等级规范、负责办法与处理规程等做出明确规定的授权形式。

(三)授权审批控制的目的

授权审批控制一方面可以合理保证企业经营管理合法合规、资产安全、财务报告及相关信息真实完整,另一方面也可以提高经营效率和效果。常规授权一般无须经过管理层的集中决策,企业员工只需要按照职责说明书和规章制度等执行,从而大大提升了日常经营管理行为的效率和效果;特别授权针对风险等级高的经营管理事项,为有效防范企业经营管理风险,一般需要经过管理层的集中决策。

二、授权审批控制的具体要求

企业内部控制要求企业员工执行每一项经济业务时都必须经过授权,从而确保每一项经济业务的处理与审批条件相符合,即要求企业根据常规授权和特别授权的规定,明确各岗位办理业务和事项的权限范围、审批程序和相应责任。由此,企业应当编制常规授权的权限指引,明确授权的范围、权限、程序和责任,严格控制特别授权。

(一)授权审批范围

企业应结合自身实际情况规定常规授权的管理层次、范围,每个管理层次常规授权的内容标准;也要规定特别授权要求以及不同管理层级特别授权限定。例如,A企业按支出金额将10万元以下金额的支出视为常规授权,由企业部门主要负责人或副总经理审批后可办理支出,而10万元(含)以上金额的支出视为特别授权,并由不同的管理层进行审批(表4-4)。

表 4-4　A 企业现金支出的常规授权与特别授权

授权类型	授权范围	审批人或机构
常规授权	1 万元以下	部门主要负责人
	1 万元（含）至 10 万元	副总经理
特别授权	10 万元（含）至 50 万元	总经理办公会
	50 万元（含）以上	董事会

（二）授权审批层次

授权审批应当具有层次，根据不同的活动性质、组织结构、岗位职责进行划分，划分成不同的授权审批层次。根据企业经济业务活动的性质和金额确定不同的授权审批层次，从而有利于保证管理层及相关人员权责的对等，表 4-4 列示的授权审批层次就是根据经济业务活动的金额确定的。同时，授权审批应防止出现真空地带，即要根据企业内、外部环境的变化适时调整。一旦出现新的业务类型，需制定相应的授权审批制度，而金额规模发生变动时，也需要进行相应的修改。

 案例 4-7

我国第一份否定意见的内部控制审计报告

1993 年，山东新华制药厂改制后成立山东新华制药股份有限公司（以下简称新华制药），由山东新华医药集团有限责任公司控股，该集团是国有独资公司。1996 年 12 月新华制药在香港上市，公开发行 H 股股票。1997 年 7 月新华制药在深证上市，公开发行 A 股股票。2012 年 3 月 23 日，新华制药被信永中和会计师事务所出具了否定意见的内部控制审计报告，这是我国证券市场上第一份否定意见的内部控制审计报告。信永中和会计师事务所指出新华制药由于多头授信规定模糊，导致对客户授信额度过大。新华制药的子公司山东新华医药贸易有限公司对多头授信没有明确规定。在实际的操作中，公司的商业销售部门、工业销售部门和山东新华医药贸易有限公司鲁中分公司分别同时向同一客户进行授信，导致授信额度过大，面临交易对象或将无法履行责任的情况。上述内部控制的重大缺陷使得新华制药在和山东欣康祺医药有限公司的交易中产生了大额应收款项 6 073 余万元。与此同时，因为山东欣康祺医药有限公司的经营不善，其资金链很有可能断裂，也很可能让新华制药面临巨大损失。

资料来源：郭志碧，孙艳芬，2017. 内部控制失效对企业价值的影响：基于新华制药的案例［J］. 财会通讯（35）：104-107.

（三）授权审批责任

被授权者明确履行权利时应当对哪些方面负责，避免授权责任不清的情况出现。一旦出现问题可以准确划分出不同部门或人员的责任，并追究其责任。以报销业务为例，应结合企业的实际情况，确定不同部门或相关人员的权限与职责，并对其做出相应的规定，不能将所有责任归咎于报销人员或会计人员。该项业务的权利与责任通常按如下方式进行划分：①报销人员和报销人员所在部门对报销事项的真实性负责；②会计人员或财务部门对会计凭证的合法性、合理性和完整性等负责。

案例 4-8

职责边界的重要性

马罗尔医生有两个实习生，一男一女。男实习生纳特总是神采奕奕、白大褂一尘不染。女实习生埃米则总是马不停蹄地从一个房间赶到另一个房间，白大褂上经常沾着药水、小病号的果汁和菜汤。纳特严格遵守印第安纳州的医生法定时间，一分钟也不肯超时，除了夜班他不会在上午8点前出现，下午5点后就踪影全无。埃米每天清晨就走进病房，有时要加班到深夜。医学院每学年期末都要评选出5名实习医生。出人意料，纳特当选，埃米落选。这是为什么？所有的人都为埃米不平，认为她是所有实习医生中最负责的人。而评委马罗尔医生对此有更深刻的解释：他认为，埃米落选的原因是她负责过头了，她把为病人治病当成了自己一个人的职责，事无巨细自己统统包揽。但是由于她负责过头，缺乏足够的休息，导致疲惫不堪、情绪波动、工作差错多。纳特则看到了医生职责的边界，他知道一个医生只是治疗的一个环节，是救死扶伤的一部分，病人只有在医生、护士、营养师、药剂师等人的共同努力下才能更快地康复。他严格遵守职责的要求，不越雷池半步，把主要精力用于职责界限内，因此每天精力充沛、注意力集中、很少出错。

资料来源：王悦，2006. 负责过头了[J]. 青春男女生（妙语）（02）：15。

（四）授权审批程序

企业经济业务既涉及企业与其他公司之间资产与劳务的交换，也包括资产和劳务在企业内部的转移和使用。因此，企业每一类经济业务活动都会有一系列内部相互联系的授权审批程序，以免发生越级审批和违规审批的现象。以表4-4所示的A企业为例，为规范其资金支出行为，其可建立如图4-2所示的授权审批程序。

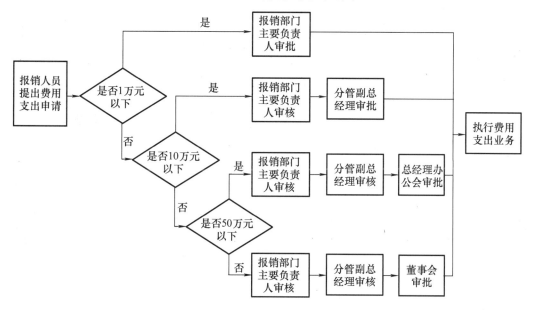

图 4-2　A 企业授权审批程序

(五) 授权审批检查

为确保授权审批制度执行的有效性，企业组织应建立健全授权审批监督检查制度。通常来讲，主要通过检查凭证和文件，以及现场观察等方式实施。

1. 检查凭证和文件

经济业务发生和完成时，通常要编制、审核一系列的凭证或文件，这些凭证或文件是授权批准制度执行的证据。通过审查可反映授权批准制度执行的有效性。例如，A 企业 10 万元（含）以上的需经总经理办公会或董事会审批方可支出，而监督检查人员未发现总经理办公会或董事会会议纪要，则表明 A 企业资金支出的授权审批制度未得到有效执行。

2. 现场观察

现场观察是指对授权审批的现场进行观察。观察结果通常有助于判断授权批准制度的执行有效性。例如，A 企业的采购制度规定，超过 1 万元（含）的采购事项需取得至少三方报价方可发出订单，为判断该项授权审批制度执行的有效性，监督检查人员要通过现场观察予以确认。

案例 4-9

未经审批的银行承兑汇票签发权

2004 年 7 月初，监管人员在审查某银行报送的非现场监管报表，当看到表外业务情况统计表时，一组惊人的数据出现在眼前。截至 6 月底，该行签发银行承兑汇票 5.1 亿元，比年初增加 2.2 亿元，资金敞口 2.9 亿元。监管员立即打电话给该行公司业务部进行核实，得知汇票签发金额主要集中在少数几户处于发展期的民营企业，这引起了监管人员的密切关注。结合地方经济发展状况，根据企业对票据需求程度，对比其他国有商业银行票据签发量，监管人员意识到上述情况有可能是相关人员逃避银行授信管理和贷款规模控制而套取贷款。于是，监管人员及时对该行办理票据业务的合规性进行专项检查。检查结果显示：该银行自 2003 年以后，已没有签发承兑汇票敞口授信权限，然而该银行所签发票据敞口高达 2.9 亿元，均未经上级行审批。

资料来源：刘庆民，2006．一起票据业务违规案例引发的思考［J］．金融经济（22）：163-164.

第三节　会计系统控制

一、会计系统控制概述

（一）会计系统控制的概念

会计系统是识别、收集、存储、管理和输出会计数据或信息以进行报告和控制的系统。由上述定义可知，会计系统一方面是会计数据资源管理的平台，另一方面也是内部控制执行的主要载体。会计凭证控制是指经济业务发生时,对所填制会计凭证的内容和业务处理过程进行监督和审核,即要求企业应当严格执行国家统一的会计准则制度,加强会计基础工作,明确会计凭证、会计账簿和财务会计报告的处理程序,保证会计资料真实完整。会计系统控制主要包括会计工作岗位责任制、会计凭证控制、复式记账控制、会计账簿控制、会计报表控制及其财务成果控制等内容。

(二)会计系统控制的目的

会计作为一个信息系统,对内能够向管理层提供经营管理的诸多信息,对外可以向投资者和债权人等提供用于投资、信贷等决策相关的信息。会计系统控制一方面通过不相容职务分离,可以防止差错和舞弊,从而合理保证企业经营管理合法、合规和资产安全;另一方面,规范会计信息处理的各个程序,从而确保财务报告及相关信息真实完整,为决策者提供有利于其决策的会计信息,即更好地扮演会计信息提供者的角色。

案例 4-10

昆明机床会计系统控制缺失

沈机集团昆明机床股份有限公司(以下简称昆明机床)成立于 1993 年 10 月 19 日,前身为中央机器厂,1953 年更名为昆明机床厂,是我国较早发展起来的机床功能部件产品制造企业,也是我国首批在香港上市的股份制企业。1994 年,昆明机床在上交所上市,成为云南省第一家同时发行国内 A 股和香港 H 股的企业。2017 年 3 月 20 日,昆明机床自爆存货不实等四大财务违规问题。

昆明机床采取单项沟通机制,所有重大信息统一向上流入董事会及董事长,缺乏部门之间的横向信息沟通,这样导致信息高度集中。由于财务部门与业务部门缺乏充分的沟通,加之相关复核控制运行失效,存货、应收账款、其他应付款、营业收入及营业成本等会计科目的错报风险提高。根据迪博数据资讯披露的 2015 年度昆明机床《内部控制缺陷报告》,昆明机床存在存货核算体系不健全、长期未建立存货收发存信息系统等内部控制缺陷。这导致对原材料、半成品无法实行永续盘存制核算,严重影响了公司财务报表的真实性和可靠性。

资料来源:胡明霞,马茜群,2019. 国有企业财务舞弊研究:基于昆明机床案例分析 [J]. 会计之友 (11):138-144.

二、会计系统控制的具体要求

(一)会计工作岗位责任制

《企业内部控制基本规范》第三十一条中明确提出,企业应当依法设置会计机构,配备会计从业人员。从事会计工作的人员,必须取得会计从业资格证书。会计机构负责人应当具备会计师以上专业技术职务资格。大中型企业应当设置总会计师。设置总会计师的企业,不得设置与其职权重叠的副职。

按照上述规定,企业组织应当建立健全会计机构,配置数量和素质相当的会计人员。

同时,企业组织应当建立健全会计人员岗位责任制。会计人员岗位责任制是明确会计机构各会计工作岗位的职责与权限,并把有关规定和要求等具体落实到每一个会计工作岗位的制度。由此,企业组织应当结合本单位实际情况,以责定权,责权分明,严格考核,有奖有惩,建立层次分明、职责明确的会计人员岗位责任制体系。

(二) 会计凭证控制

企业组织通过对会计凭证有效控制使得经济业务记录在会计循环的第一环节能真实、可靠地反映。为此,企业组织应当建立种类齐全、相互牵制、连续编号的会计凭证控制制度,为企业经营管理决策服务。通常来讲,会计凭证控制的内容包括如下四个方面:①统一设计会计凭证格式,即结合企业核算的实际情况,设计适合本企业的会计凭证格式,以便进行统一核算和控制;②凭证连续编号,即用于记载经济业务的所有凭证(如支票、发票、订单等凭证)都应当连续编号,从而减少重要会计凭证被抽取或截取的可能性;③规范会计凭证传递程序,即企业组织对会计凭证应在哪些部门之间传递,部门之间应办理什么样的手续等进行规范;④规范会计凭证的取得及填制等行为,在会计凭证入账前,必须对所有记账凭证进行严格的审查与控制。

(三) 复式记账控制

复式记账是指将企业发生的经济业务按其来龙去脉、相互联系地、全面地记入有关账户,使各账户完整、系统地反映各会计要素具体内容的增减变动情况及其结果。采用复式记账方法,可以清楚地了解企业所有资产的来龙去脉,从而有效地保护企业财产的安全,同时也为会计信息的准确性和可靠性提供保证。

案例 4-11

盐田港公司治理及会计核算不完善

深圳证监局发布《关于深圳市盐田港股份有限公司的监管关注函》,因公司治理存在不规范和不完善的情形,且财务管理和会计核算方面也存在问题,深圳市盐田港股份有限公司(证券简称:盐田港,证券代码:000088)收到深圳证监局监管关注函。公告称,根据《中华人民共和国证券法》《上市公司现场检查办法》及《关于印发中国证监会推广随机抽查工作实施方案的通知》等规定,深圳证监局于2019年9月对盐田港进行了现场检查。深圳证监局检查发现盐田港存在问题。公司治理存在不规范、不完善的情形,具体表现为如下。

(1) 子公司湘潭四航利润分配程序不合规。盐田港子公司湘潭四航建设有限公司(以下简称湘潭四航)于2016年至2017年,根据董事会决议按持股比例向湘潭四航第二大股东分配款项合计11 424万元,并在其他应收款科目长期挂账,上述分配行为未经股东会决议,亦未履行弥补亏损和提取法定公积金等法定程序。

(2) 财务管理和会计核算方面存在的问题。盐田港子公司深圳惠盐高速公路有限公司(以下简称惠盐高速)部分成本存在跨期情形。惠盐高速于2017年12月暂估计提深圳市美加达公路工程有限公司日常养护费700万元时,存在跨期确认情形。

(3) 在建工程未及时转入固定资产并计提折旧。盐田港黄石港棋盘洲港区一期工程中的陆域形成工程项目及道路堆场工程项目分别于 2017 年 5 月、12 月完成验收,但盐田港直至 2018 年 5 月才将前述两项在建工程转入固定资产。

上述问题反映了盐田港在公司治理及财务会计核算基础等方面需要进一步改进和完善,深圳证监局对此予以关注。

资料来源:http://news.esnai.com/2019/1205/197162.shtml [2021-01-07]

(四)会计账簿控制

会计账簿是全面地、连续地、系统地进行归类和整理经济活动数据的重要手段。企业组织规范设置和登记账簿,不仅有利于企业组织对会计核算资料进行系统归纳,也为企业财务报告提供可靠的依据。此外,还可以通过账证核对、账账核对和账表核对,在一定程度上对会计记录质量进行有效控制,进而提升会计信息质量。

案例 4-12

会计账簿控制缺失的危害

某公司出纳员李敏,给人勤勤恳恳的印象,不论分内分外的事,她都主动去做,受到领导的器重、同事的信任。而事实上,李敏在其工作的一年半期间,先后利用 22 张现金支票编造各种理由提取现金 98.96 万元,均未记入现金日记账,构成贪污罪。其具体手段:①隐匿 3 笔结汇收入和 7 笔开具的收汇转账单(记账联),共计 10 笔销售收入 98.96 万元,将其提现的金额与其隐匿的收入相抵,使 32 笔收支业务均未在银行存款日记账和银行余额调节表中反映;②由于公司财务印鉴和行政印鉴合并,统一由行政人员保管,李敏利用行政人员疏于监督,自己开具现金支票;③伪造银行对账单,将提现的整数金额改成带尾数的金额,并将提现的银行代码 11 改成托收的代码 88。公司在清理逾期未收汇时曾经发现有 3 笔结汇收入未在银行日记账和余额调节表中反映,但当时由于人手较少故未能对此进行专项清查。李敏之所以能在一年半的时间内作案多次,贪污 98.96 万元巨款,主要原因在于公司会计账簿控制的缺失,从而使李敏截流收入贪污得心应手,猖狂作案。

资料来源:https://m.sohu.com/a/205753013_100007208 [2021-01-07]

(五)财务会计报告控制

财务会计报告是指企业向财务会计报告使用者提供与企业财务状况、经营成果和现金流量等有关会计信息,反映企业管理层受托责任履行情况的书面报告。财务会计报告控制是指企业组织通过规范会计报表的种类、编制方法、内容、披露及保管行为等对企业经济活动进行的控制。财务会计报告控制是管理层掌握财务会计信息、加强对经济活动控制、改善企业经营管理、提高企业经济效益的重要措施。

第四节 财产保护控制

一、财产保护控制概述

财产保护控制是指为了确保企业资产安全完整所采用的各种方法和措施,主要针对流动资产、固定资产及其他资产。

二、财产保护控制的具体要求

《企业内部控制基本规范》第三十二条指出，财产保护控制要求企业建立财产日常管理制度和定期清查制度，采取财产记录、实物保管、定期盘点、账实核对等措施，确保财产安全。企业应当严格限制未经授权的人员接触和处置财产。

由此，财产实物保护控制的主要措施包括财产记录、实物保管、定期盘点和账实核对、财产保险等。

（一）财产记录

《企业内部控制基本规范》明确提出，企业组织应当采取措施保护企业资产的安全性。以存货控制为例，《企业内部控制应用指引第8号——资产管理》第十条指出，企业仓储部门应当详细记录存货入库、出库及库存情况，做到存货记录与实际库存相符，并定期与财会部门、存货管理部门进行核对。因此，企业应严格按照企业内部控制基本规范及配套指引的相关要求，做好企业现金、存货和固定资产等财产的记录工作。同时，还需要做好信息化环境下的记录保护控制工作，确保企业组织财产记录不会被随意破坏，或者遭受意外损失不能恢复。

（二）实物保管

实物资产是指经济生活中所创造的用于生产物品和提供服务的资产，包括土地、建筑物和用于生产产品的机械设备等。从会计角度讲，实物资产包括存货和固定资产等。存货包括库存材料、成品及生产中的半成品。通常来讲，实物资产的种类繁多，形态各异，具有存放分散等特点，这无疑会加大实物资产的保管难度。因此，企业组织应当加强实物资产的保管控制，保证实物资产的安全和完整。具体控制措施包括建立健全财产保管制度、限制接近控制、人员牵制控制和信息化监控系统等措施。表4-5列示了实物资产控制措施的具体内容。

表4-5 实物资产控制措施的具体内容

控制措施	具体内容
财产保管制度	建立安全、科学的保管制度，如明确存货分门别类地存放在指定仓库，并且科学地进行编号，以便于发料和盘点
限制接近控制	严格限制无关人员对资产的接触，只有经过授权批准才能接触资产，如现金、存货及易变现的资产
人员牵制控制	由两人及以上的经办人员对实物资产进行保管，如仓库记录人员和保管人员不能由同一人担任；出纳不能同时从银行获取对账单，或者负责银行余额调节表的编制工作
信息化监控系统	安装信息化监控系统，对需保护的财产实施24小时监控，如银行对银行柜员的实时监控

 **案例 4-13**

信息化监控的缺陷与 9 000 多吨国家储备粮被监守自盗

安徽省亳州市谯城区谯西粮食销售有限公司（以下简称谯西粮库）成立于 2009 年 6 月，是亳州市谯城区粮食局下属单位，下设十八里、魏岗、三官、梅城、马场、涡北等 13 个粮站。谯西粮库负责人谭献华，是谯城区粮食局任命的粮库经理，下设的 13 个粮站的负责人，大部分与其沾亲带故。在亳州，粮库经理安排其亲属担任下设粮站负责人的现象极为普遍，甚至多地还曾出现过继承式任职——粮站负责人退休后让其子女顶班。2015年，谯西粮库负责人谭献华因私自盗卖国家储备粮 9 000 多吨，在当地引起不小轰动。谭献华后因涉嫌多项罪名获刑。一般情况下，中国农业发展银行、粮食局和中储粮亳州库一个月要查一次库。由于当时粮库没有安装监控，谭献华正是利用了这一点，在例行查库后进行了突击盗卖活动——一次卖一两千吨，短时间很难发现。

资料来源：https://xw.qq.com/amphtml/20190611A08VDG00 [2021-01-07]

（三）定期盘点

定期盘点是定期对实物资产进行盘点工作，并将盘点结果与会计记录进行比较核对。盘点结果与会计记录不一致，则表明企业资产管理上存在错误、浪费等不正常现象。盘点人员应根据盘点结果与会计记录的差异，分析原因、查明责任，并完善相关管理制度。

（四）账实核对

账实核对是指各种财产物资的账面余额与实存数额进行核对，其主要内容包括：①现金日记账的账面余额应每天与现金实际库存数额相核对；②银行存款日记账的账面余额与开户银行账目相核对；③材料、库存商品、固定资产等财产物资明细分类账期末余额与其实有数量相核对；④应收账款、应付账款、银行借款等结算款项，同有关单位的定期核对。企业应认真分析账实不符的性质和原因，报相关人员批准后，依据企业会计制度及会计准则的相关要求进行账务处理。

（五）财产保险

财产保险是指投保人根据合同约定，向保险人交付保险费，保险人按保险合同的约定对所承保的财产及其有关利益因自然灾害或意外事故造成的损失承担赔偿责任的保险。财产保险主要包括农业保险、责任保险、保证保险、信用保险等以财产或利益为保险标的的各种保险。企业可以通过资产投保来增加实物资产受损后补偿的程度或机会，从而保护企业的实物安全，进而降低企业的经营风险。企业一旦要对财产进行投保，管理人员就应做好财产投保前的筹划工作，结合本企业财产风险分析结果，合理选择险种，确保在财产遭受损失时，能得到及时补偿。

 案例 4-14

四川九寨沟天堂国际会议度假中心地震灾害财产保险

2017 年 8 月 8 日 21 时，四川九寨沟突发 7.0 级地震，灾害导致当地建筑物倒塌，山体滑坡、道路塌方。人保财险在当地承保的企业财险一切险标的四川九寨天堂国际会议度假中心正处于九寨沟甘海子震中位置，所涉 40 多万平方米的建筑物遭到严重破坏，财产标的损失金额巨大。灾害发生后，人保财险立即启动大面积灾害紧急预案，在总分公司的指导下成立了现场指挥部，28 人次先后冒着余震，在极度缺乏生活用水的艰苦条件下，历时 38 天，踏遍了 40 多万平方米的每一个角落，认真仔细查勘，赶在极寒天气前圆满地完成了现场查勘工作。最终，人保财险向被保险人及时支付了 1.49 亿元赔款。

资料来源：https：//www.financialnews.com.cn/bx/ch/201903/t20190314_156350.html［2021-01-07］

第五节 预算控制

一、预算控制概述

（一）预算控制的概念

全面预算是指企业对一定期间经营活动、投资活动、财务活动等做出的预算安排。预算控制是以全面预算管理为手段，对企业内部各部门、各单位的各种财务或非财务资源所实施的控制。《管理会计应用指引第 200 号——预算管理》指出，预算控制是包括事前控制、事中控制、事后控制的全过程控制。

（1）预算的事前控制，是指通过规范的预算编制流程，形成具有广泛共识的、可实现的预算控制目标。

（2）预算的事中控制，是指对费用、采购和资本性支出等涉及现金支出的事项，按照预算额度和企业内部相关流程进行逐级审批并执行。

（3）预算的事后控制，是指对销售、回款、存货等不涉及现金支出的预算，以预算分析报告的方式进行监控。

（二）全面预算管理的内容

一般来说，企业全面预算包括经营预算、资本预算和财务预算，其大致情况如下。

（1）经营预算，又称日常业务预算，是指为供、产、销及管理活动所编制的，与企业日常业务直接相关的预算。日常预算主要包括销售预算、生产预算、直接材料采购预算、直接人工预算、制造费用预算、单位生产成本预算、推销及管理费用预算等。这些预算以实物量指标和价值量指标分别反映企业收入与费用的构成情况。其中最基本和最关键的是销售预算，它是全面预算管理的基础，同其他各项预算之间在不同程度上有着直接或间接的相互关系。

（2）资本预算，又称投资预算或建设性预算，是对企业的固定资产的购置扩建、改造、更新等在可行性研究的基础上编制的预算。投资预算是综合反映建设资金来源和运用的预算，如何时投资、投资金额、资金来源、何时收益、多久收回全部投资等。

（3）财务预算，又称现金收支预算，是指企业在计划期内反映现金收支、经营成果和财务状况的预算，反映企业在预算期内的全部现金流入和流出，是企业经营预算的重要组成部分。财务预算主要包括现金预算、预算收益表和预计资产负债表等。

二、预算控制的具体要求

预算控制至少应当关注下列风险：①不编制预算或预算不健全，可能导致企业经营缺乏约束或盲目经营；②预算目标不合理、编制不科学，可能导致企业资源浪费或发展战略难以实现；③预算缺乏刚性、执行不力、考核不严，可能导致预算管理流于形式。因此，《企业内部控制基本规范》第三十三条指出，预算控制要求企业实施全面预算管理制度，明确各责任单位在预算管理中的职责权限，规范预算的编制、审定、下达和执行程序，强化预算约束。由此，预算控制包括预算管理组织体系、预算编制、执行及考核等内容。

（一）预算管理组织体系

企业应当按照加强财务监督和完善内部控制机制的要求，建立全面预算管理组织体系，实施全面预算管理。一方面要成立以总经理或董事长为首的预算管理委员会，并下设企业预算管理机构；另一方面建立健全财务预算管理制度，该管理制度要涵盖企业预算编制、执行、监督和考核等各个环节，对其进行规范。预算管理组织体系通常由预算管理委员会、预算管理机构和预算执行机构三部分组成。表4-6列示了预算管理组织体系的构成与主要职责。

表4-6 预算管理组织体系的构成与主要职责

名 称	地 位	主要职责
预算管理委员会	以董事长或总经理为首，非常设机构，对董事会负责	① 拟定企业预算编制与管理的原则、目标和制度； ② 组织有关部门或聘请专家对预算中重大项目的确定进行评估； ③ 审议预算方案和预算调整方案，提出改善的建议或对策； ④ 协调和调解企业预算编制和执行中的重大问题； ⑤ 根据预算执行结果提出考核和奖惩意见
预算管理机构	预算管理委员会领导下的常设专门机构	① 对各部门的预算草案进行必要的初步审查、协调与综合平衡； ② 组织企业预算的编制、审核、汇总及报送工作； ③ 根据各部门的管理职能下达预算，监督预算的执行情况； ④ 根据预算管理委员会的要求，制订企业预算调整方案； ⑤ 协调和解决企业预算编制与执行过程中的有关问题； ⑥ 分析和考核企业内部各业务机构预算完成情况
预算执行机构	投资中心、利润中心和成本中心	① 负责本部门预算编制和上报工作； ② 配合企业预算管理机构做好企业预算的综合平衡、执行、监控等工作； ③ 负责将本部门预算指标层层分解，落实到各环节和各岗位； ④ 按照授权审批程序严格执行各项预算，及时分析预算执行存在差异的原因，解决预算执行过程中存在的问题

同时,企业应当建立健全预算工作岗位责任制,明确相关部门和岗位的职责、权限,确保预算工作中的不相容职务相分离,即预算编制与预算审批相分离、预算审批与预算执行相分离以及预算执行与预算考核相分离。

案例 4-15

华润集团全面预算管理委员会组织架构

为规范全面预算管理工作,为更好地进行管理提供组织保障,华润集团董事会牵头成立全面预算管理委员会,下设六大预算支持部门,即战略管理部、人力资源部、财务部、审计监察部、法律事务部和信息管理部。同时在利润中心也设置了上述六个部门,其组织架构如图 4-3 所示。

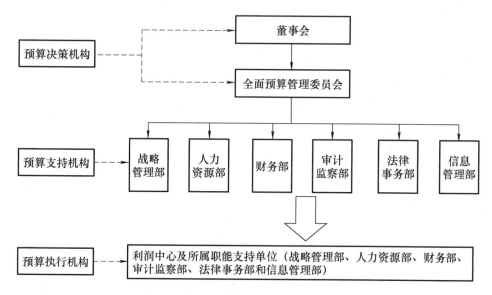

图 4-3 华润集团全面预算管理委员会组织架构

资料来源:于慕洋,2017. 华润集团全面预算管理案例研究 [D]. 吉林财经大学.

（二）预算编制控制

企业应当加强预算编制环节的控制,建立健全预算编制工作制度,明确预算编制依据、预算编制程序和预算编制方法等内容,确保预算编制依据合理、程序适当、方法科学,避免预算指标过高或过低。表 4-7 列示了预算编制控制的相关内容。

表 4-7 预算编制控制的相关内容

项 目	具 体 内 容
预算编制依据	企业应当根据发展战略和年度生产经营计划,综合考虑预算期内经济政策、市场环境等因素,编制企业年度全面预算
预算编制程序	企业预算编制应按照上下结合、分级编制、逐级汇总的程序编制年度全面预算
预算编制方法	企业可以选择或综合运用固定预算、弹性预算、滚动预算等方法编制预算

案例 4-16

沃尔玛的吝啬与慷慨

对供应商很吝啬。 沃尔玛在一般情况下会尽量绕过中间商而直接和生产商打交道。此外要想成为沃尔玛的供应商,还必须接受沃尔玛严格认真的资质考证,为其提供企业和产品的详细情况。并且,沃尔玛会拼命地压低供应商的供货价格,直到供应商要么接受超低的供应价格,要么就眼巴巴地放弃进入沃尔玛的想法。为了防止个人利益损害公司利益,沃尔玛严禁采购人员接受供应商的任何礼品和招待,甚至在下班的时候搭顺路车都会受到严厉的惩罚。如果供应商向沃尔玛的采购员行贿,那么他就别想再和沃尔玛有任何合作,受贿的采购员甚至还要被控告甚至遭受牢狱之灾。

对员工很吝啬。 沃尔玛对所有的员工都很吝啬。在沃尔玛采集样品的窗口,赫然写着"标签不可作它用"的提示;员工不止一次地被告知,出去开会记住要把公司发的笔带回来,因为笔是要以旧换新的;平常用的纸,要两面用完再丢弃;甚至沃尔玛的首席执行官李·斯科特开的只是一辆大众公司的甲壳虫车,而且为了省钱,出差时他还跟人合住过一个客房。另外,沃尔玛国际老总约翰·门泽尔和他的下属们至今还挤在同一层楼里办公,他的那间办公室同样小得可怜。

舍得放卫星。 沃尔玛是世界上最早对信息技术大量投资的零售商之一。早在1978年,沃尔玛就在美国休斯公司的协助下发射了一颗卫星,用于沃尔玛全球商业系统的信息管理。美国沃尔玛连锁总部的传输系统和计算机控制中心在世界连锁商业领域也是很先进的,其投资额累计达十多亿美元。该系统能使沃尔玛了解顾客在买什么,同时,能对每种商品每时每刻的销售情况进行统计分析,筛选出畅销品和滞销品,并及时进行必要的调整。

舍得公关。 沃尔玛在广告上舍不得花钱,在公关活动上却很慷慨。它积极地在所在社区扮演友善邻居的角色。因为沃尔玛认为,服务的本质在"人"。沃尔玛的员工到养老院照顾老人的生活,为聋哑儿童康复中心捐赠教学仪器,在学校设立奖学金等。他们还积极地参与植树造林活动,并在日常的活动中坚持资源回收利用的原则,受到社会的广泛赞誉。

资料来源:周爱学,2003. 沃尔玛的吝啬与慷慨 [J]. 高科技产业化 (11):43-44.

(三)预算执行控制

企业预算编制完成后,便进入预算执行阶段。企业应当加强对预算执行的管理,明确预算指标分解方式、预算执行审批权限和要求、预算执行情况报告方式等,落实预算执行责任制,确保预算刚性,严格预算执行。表4-8列示了预算执行控制的相关内容。

表4-8 预算执行控制的相关内容

项 目	具体内容
预算执行环节控制	企业全面预算一经批准下达,各预算执行单位应当认真组织实施,将预算指标层层分解,从横向和纵向落实到内部各部门、各环节和各岗位,形成全方位的预算执行责任体系

续表

项　目	具体内容
重大预算项目控制	对于工程项目、对外投融资等重大预算项目，企业应当密切跟踪其实施进度和完成情况，实行严格监控
资金收支审批控制	企业应当加强资金收付业务的预算控制，及时组织资金收入，严格控制资金支付，调节资金收付平衡，防范支付风险。对于超预算或预算外的资金支付，应当实行严格的审批制度； 企业办理采购与付款、销售与收款、成本费用、工程项目、对外投融资、研究与开发、信息系统、人力资源、安全环保、资产购置与维护等业务和事项，均应符合预算要求。涉及生产过程和成本费用的，还应执行相关计划、定额、定率标准
预算执行情况分析	企业预算管理工作机构和各预算执行单位应当建立预算执行情况分析制度，定期召开预算执行分析会议，通报预算执行情况，研究、解决预算执行中存在的问题，提出改进措施； 企业分析预算执行情况，应当充分收集有关财务、业务、市场、技术、政策、法律等方面的信息资料，根据不同情况分别采用比率分析、比较分析、因素分析等方法，从定量与定性两个层面充分反映预算执行单位的现状、发展趋势及其存在的潜力
预算执行情况报告	企业预算管理工作机构应当加强与各预算执行单位的沟通，运用财务信息和其他相关资料监控预算执行情况，采用恰当方式及时向决策机构和各预算执行单位报告、反馈预算执行进度、执行差异及其对预算目标的影响，促进企业全面预算目标的实现
预算调整控制	企业批准下达的预算应当保持稳定，不得随意调整。市场环境、国家政策或不可抗力等客观因素，导致预算执行发生重大差异确需调整预算的，应当履行严格的审批程序
预算执行责任制	企业应当建立预算执行责任制度，对照已确定的责任指标，定期或不定期地对相关部门及人员责任指标的完成情况进行检查，实施考评

（四）预算考核控制制度

企业应当建立严格的预算执行考核制度，对各预算执行单位和个人进行考核，切实做到有奖有惩、奖惩分明。具体来讲，企业应当建立如下预算考核控制制度。

（1）建立健全预算执行情况内部审计制度，通过定期或不定期地实施审计监督，及时发现和纠正预算执行中存在的问题。

（2）企业预算管理委员会应当定期组织预算执行情况考核，将各预算执行单位负责人签字上报的预算执行报告和已掌握的动态监控信息进行核对，确认各执行单位预算完成情况。

（3）企业预算执行情况考核工作，应当坚持公开、公平、公正的原则，考核过程及结果应有完整的记录。需要说明的是，企业预算执行考核，应以企业正式下达的预算方案为标准，或以有关部门审定的预算执行报告为依据。

案例 4-17

万福生科的预算执行与财务造假

万福生科（湖南）农业开发股份有限公司（以下简称万福生科）于 2011 年登陆创业板，上市初期募集资金 4.25 亿元，曾经在资本市场红极一时。而就在 2012 年，证监局例行检查中发现万福生科私设多套账本，且经过彻查后发现：2012 年半年报中营业收入由 8 217 万元变成了 2.7 亿元，涉嫌财务造假。2012 年 9 月停牌后，万福生科发布公告承认 2012 年虚增营业收入 1.88 亿元，虚增营业成本 1.46 亿元，虚增利润 4 023 万元。2013 年，万福生科发布公告承认自 2008 年至 2011 年财务报告存在虚假记载，累计虚增营业收入 7.4 亿元，虚增营业利润 1.8 亿元，虚增净利润 1.6 亿元。万福生科的财务造假同预算执行不无关系。万福生科缺乏科学合理的资金预算编制体系，不能根据经营业绩目标分解生产任务与成本管理额度，对于超出月度预算额度的超支开支并未上报审核，同时也没有严格的预算审批程序，从而导致财务管理流程混乱，进而让每个环节都极有可能发生财务造假。

资料来源：赵上松，2017. 基于内部控制视角下企业财务信息失真案例研究：以万福生科为例 [J]. 财会学习（24）：55-56.

第六节 运营活动分析控制

一、运营活动分析控制概述

（一）运营活动分析控制的概念

《企业内部控制基本规范》第三十四条指出，运营分析控制要求企业建立运营情况分析制度，经理层应当综合运用生产、购销、投资、筹资、财务等方面的信息，通过因素分析、对比分析、趋势分析等方法，定期开展运营情况分析，发现存在的问题，及时查明原因并加以改进。由上述描述可知，开展运营活动分析的目的在于把握企业经营是否向着预算规定的目标值发展，一旦发生偏差就能找出问题所在，并根据新的情况解决问题。

（二）运营活动分析的内容

企业运营活动分析应包括财务分析与经营分析、预算分析、专项分析和综合分析，应做到事前、事中和事后相结合，既要有企业内部分析，又要兼顾企业外部分析，为企业经营管理决策提供及时有用的信息。表 4-9 列示了企业运营活动分析的具体内容。

表 4-9 企业运营活动分析的具体内容

类型	具体内容
财务分析与经营分析	经营策略分析、会计分析、财务分析（企业盈利能力状况分析、资产质量状况分析、债务风险状况分析和经营增长状况分析）和前景分析

续表

类　型	具体内容
预算分析	对预算执行过程中出现偏差的原因进行分析
专项分析	对企业运营活动中的一些针对性和时效性问题进行具体分析
综合分析	对企业全部运营活动进行全面的综合性分析，一般是定期的，应由归口部门统一领导，其他部门及单位分工协作开展

（三）运营活动分析方法

运营活动分析方法包括定性分析方法和定量分析方法两类。其中，定性分析方法包括专家建议法、专家会议法和德尔菲法等，定量分析方法包括对比分析法、趋势分析法、因素分析法和比率分析法等，具体如表 4-10 所示。

表 4-10　运营活动分析方法

类　型		具体解释
定性分析方法	专家建议法	是借助专业人士的意见获得预测结果的方法，通常采用函询或现场深度访谈的方式进行，在反复征求专家意见的基础上，经过客观分析和多次征询，逐步使各种意见趋于一致
	专家会议法	也称专家座谈法，是指对预测对象由有较丰富知识和经验的人员组成专家小组进行座谈讨论，互相启发、集思广益，最终形成预测结果的方法
	德尔菲法	也称专家调查法，本质上是一种反馈匿名函询法，其大致流程是在对所要预测的问题征得专家的意见之后，进行整理、归纳、统计，再匿名反馈给各专家，再次征求意见，再集中，再反馈，直至得到一致的意见
定量分析方法	对比分析法	把客观事物加以比较，以达到认识事物的本质和规律并做出正确的评价
	趋势分析法	是指分析有关指标各期相对于基期的变化趋势，从中发现问题的方法，具体包括趋势平均法、指数平滑法、直线趋势法、非直线趋势法
	因素分析法	是利用统计指数体系分析现象总变动中各个因素影响程度的一种统计分析方法，具体包括连环替代法、差额分析法、指标分解法等
	比率分析法	是以同一期财务报表上若干重要项目的相关数据相互比较，求出比率，用以分析和评价公司的经营活动及公司目前状况和历史状况的一种方法，是财务分析最基本的工具

二、运营活动分析的流程

总体上看,运营活动分析是一项经常性的控制活动,要求企业综合运用各种信息资料,采用各种方法,在定期分析的基础上,发现问题,查找原因,加强监控,从而达到防患于未然的目标。由此,运营活动分析的流程通常包括确定分析目标、制定分析方案、搜集数据信息、分析现状和撰写分析报告五个阶段(图4-4)。

图4-4 运营活动分析的流程

资料来源:陈新环,2005.经济活动分析规范操作[M].北京:中国时代经济出版社.

(一) 确定分析目标

运营活动分析的首要步骤是确定分析目标,进而为分析方案的制订提供依据。一般而言,不同的分析具有不同的分析目标。例如信用分析是为了了解企业的偿债能力,而短期经营决策的分析是为企业产品生产服务的。

(二) 制定分析方案

一旦运营活动分析目标确定后,需要根据分析目标、分析难度及数据资料的大小等,制定分析方案。在分析方案中,企业必须明确分析任务、工作进度,以及分析工作的完成内容、完成标准与完成时间等。

(三) 搜集数据信息

分析方案确定后,企业应当根据分析任务搜集整理数据资料。需要搜集的数据资料一般包括国家和地区宏观经济形势信息、行为信息及企业内部数据信息等。

(四) 分析现状

根据分析目标、内容及数据资料等,企业可以综合运用定性分析方法和定量分析方法找出企业各项管理工作和指标中存在的问题,揭示企业经营业务存在的差异和失误。同时,针对当前分析得出的问题,提出改进办法和途径。

(五) 撰写分析报告

为实现生产运营目标,进而提高运营效率和效益,企业需定期召开运营活动分析会议。运营活动分析会议通常由财务部负责牵头,企业各有关职能部门负责提供分析的原始资料和运营活动分析内容,相关的部门通报运营情况,揭示问题,提出改进经营管理工作的措施,最后由牵头部门负责综合汇总并形成企业运营活动报告初稿。在企业组织召开的运营活动分析会议上,进行分析论证,并最终形成正式分析报告,以辅助企业经营管理决策。

 案例4-18

三精制药公司的内控有效性

三精制药公司前身是哈尔滨天鹅实业股份有限公司,于1994年在上海证券交易所挂牌上市。根据历年年报，三精制药公司2004年的营业收入为17亿元，巅峰值出现在2012年，为40亿元。两年后"大跳水"，2014年的营业收入跌回了2004年的水平，当年营业收入为17亿元。与营业收入暴跌形成鲜明对比的是销售费用，三精制药公司广告支出占营业收入的比例一直很高。2009—2014年广告支出分别为4亿元、4.61亿元、5.1亿元、5.06亿元、4.31亿元和2.6亿元，6年总计25.68亿元，占营业收入比例为12.4%~15.4%。与广告支出截然不同的是历年的研发支出。根据三精制药公司历年年报显示，2010—2013年，研发费用分别为0.18亿元、0.29亿元、0.28亿元、0.27亿元。而相关数据表明，2013年我国上市制药公司的研发支出平均值为0.68亿元，显然三精制药公司的研发费用离平均值还有相当一段距离。三精制药公司的管理费用中的会议费也十分惊人，2010年会议费用为6 849万元，但到了2012年，仅仅过了两年时间，会议费已经达到1.68亿元。2014年5月16日，三精制药公司董事长刘占滨被立案调查，5月18日，刘占滨在医院坠楼身亡。三精制药公司发布紧急公告表明此事对公司生产经营并无重大影响。2015年4月，"三精制药"正式改名为哈药集团"人民同泰"，三精制药公司自此离开了盘踞多年的资本市场。

回顾三精制药公司的发展历程，其主打的是"广告+仿制药"的模式，大笔的广告费投入在初期的确带来了可观的收入，其快速发展模式更是引起了行业内企业的借鉴模仿。随着消费者日益理性化、产品日益多元化，仅依靠广告吸引消费者已经渐渐行不通，但三精制药公司高级管理层本末倒置，仍痴迷于营销广告投入，忽视了一家高新企业赖以发展的应该是高额的研发投入和技术创新。一家企业要想保持持久的核心发展能力，其中一个重要的指标就是研发支出占营业收入不低于7%，而三精制药公司在2010—2013年的研发支出占营业收入的平均比率不到1%，远远低于7%的水平。高级管理层奉行的"重广告，轻研发"的企业战略模式给三精制药公司带来的是烟花式繁荣。同业竞争也是三精制药公司未能解决的问题，作为哈药集团旗下两家上市公司之一，三精制药公司的定位不明确。比如，同业华润医药集团对旗下的公司进行了定位区分，三九主打OTC，双鹤主打化学药，而东阿阿胶主打保健品，但是三精制药公司却没有清晰的定位。由以上三精制药公司的控制活动看出，三精制药公司的内部控制体系在研发支出、销售费用（主要是广告支出）、营业收入、同业竞争等方面存在内部控制缺陷。而企业的研发支出、销售费用（主要是广告支出）、营业收入、同业竞争这四项控制活动属于公司战略内容，与高级管理层的决策行为密切相关。尽管三精制药公司的最终结局还受其他因素的影响，但不可否认的是，对高级管理层的内部控制失效是重要原因之一。

资料来源：肖海莲，2016. 基于高级管理层视角的内部控制有效性研究：以三精制药公司为例 [J]. 财会通讯（31）：5-8.

第七节 绩效考评控制

一、绩效考评控制概述

（一）绩效考评控制的概念

绩效考评控制是指企业通过考核评价的形式规范企业各级管理者及员工的经济目标和

经济行为。它强调的是控制目标而不是控制过程，只要各级管理目标实现，则企业战略目标就得以实现。由此，绩效考评是将实际绩效与其评价标准（如前期绩效、预算和外部基准进度）进行比较，对营运业绩等所进行的评价。

（二）绩效考评控制的方法

绩效考评控制的主要方法包括360度绩效考核法、目标管理法、关键绩效指标法、经济增加值法、平衡计分卡法、绩效棱柱模型法等，如表4-11所示。

表4-11 绩效考评控制的主要方法

名称	具体解释
360度绩效考核法	又称全方位绩效考核法或多元绩效考核法，是指从与被考核者发生工作关系的多方主体那里获得被考核者的信息，以此对被考核者进行全方位、多维度的绩效评估的过程
目标管理法	通过将组织的整体目标逐级分解直至个人目标，最后根据被考核者完成工作目标的情况来进行考核的一种绩效考核方式
关键绩效指标法	基于企业战略规划，通过建立关键绩效指标体系，将价值创造活动与战略规划目标有效联系，并据此进行绩效管理的方法
经济增加值法	以经济增加值为核心，建立绩效指标体系，引导企业注重价值创造，并据此进行绩效管理的方法
平衡计分卡法	基于企业战略规划，从财务、客户、内部业务流程、学习与成长四个维度，将战略规划目标逐层分解转化为具体的、相互平衡的绩效指标体系，并据此进行绩效管理的方法
绩效棱柱模型法	从企业利益相关者角度出发，以利益相关者满意为出发点，利益相关者贡献为落脚点，以企业战略、业务流程、组织能力为手段，用棱柱的五个构面构建绩效评价体系，并据此进行绩效管理的方法

二、绩效考评控制的流程

《企业内部控制基本规范》第三十五条提出，绩效考评控制要求企业建立和实施绩效考评制度，科学设置考核指标体系，对企业内部各责任单位和全体员工的绩效进行定期考核和客观评价，将考评结果作为确定员工薪酬以及职务晋升、评优、降级、调岗、辞退等的依据。由此可知，绩效考评主要包括绩效目标确定、绩效辅导、绩效评价、绩效反馈及绩效评价结果应用等阶段。

（一）绩效目标确定

绩效目标是指给评估者和被评估者提供所需要的评价标准，以便客观地讨论、监督和衡量绩效。设立绩效目标是绩效考评控制的首要环节，也是最重要的环节。绩效考核目标应该具有针对性与可操作性，设置的目标应该明确而具体，目标指标切勿过高或过低，目标设定不宜过多。为确保绩效目标可以实现，企业应将绩效目标分解为可衡量的关键绩效指标。

(二) 绩效辅导

绩效目标和绩效指标的确定是绩效考评控制的基础。若管理层放手不管,绩效目标并不能自动实现,因此,需要对绩效进行辅导,即管理层对员工完成工作目标的过程进行辅导,帮助员工不断改进工作方法和技能,及时纠正企业经营管理行为与绩效目标之间可能出现的偏差,并对目标和计划进行跟踪和修改。

(三) 绩效评价

绩效评价是指运用一定的评价方法、量化指标及评价标准,对个人、部门或单位绩效目标的实现程度,以及为实现这一目标所安排预算的执行结果所进行的综合性评价。由此,在绩效评价阶段,管理层应当依据绩效目标确定和绩效辅导阶段所搜集的数据,选择表4-11所示的绩效评价方法开展绩效评价工作。

(四) 绩效反馈

绩效反馈是绩效管理过程中的一个重要环节,是将绩效评价的结果反馈给被评估对象,并对被评估对象的行为产生影响。绩效反馈最重要的作用就是实现管理层与员工之间的有效沟通。通过绩效反馈达到以下目的:①使员工认识到自己在本阶段工作中取得的进步与存在的缺陷,促进员工改进绩效;②对绩效评价的结果达成共识,分析原因,找出需要改进的地方;③制订绩效改进计划,共同协商确定下一个绩效考评周期的绩效目标与绩效计划;④为员工规划职业生涯提供依据和参考。

(五) 绩效评价结果应用

绩效评价的最终目标是得到合理应用。通常来讲,绩效评价结果主要应用于工资调整、奖金分配、晋升与职务调整、培训教育和员工职业生涯发展。以培训教育为例,通过绩效考评,可以发现员工与绩效目标存在的差距,从而及时组织相关培训教育活动,以提升员工技能,为绩效目标的提高夯实基础。

案例 4-19

老鼠偷油与绩效考核的目的

三只老鼠一同去偷油,老鼠们找到一个油瓶,通过协商达成一致意见,轮流上去喝油。于是三只老鼠一只踩着另一只的肩膀开始叠罗汉,当最后一只老鼠刚刚爬到前面两只老鼠的肩膀上时,不知什么原因,油瓶倒了,并且惊动了人,三只老鼠不得不仓皇逃跑。回到鼠窝,大家开会讨论行动失败的原因。最上面的那只老鼠说,我没有喝到油,而且推倒了油瓶,是因为我下面的第二只老鼠抖动了一下;第二只老鼠说,我是抖了一下,但那是因为我下面的第三只老鼠抽搐了一下;第三只老鼠说,对,对,我之所以抽搐是因为好像听见门外有猫的叫声。"哦,原来如此呀!"大家紧张的心情顿时放松下来。结论:猫的责任。

案例点评:绩效考核的目的是改善绩效,而不是分清责任,当绩效出现问题的时候,大家的着力点应该放在如何改善绩效而不是划清责任。遇到问题先界定责任后讨论改善策略是人们的惯性思维,当我们把精力放在如何有效划清责任上而不是如何改善上,那么,最后的结果都是归错于外，作为企业员工谁也没有责任，最后客户被晾在一边，当责任划分清楚了，客户的耐心也已经丧失殆尽了。

资料来源：http://www.oh100.com/peixun/jixiaoguanli/233099.html［2021-01-07］

复习思考题

1. 什么是不相容分离控制？一般情况下需要分离的不相容职务包括哪些？
2. 什么是授权审批控制？如何区分常规授权和特别授权？
3. 什么是会计系统控制？会计系统控制的内容包括哪些？
4. 什么是财务保护控制？财务保护控制的具体措施包括哪些？
5. 什么是预算控制？全面预算管理的内容包括哪些？
6. 什么是运营分析控制？运营分析控制的流程是什么？
7. 什么是绩效考评控制？企业绩效考评控制的主要方法包括哪些？
8. 大数据、云计算、区块链、人工智能等现代技术会对内部控制基本方法形成什么样的影响？

第五章

业务循环控制

> **学习目标**

1. 理解和掌握资金活动、采购业务、资产管理、销售业务、研究与开发、工程项目、担保业务、业务外包及财务报告等活动的业务流程；
2. 理解和掌握上述业务循环的内部控制目标、主要风险与控制措施。

业务循环控制是内部控制基本方法在企业资金活动、采购业务、资产管理、销售业务、研究与开发、工程项目、担保业务、业务外包及财务报告等业务领域的具体应用，即按照第四章所述的内部控制基本方法建立适合企业自身特点的内部控制政策与程序。本章将在第四章描述内部控制基本方法的基础上，按照"业务流程—主要风险—控制措施"的逻辑阐述企业主要业务领域的内部控制政策与程序。

第一节 资金活动控制

一、资金活动控制概述

（一）资金活动控制的概念

资金活动是企业筹资、投资和资金营运等活动的总称。其中，筹资活动是企业筹集资金的行为与过程，是企业资金活动的起点，也是企业整个经营活动的基础；投资活动是企业投放资金的行为与过程，是筹资活动的延续，也是筹资的主要目的之一；资金营运是企业生产经营过程中资金组织、调度、平衡和管理的行为与过程。资金活动控制是指合理安排筹资、投资和资金营运这三类资金活动的流入流出量、时间等，恰当计算资金活动的成本效益，合理控制这三类资金活动在数量、时间等方面的风险，并对风险加以防范，保证资金的有效运行，最大限度发挥资金使用效益。

（二）资金活动面临的主要风险

根据《企业内部控制应用指引第6号——资金活动》的要求，企业资金活动至少应当关注下列风险：①筹资决策不当，引发资本结构不合理或无效融资，可能导致企业筹资成本过高或债务危机；②投资决策失误，引发盲目扩张或丧失发展机遇，可能导致资金链断裂或资金使用效益低下；③资金调度不合理、营运不畅，可能导致企业陷入财务困境或资金冗余；④资金活动管控不严，可能导致资金被挪用、侵占、抽逃或遭受欺诈。

案例 5-1

千山药机的违规占用资金风险

湖南千山制药机械股份有限公司（以下简称千山药机）是从事制药机械、包装机械等系列产品研制、销售及进出口业务的国家级高新技术企业。刘祥华担任千山药机董事长、法定代表人、总经理，是公司实际控制人之一。刘华山是千山药机董事长刘祥华的胞弟，2002年至2012年7月任公司财务部长、财务总监，2017年至今在湖南乐福地医药包材科技有限公司担任董事长。刘祥华、刘华山为千山药机关联自然人。刘祥华、刘华山主要通过3种方式占用千山药机资金：一是直接将千山药机及其子公司的资金转移至其实际控制的个人或单位账户；二是将千山药机通过民间借贷所融得的资金直接从出借方账户转至其实际控制的个人或单位账户；三是通过支付工程款、货款等名义将千山药机的资金转至其实际控制的个人或单位账户。经查，2017年千山药机转入刘祥华、刘华山实际控制账户资金额193 954.06万元，刘祥华、刘华山实际控制账户转回千山药机资金额80 248.53万元。截至2017年12月31日，刘祥华、刘华山控制本人及陈某华、湖南康都制药有限公司祁阳分公司、湖南新五洲医药包装有限责任公司、湖南新中制药机械股份有限公司等银行账户实际违法占用千山药机资金余额101 208.12万元。

资料来源：http://www.csrc.gov.cn/pub/zjhpublic/G00306212/202008/t20200811_381465.htm［2021-01-07］

二、筹资活动

（一）筹资活动的控制目标

一般来讲，筹资业务活动对企业生产经营、财务状况及经营成果会产生重大影响。企业应在综合考虑资本结构、财务状况、项目前景、项目现金流、项目投资回收期等因素的基础上进行科学判断，从平衡风险、成本和收益的角度制订筹资方案。由此，企业筹资业务活动的控制目标至少应当包括如下四个方面：①保证筹资方案符合企业整体发展战略，且项目具有可行性；②按照分级授权审批的原则进行审批，审批人员与筹资方案编制人员应实现分离，同时，在审批中贯彻集体决策的原则，实行集体决策审批或者联签制度；③制订切实可行的具体筹资计划；④按规定进行筹资后评价，评估执行效果与筹资方案的一致性，对存在违规现象的筹资行为严格追究其责任。

案例 5-2

巨人大厦2亿元到12亿元的资金缺口

1995年，巨人集团资产已达8亿元。这一年史玉柱33岁，巨人集团也开始走上了一条多元化经营的发展道路——进军房地产和生物工程领域。巨人集团耗资12亿元准备建造一座高78层的巨人大厦，但是盖楼的钱远远超出史玉柱的预估，他的现金流断了，各路债主也纷纷上门，一夜之间，史玉柱背上了2.5亿元的债务。巨人大厦本来只盖18层，但是当时在众人的热捧下和领导的鼓励中,史玉柱头脑一热一拍桌子就说自己要盖 78 层,投资从 2 亿元一下子增加到了 12 亿元,巨人大厦的资金缺口马上就出现了。由于史玉柱在一开始就没有和银行建立良好的信贷关系,使得当国家货币紧缩政策开始后,巨人集团难以从银行借到钱。这样,一头自有资金断线,一头贷款没着落,两头一逼自然产生财务危机。同时巨人集团对生物工程产业抽调资金过多,使得生物工程产业"严重贫血",巨人大厦唯一的资金来源也丧失,巨人集团陷入破产倒闭的困境。

资料来源:https://m.sohu.com/a/62375485_101307 [2021-01-07]

(二) 筹资活动的业务流程

一般而言,筹资活动的业务流程主要包括提出筹资方案、论证筹资方案、审批筹资方案、编制与执行筹资计划以及筹资后管理等环节,如图 5-1 所示。

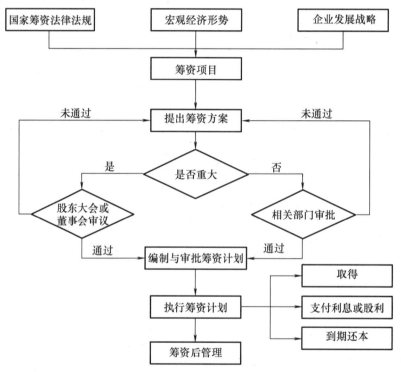

图 5-1 筹资活动的业务流程

(三) 筹资活动的主要风险

企业在筹资活动中,可能面临着多种类型的风险。因此,企业在设计筹资活动控制时,应首先识别表 5-1 所示的筹资活动的主要风险。

表 5-1 筹资活动的主要风险

业务环节	主要风险
提出筹资方案	① 缺乏完整的筹资战略规划,进而导致资金筹集与使用相脱节等风险的出现; ② 缺乏对企业资金现状的全面认识; ③ 没有对筹资方案进行可行性论证; ④ 其他风险

续表

业务环节	主要风险
审批筹资方案	① 缺乏完善的授权审批制度; ② 其他风险
编制与执行筹资计划	① 缺乏对筹资条款的认真审核; ② 无法支付筹资成本; ③ 其他风险
筹资后管理	① 缺乏严密的跟踪管理制度; ② 其他风险

(四) 筹资活动的关键控制点与控制措施

筹资活动的关键控制点源于主要风险。由表 5-1 可知,筹资活动的主要风险包括提出筹资方案、审批筹资方案、编制与执行筹资计划及筹资后管理等。由此,筹资活动的控制措施应针对筹资活动关键控制点涉及的风险,以增强内部控制制度设计的有效性。表 5-2 列示了筹资活动的关键控制点与控制措施。

表 5-2 筹资活动的关键控制点与控制措施

关键控制点	控制措施
提出筹资方案	① 进行筹资方案的战略性评估,评估内容包括与企业发展战略是否相符合,筹资规模是否恰当等; ② 进行筹资方案的经济性评估,评估内容包括筹资成本是否最低,资本结构是否恰当,筹资成本与资金收益是否匹配等; ③ 进行筹资方案的风险性评估,评估内容包括筹资方案面临哪些风险,风险大小是否适当、可控,是否与收益相匹配等; ④ 其他控制措施
审批筹资方案	① 报批的筹资方案,需事先经过可行性论证; ② 按照规定的授权审批程序,严格审批筹资方案; ③ 审批中实行集体审议或联签制度; ④ 其他控制措施
编制筹资计划	① 结合当时经济金融形势,分析不同筹资方式的资金成本,正确选择筹资方式和不同方式的筹资数量,财务部门或资金管理部门制订具体筹资计划; ② 筹资计划需按授权审批制度报有关部门批准; ③ 其他控制措施

续表

关键控制点	控制措施
执行筹资计划	① 根据筹资计划进行筹资； ② 签订筹资协议，明确权利义务； ③ 按照岗位分离与授权审批制度，各环节和各责任人正确履行审批监督责任，实施严密的筹资程序控制和岗位分离控制； ④ 做好严密的筹资记录，发挥会计控制的作用； ⑤ 其他控制措施
筹资后管理	① 促成各部门严格按照确定的用途使用资金； ② 监督检查，督促各环节保管好未发行的股票和债券； ③ 监督检查，督促正确计提、支付利息； ④ 加强债务偿还和股利支付环节的监督管理； ⑤ 评价筹资活动过程，追究违规人员责任； ⑥ 其他控制措施

三、投资活动

（一）投资活动的控制目标

总体来讲，投资应保证投资活动的合法性、安全性和效益性。具体来讲，投资业务控制的主要目标至少应当包括如下六个方面：①根据企业发展战略、宏观经济环境和市场状况等，合理安排资金投入结构，科学确定投资项目，选择投资项目应突出主业，谨慎从事股票投资或衍生金融产品等高风险投资；②进行投资方案可行性研究，重点对投资目标、规模、方式、资金来源、风险与收益等做出客观评价，从投资活动的技术可行性、市场容量与前景等多方面进行论证；③按照规定的权限和程序对投资项目进行决策审批；④根据批准的投资方案，制订切实可行的具体投资计划，作为项目投资的控制依据；⑤保证投资活动按计划合法、有序、有效进行；⑥保证投资资产的处置符合企业利益，对投资收回、转让、核销等决策和审批程序做出明确规定。

（二）投资活动的业务流程

一般而言，投资活动的业务流程主要包括提出投资方案、论证投资方案、审批投资方案、编制与执行投资计划以及投资后管理等环节，如图5-2所示。

（三）投资活动的主要风险

在投资活动中，围绕投资活动业务流程的主要业务环节，企业应识别如表5-3所示的投资活动的主要风险。

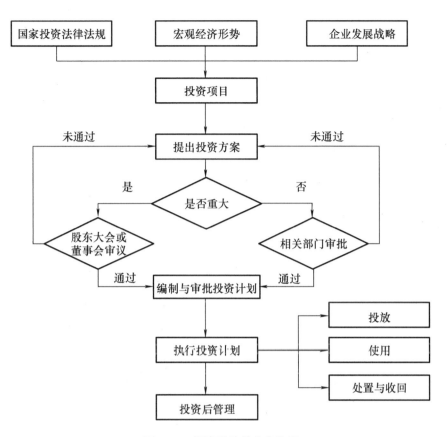

图 5-2 投资活动的业务流程

表 5-3 投资活动的主要风险

业务环节	主要风险
提出投资方案	① 投资行为违反国家法律法规,可能遭受外部处罚、经济损失和信誉损失; ② 投资业务与企业战略不相符; ③ 没有对投资方案进行可行性论证; ④ 其他风险
审批投资方案	① 缺乏完善的授权审批制度,致使投资业务未经适当审批或超越授权审批,可能产生重大差错或舞弊、欺诈行为,从而导致损失; ② 追加投资行为不规范或没有经过严格审批,可能给企业带来经济损失和信誉损失; ③ 投资收回或核销未经严格审批的程序,可能导致企业资产虚增或资产流失,造成资金和资产浪费; ④ 其他风险
编制与执行投资计划	① 对投资条款未认真审核; ② 缺乏严密的投资资产保管与会计记录的风险; ③ 其他风险

续表

业务环节	主要风险
投资后管理	① 缺乏严密的跟踪管理制度; ② 其他风险

案例 5-3

"三九系"的投资与消失

三九集团的前身是 1986 年退伍军人赵新先创立的南方制药厂。1991 年,中国人民解放军总后勤部出资 1 亿元从广州第一军医大学手中收购了南方制药厂,成立了以三九医药、三九生化和三九发展为一体的三九集团,总资产达 200 多亿元。此后三九集团为加快发展,偏离了经营医药的主业,持巨资投向房地产、进出口贸易、食品、酒业、金融、汽车等领域,采取承债式收购了近 60 家企业,积淀了大量的债务风险。涉足过多陌生领域,且规模过大,难以实施有效管理,给三九集团带来巨大财务窟窿。截至 2003 年年底,三九集团及其下属公司欠银行 98 亿元。2005 年 4 月 28 日,为缓和财务危机,三九集团不得不将旗下上市公司三九发展卖给浙江民营企业鼎立建设集团,三九生化卖给山西民营企业振兴集团。自此"三九系"这一词汇从历史中消失。

资料来源:李传彪,2007. 从"三九系"解体看企业多元化战略[J]. 经济导刊,(11):35-36.

(四)投资活动的关键控制点与控制措施

投资活动的关键控制点包括提出投资方案、审批投资方案、编制投资计划、执行投资计划及投资后管理等环节。企业应紧密围绕关键控制点所面临的主要风险设计内部控制措施。表 5-4 列示了投资业务的关键控制点与控制措施。

表 5-4 投资活动的关键控制点与控制措施

关键控制点	控制措施
提出投资方案	① 进行投资方案的战略性评估,包括是否与企业发展战略相符合,投资规模是否恰当; ② 投资规模、方向和时机是否适当; ③ 对投资方案进行技术、市场、财务可行性论证; ④ 其他控制措施
审批投资方案	① 明确审批人对投资业务的授权批准方式、权限、程序和责任,不得越权; ② 审批中应实行集体审议或联签制度; ③ 与有关被投资方签署投资协议; ④ 其他控制措施
编制投资计划	① 核查企业当前资金额及正常生产经营预算对资金的需求量,积极筹措投资项目所需资金; ② 制订详细的投资计划,并根据授权审批制度报有关部门审批; ③ 其他控制措施

续表

关键控制点	控制措施
执行投资计划	① 根据投资计划进度，严格分期、按进度适时投入资金，严格控制资金流量和时间； ② 以投资计划为依据，按照职务分离制度和授权审批制度，各环节和各责任人正确履行审批监督责任，对项目实施过程进行监督和控制，防止各种舞弊行为，保证项目建设的质量和进度要求； ③ 做好严密的会计记录，发挥会计控制的作用； ④ 做好跟踪分析工作，及时评价投资的进展，将分析和评价的结果反馈给决策层，以便及时调整投资策略或制定投资退出策略； ⑤ 其他控制措施
投资后管理	① 投资资产的处置应通过专业中介机构，选择相应的资产评估方法，客观评估投资价值，同时确定处置策略； ② 投资资产的处置必须经过董事会的授权批准； ③ 其他控制措施

案例 5-4

东北华联——没有翅膀的飞翔

东北华联集团股份有限公司（以下简称东北华联）于 1993 年 8 月上市，上市募集资金 1.6 亿元，股价由每股 1 元跃升最高达 18 元。实力剧增后，东北华联雄心勃勃："科、工、贸全方位发展，立足吉林，放眼全国，走向世界"。在省内，东北华联先后兼并辽源一百、金龙集团等企业，设立了第二华联商厦、华联实业总公司、外贸总公司等 16 家全资企业。东北华联在广州、深圳、上海等地也买房购地，在美国、泰国、俄罗斯等国设立境外企业。刚刚一年时间，东北华联便由一个商业大厦摇身变成拥有 55 个全资子公司、6 个控股和参股企业，资产亿元的集商业、实业、房地产于一体的跨区域综合性企业集团。

然后，企业"长"大了，新上马的项目却无一成功：第二华联商厦很快停业整顿，6 000 万元白白扔掉；白山华联总公司和白山五交化公司创立后毫无收益，5 700 多万元打了水漂；投入 982 万元的江山木业公司成立之日就成了亏损之时；在美国买了房子，可是什么事都没干成；在泰国建了一个大酒店，投多少赔多少……就在一两年时间内，东北华联损失了近两亿元，资金被挥霍一空。东北华联创始人之一、后任企业党委副书记的李贵贤说，有钱之后的头脑发胀使企业掉进了扩张的"陷阱"。企业上市后一下子有上亿元的资金流进，这么多钱怎么花出去？公司领导们争着抢着报项目，只要你说能赚钱，班子主要成员感觉好，就马上投资，一点也不犹豫。公司监事会主席焦继业说，监事会曾经提出应建立投资责任追究制度，但没有得到董事会的通过。李贵贤说，当时吉林省看到全国各地都在搞企业上市，而本省一家上市公司也没有，心情十分急迫，仓促之际选中了东北华联。由于不具备上市公司要"有 3 年以上的股份制经营历史"的要求，在有关部门的运作下,东北华联与远在千里之外的浑江百货大楼嫁接改造,可只嫁接来了"3年以上的股份制经营历史",并没有嫁接来规范的股份制经营机制。名义上,东北华联是吉林省股份改革试点单位,"新三会"全都健全,可实际上还是国有企业那一套经营思想和经营方式。也就是说,企业在上市后,一步登天,可是在天上才发现没生翅膀,不会飞翔。1994年10月,民营企业上海万通实业公司悄悄运作,购买了东北华联16%的法人股,成为第一大股东。东北华联从此由国有股权占主导地位变成了由法人股权占主导地位的股份制企业。

资料来源:http://www.360doc.com/content/20/0709/08/62077068_923114297.shtml[2021-01-07]

四、资金营运活动

(一) 资金营运活动的控制目标

企业资金营运活动控制的主要目标至少应当包括如下三个方面:①保持生产经营各环节资金供求的动态平衡,即企业应将资金合理安排到采购、生产、销售等各个环节,做到实物流和资金流的相互协调、资金收支在数据上及时间上相互协调;②促进资金合理循环和周转,提高资金使用效率;③确保资金安全。

(二) 资金营运活动的业务流程

企业资金营运过程从资金流入企业形成货币资金开始,到通过销售收回货币资金、成本补偿确定利润、部分资金流出企业为止,形成资金营运活动的一个完整循环。图5-3列示了制造业和流通业资金营运活动的主要业务流程。

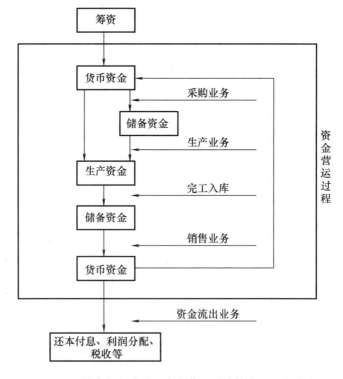

图5-3 制造业和流通业资金营运活动的主要业务流程

一般而言，资金收付按照如下程序办理。

1. 申请

资金收付需要以真实发生的业务为基础。企业资金收付应该有根有据，不能凭空收款或付款。所有收款或付款需求都是由特定的业务引起的。因此，真实的业务发生，是资金收付的基础。

2. 审批

收款方应该向对方提交相关业务发生的票据或者证明，进而收取资金。由于资金支付涉及企业经济利益流出，因此应严格履行授权分级审批制度。不同责任人应该在自己授权范围内审核业务的真实性、金额的准确性及申请人提交票据或者证明的合法性，严格监督资金收付。

3. 复核

财务部门收到经过企业授权部门审批签字的相关凭证或证明后，应再次复核业务的真实性、金额的准确性、相关票据的齐备性、相关手续的合法性及完整性，并签字确认。

4. 收付

出纳或资金管理部门在收款人签字后，根据相关凭证支付资金。

（三）资金营运活动的主要风险

资金营运活动的主要风险包括：①资金使用违反国家法律、法规，企业可能会遭受外部处罚、经济损失和信誉损失；②资金未经适当审批或超越授权审批，可能会产生重大差错或舞弊、欺诈行为，从而使企业遭受损失；③资金记录不准确、不完整，可能会造成账实不符或导致财务报表信息失真；④有关单据遗失、变造、伪造、非法使用等，会导致资产损失、法律损失或信用损失；⑤职责分工不明确、机构设置和人员配备不合理，会导致资产损失、法律损失或信用损失；⑥不按相关规定进行银行账户核对，会导致相关账目核对程序混乱；⑦银行账户的开立不符合国家有关法律、法规的要求，可能会导致企业受到处罚及遭受资金损失。

案例 5-5

巨额银行存款的"顺利出境"

2005年1月4日，东北高速公司在中国银行哈尔滨河松街支行对账时，河松街支行出具该公司截至2004年12月31日的银行对账单，该结果显示公司两个账户应有的存款余额近3亿元只剩下7万多元，其余存款去向不明。此外，东北高速子公司——黑龙江东高投资开发有限公司存于该行的530万元资金也去向不明。与此同时，哈尔滨河松街支行行长高山也神秘"失踪"。东北高速公司随即向警方报案。警方后来调查发现，此案10亿元资金涉及东北高速公司在哈尔滨河松街支行的两个账户中共计存款余额2.9337亿元、东北高速公司的子公司——黑龙江东高投资开发有限公司存于该行的530万元资金、黑龙江辰能哈工大高科技风险投资有限公司所存的3亿余元资金、黑龙江社保局的1.8亿元资金,以及东高投资存于大庆市农业银行的履约保证金 2 427.98 万元被悉数卷走。银行内部有一种叫"飞单"或"跳票"的融资手段,即用高息揽存的方法,把企业的大额资金套进指定银行,然后通过各种手段把固定期限的存款划转到另一家企业的账户上使用,到期限结算时再把本金连同利息"回笼",从而完成一次交易。事后查明,该行行长高山以跳票及飞单的形式,利用高息获得巨额存款,在休眠期串通世纪绿洲系企业的实际控制人李东哲通过地下钱庄将超过 10 亿元的资金汇往国外,并顺利出境。

资料来源:https://finance.sina.com.cn/roll/20050221/09241370516.shtml [2021-01-07]

(四) 资金营运活动的关键控制点与控制措施

资金营运活动的关键控制点包括审批、复核、收付、记账、对账、保管、银行账户管理及票据与印章管理等环节。表 5-5 列示了资金营运活动的关键控制点与控制措施。

表 5-5 资金营运活动的关键控制点与控制措施

关键控制点	控制措施
审批	① 制定资金的限制接近措施,经办人员进行业务活动时应该得到授权审批,任何未经授权的人员不得办理资金收支业务; ② 使用资金的部门应提出用款申请,记载用途、金额、时间等事项; ③ 经办人员在原始凭证上签章;经办部门负责人、主管总经理和财务部门负责人审批并签章; ④ 其他控制措施
复核	① 会计主管审查原始凭证反映的收支业务是否真实合法,经审核通过并签字盖章后才能填制原始凭证; ② 凭证上的主管、审核、出纳和制单等印章是否齐全; ③ 其他控制措施
收付	① 出纳人员按照审核后的原始凭证收付款,并对已完成收付的凭证加盖戳记,并登记日记账; ② 主管会计人员及时准确地记录在相关账簿中,定期与出纳人员的日记账核对; ③ 其他控制措施
记账	① 出纳人员根据资金收付凭证登记日记账,会计人员根据相关凭证登记有关明细分类账; ② 主管会计登记总分类账; ③ 其他控制措施
对账	① 账证核对; ② 账账核对; ③ 账表核对; ④ 账实核对; ⑤ 其他控制措施

续表

关键控制点	控制措施
保管	① 授权专人保管资金； ② 定期、不定期盘点； ③ 其他控制措施
银行账户管理	① 银行账户的开立、使用和撤销是否有授权； ② 下属企业或单位是否有账外账； ③ 其他控制措施
票据与印章管理	① 票据统一印制或购买； ② 票据由专人保管； ③ 印章与空白票据分管； ④ 财务专用章与企业法人章分管； ⑤ 其他控制措施

习近平总书记在十九届中央纪委四次全会上强调，加大国有企业反腐力度，加强国家资源、国有资产管理，查处地方债务风险中隐藏的腐败问题。

 案例 5-6

河北邯郸农行金库被盗的八大漏洞

2006 年 10 月初，邯郸农行现金管理中心调度员任晓峰和管库员赵学楠、张强密谋偷金库钱买彩票获利。10 月 13 日，三人从金库窃取现金 10 万元，由任晓峰到彩票投注站购买彩票；他的手气似乎很好，投入 2 万多元中奖 10 万元。几天后，三人再次从金库窃取现金 10 万元购买彩票，结果血本无归。10 月 23 日，张强决意退出，表示自愿补平库款。任晓峰、赵学楠继续购买彩票，中奖 21 万元，他俩对张强隐瞒了中奖的事。于是，任晓峰从所中彩金中拿出 18 万元，张强个人筹资 2 万元，将 20 万元归还金库。但尝到甜头的任晓峰却一发不可收拾，再次与调整岗位后新到岗的库管员马向景勾结，自 2007 年 3 月 16 日到 4 月 14 日，二人分别从邯郸农行金库盗窃现金 20 余次，共计 5 095 万元，其中：4 500 余万元用于购买彩票，但只有两次中奖，一次中 8.5 万元，一次中 1.8 万元。

邯郸农行金库被盗案，至少揭示出如下漏洞：①不重视管库员个人品质的考察；②金库存放的现金量过大；③前车之鉴未被重视。2006 年，邯郸农行下属的磁县磁州支行曾发生银行柜员利用职务之便，挪用公款 820 万元，用于购买彩票，未引起银行的重视；④金库密码被泄露。按照正常程序，打开金库门锁需要三个人分别控制主钥匙、副钥匙和密码，但是密码却泄露了，不仅任晓峰和马向景得知了密码，而且前任管库员张强和赵学楠也知道密码；⑤金库管理与保安押运的衔接存在漏洞；⑥金库监控记录设备未按规定安装、维护；⑦执行现金查库制度不及时；⑧银行存款业务管理薄弱。2007 年 4 月 13 日、14 日，任晓峰、马向景分别从金库中窃取 1 000 万元和 1 800 万元的巨额现金，把巨额现金存入个人账户。

作案期间，任晓峰、马向景频繁更换银行储蓄网点，存款、转账的足迹遍布整个邯郸市区。邯郸农行却没有一家网点反馈的信息中有反映客户存款、转账情况异常的警示。

结局：对任晓峰决定执行死刑，并处没收个人全部财产；马向景死刑，并处没收个人全部财产；赵学楠判处有期徒刑五年。唯有老库管员张强，因为很快退出，补交库款并及时自首，被从宽处理，判处有期徒刑二年，缓刑二年。

资料来源：郭长水，2008. 邯郸农行金库被盗案揭示的八大漏洞［J］. 中国内部审计，(01)：77.

第二节　采购业务控制

一、采购业务控制概述

（一）采购业务控制的概念

采购，是指购买物资（或接受劳务）及支付款项等相关活动。其中，物资主要包括企业原材料、商品、工程物资及固定资产等。采购业务控制是指为规范采购行为，对采购活动建立的一种互相制约的业务组织形式和职责分工制度。

（二）采购业务的主要控制目标

采购业务的主要控制目标至少应当包括如下方面：①需求计划和采购计划按照规定的权限和程序获得审批；②请购经过适当授权或审批；③供应商的选择及其评价有利于公司获取"质优价廉"的货物或劳务；④采购价格应当是性价比最优的；⑤同供应商订立框架协议或采购合同符合法律、法规的要求；⑥采购的过程应当是可控的；⑦所记录的购货都已收到货物或劳务已接收，并符合企业的需求；⑧已发生的购货业务均已记录；⑨所记录的购货业务估价正确；⑩购货业务正确分类；⑪购货业务按正确的日期记录；⑫采购付款是经过授权审批和企业规定办理的；⑬购货业务被正确记入应付账款和存货等明细账中，并被准确汇总。

二、采购的业务流程

采购的业务流程主要涉及编制需求计划和采购计划、请购、选择供应商、确定采购价格、订立框架协议或采购合同、管理供应过程、验收、退货、付款和会计控制等环节。图5-4列示了企业的一般采购业务流程。

三、采购业务的主要风险

根据《企业内部控制应用指引第7号——采购业务》的要求，企业采购业务至少应当关注下列风险：①采购计划安排不合理，市场变化趋势预测不准确，造成库存短缺或积压，可能导致企业生产停滞或资源浪费；②供应商选择不当，采购方式不合理、招投标或定价机制不科学、授权审批不规范，可能导致采购物资质次价高，出现舞弊或遭受欺诈；③采购验收不规范，付款审核不严，可能导致采购物资、资金损失或信用受损。因此，企业在采购业务活动中应识别表5-6所示的主要风险。

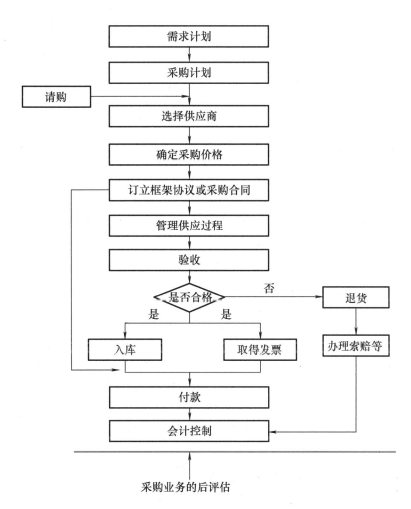

图 5-4 企业的一般采购业务流程

表 5-6 采购业务的主要风险

业务环节	主要风险
编制需求计划和采购计划	① 需求或采购计划不合理、不按实际需求安排采购或随意超计划采购，甚至与企业生产经营计划不协调等，造成企业资源短缺或库存成本上升； ② 不按规定维护安全库存、未按照要求及时调整采购计划； ③ 其他风险
请购	① 缺乏采购申请制度； ② 请购未经适当审批或超越授权审批，可能导致采购物资过量或短缺； ③ 其他风险
选择供应商	① 缺乏完善的供应商管理办法； ② 大额采购未实行招投标制度，可能导致采购物资质次价高，甚至出现舞弊行为； ③ 其他风险

续表

业务环节	主要风险
确定采购价格	① 采购定价机制不科学，采购定价方式选择不当，缺乏对重要物资品种的跟踪监控，引起采购价格不合理，可能造成企业资金损失； ② 内部稽核制度不完善，导致因回扣现象等造成企业损失； ③ 其他风险
订立框架协议或采购合同	① 框架协议签定不当，可能导致物资采购不顺畅； ② 未经授权对外订立采购合同，合同对方主体资格、履约能力等未达要求、合同内容存在重大疏漏和欺诈，可能导致企业合法权益受到侵害； ③ 未能及时根据市场状况调整合同内容，造成企业采购行为脱离市场供需状况； ④ 其他风险
管理供应过程	① 缺乏对采购合同履行情况的有效跟踪、运输方式选择的不合理、忽视运输过程的保险风险，可能导致采购物资损失或无法保证供应； ② 没有对供应商的供应过程做好记录，导致供应商过程评价缺少原始资料； ③ 其他风险
验收	① 验收标准不明确、验收程序不规范，导致不合格品流入企业； ② 对验收中存在的异常情况不做及时处理，可能造成账实不符、采购物资损失； ③ 其他风险
付款	① 付款审核不严、付款方式不恰当、付款金额控制不严，可能导致企业资金损失或信用受损； ② 退货管理不规范，导致企业产生财务损失； ③ 其他风险
会计控制	① 缺乏有效的采购会计系统控制，未能全面真实地记录和反映企业采购各环节的资金流和实物流情况； ② 对退货及待检物料处理不当，导致账实不一致，影响企业财务状况的真实性； ③ 其他风险

 案例 5-7

采购控制不严引发的风险

2013年10月，某企业与某钢厂签订了5 600余吨钢板的采购合同，货值人民币2 400余万元，交货期为2013年12月31日，交货地点位于广东省惠州市的一个船运码头，运输方式为水运。该合同包含 88 种型号的钢板，共计 107 条物料。并约定了 −5%～+5% 的溢短装条款。在实际执行过程中，发生如下风险。

（1）钢厂发生延迟交货。2013 年 12 月下旬，钢厂提出最后一批 550 吨钢板延迟至 1 月上旬交货。1 月初，又告知由于生产延误且春节前后订船困难，推迟到 2 月中旬发货。

（2）钢厂开出的增值税发票与货物不能一一对应。钢厂在未告知该企业的情况下，于 2014 年 1 月初寄出了钢板的增值税发票（以下简称发票），希望配合办理结算，并尽快支付货款。该企业在审票环节发现以下情况：完全合规的发票共 12 份，对应钢板共计 2 800 余吨，金额共计 1 200 余万元；有 13 份发票下的钢板既含有部分已完成发货和验收的钢板，又包括已生产完毕但未发货的钢板。数量共计 2 500 吨，金额共计 1 100 余万元；有 8 份发票下的钢板属于已生产完毕，但未发货。数量共计 300 吨，金额共计 130 余万元；有 2 份发票下的钢板仍未生产完毕，数量共计 5 吨，金额共计 2 万余元。此外，通过与合同下的物料逐项对比后发现，仍有不到 9 吨的钢板未开票。经钢厂确认，扣除溢短装，还有约 8 吨正在生产。

（3）造成采购单位的资金计划发生大幅偏差。考虑到钢厂资金方面面临的实际困难，采购单位在 2013 年年底提前办理了在 2014 年 1 月向钢厂付款的资金计划。该资金计划占到采购单位当月资金计划的 60%。但由于钢厂在 2014 年 1 月初提供的单据不能满足结算和付款的要求，造成了采购单位不能按计划与最终用户办理结算并收取货款，也不能向钢厂支付货款。使采购单位 2014 年 1 月份的收款和付款计划发生大幅的偏差。

资料来源：关键，2014．建立正确流程 控制结算风险：钢材采购合同结算环节典型案例［J］．石油石化物资采购，(08)：60-61.

四、采购业务的关键控制点与控制措施

采购业务的关键控制点包括编制需求计划和采购计划、请购、选择供应商、确定采购价格、订立框架协议或采购合同、管理供应过程、验收、付款和会计控制等环节。表 5-7 列示了采购业务的关键控制点与控制措施。

表 5-7　采购业务的关键控制点与控制措施

关键控制点	控制措施
编制需求计划和采购计划	① 根据实际需求情况，准确、及时编制需求计划； ② 根据发展目标实际需要，结合库存和在途情况，科学安排采购计划，防止采购数量过高或过低； ③ 采购计划应纳入采购预算管理，经相关负责人审批后，作为企业刚性指令严格执行； ④ 其他控制措施
请购	① 建立采购申请制度，依据购买物资或接受劳务的类型，确定归口管理部门，授予相应的请购权，明确相关部门或人员的职责权限及相应的请购程序； ② 严格按照预算执行进度办理请购手续，并根据市场变化提出合理的采购申请； ③ 审批采购申请时，重点关注采购申请内容是否准确、完整，是否符合生产经营需要，是否符合采购计划，是否在采购预算范围内等； ④ 其他控制措施

续表

关键控制点	控制措施
选择供应商	① 建立科学的供应商评估和准入制度，对供应商资质信誉情况的真实性和合法性进行审查，确定合格的供应商清单； ② 采购部门应当按照公平、公正和竞争的原则，择优确定供应商； ③ 建立供应商管理信息系统和供应商淘汰制度； ④ 其他控制措施
确定采购价格	① 健全采购定价机制，采取协议采购等多种方式，科学合理地确定采购价格； ② 采购部门应当定期研究大宗通用重要物资的成本构成和市场价格变动趋势，确定重要物资品种的采购执行价格或参考价格； ③ 其他控制措施
订立框架协议或采购合同	① 对拟签订框架协议的供应商主体的资格、信用状况等进行风险评估； ② 根据确定的供应商、采购方式、采购价格等情况，拟订采购合同，准确描述合同条款，明确双方权利、义务和违约责任； ③ 对重要物资验收量与合同量之间允许的差异，做出统一规定； ④ 其他控制措施
管理供应过程	① 依据采购合同中确定的主要条款跟踪合同履行情况，对有可能影响生产或工程进度的异常情况，应出具书面报告并及时提出解决方案，采取必要措施，保证需要物资的及时供应； ② 对重要物资建立并执行合同履约过程中的巡视、点检和监督制度； ③ 根据生产建设进度和采购物资特性等因素，选择合理的运输工具和运输方式，办理运输、投保等事宜； ④ 实行全过程的采购登记制度或信息化管理，确保采购过程的可溯性； ⑤ 其他控制措施
验收	① 制定明确的采购验收标准，结合物资特性确定必检物资目录，规定物资应出具质量报告后方可入库； ② 验收机构或人员应当根据采购合同及质量检验部门出具的质量检验证明，重点关注采购合同、发票等原始单据与采购物资的数量、质量、规格、型号等核对一致； ③ 对于验收过程中发现的异常情况，验收机构或人员应当立即向企业有权管理的相关机构报告，相关机构应当查明原因并及时处理； ④ 其他控制措施
付款	① 严格审查采购发票等票据的真实性、合法性和有效性，判断采购款项是否确实应予以支付； ② 根据国家有关支付结算的相关规定和企业生产经营的实际，合理选择付款方式，并严格遵循合同规定，防范付款方式不当带来的法律风险，保证资金安全； ③ 加强预付账款和定金的管理； ④ 其他控制措施

续表

关键控制点	控制措施
会计控制	① 企业应当加强对购买、验收、付款业务的会计系统控制，做好采购业务各环节的记录，确保会计记录、采购记录与仓储记录核对一致； ② 企业应指定专人通过函证等方式，定期向供应商寄发对账函，核对应付账款、应付票据、预付账款等往来款项，对供应商提出的异议应及时查明原因，报有权管理的部门或人员批准后，做出相应调整； ③ 其他控制措施

案例 5-8

"假胶囊"背后的原因

2012年4月15日，央视报道了某些企业用重金属铬超标的工业明胶冒充食用明胶生产药用胶囊的事件，引起社会强烈关注。央视记者经过数月的调查取证，发现河北、江西、浙江等地有多家企业采用"蓝矾皮"为原料，生产工业明胶（业内俗称"蓝皮胶"），然后被胶囊厂买去作为原料，制成药用胶囊；再流入制药厂，制成各种胶囊药品，并流入市场。加工工业明胶的原料"蓝矾皮"实际上是皮革厂鞣制后的下脚料，因鞣制剂中含金属铬，在经过生石灰、强酸碱处理后制成的"蓝皮胶"中残留的铬含量严重超标。食用明胶行业标准也明确规定，严禁使用制革厂鞣制后的任何工业废料生产食用明胶。实际的取样检测结果是，浙江新昌华星、卓康两家胶囊厂的明胶重金属铬含量分别超标30多倍和50多倍，药用胶囊中铬含量分别超标20多倍和40多倍。毒胶囊事件爆发，固然反映了我国药品行业监管缺失，但从涉案的制药企业自身因素来说，毒胶囊能顺利进入制药企业，说明上述制药企业在采购环节缺乏有效的内部控制。央视记者暗访证实，胶囊厂生产销售由工业明胶制成的不合格药用胶囊已持续多年，除了卖给一些当地和外地的中小制药厂，还包括了类似青海格拉丹东药业有限公司和吉林海外药业集团等，而这两家企业没能提供有效的进货检验记录，显然对供应商的管控措施也不可能到位。

资料来源：http://blog.sina.com.cn/s/blog_6122d62b01013814.html [2021-01-07]

第三节 资产管理控制

一、资产管理概述

（一）资产管理的概念

资产是指企业拥有或控制的存货、固定资产和无形资产。存货是指企业在日常活动中持有以备出售的产成品或商品、处在生产过程中的在产品、在生产过程或提供劳务过程中耗用的材料或物料等，包括各类材料、在产品、半成品、产成品或库存商品以及包装物、低值易耗品、委托加工物资等。固定资产是指企业为生产产品、提供劳务、出租或者经营管理而持有的、使用时间超过12个月的、价值达到一定标准的非货币性资产，包括房屋、建筑物、机器、机械、运输工具以及其他与生产经营活动有关的设备、器具、工具等。无形资产是指企业拥有或者控制的没有实物形态的可辨认的非货币性资产。

(二) 资产管理面临的主要风险

根据《企业内部控制应用指引第8号——资产管理》的要求，资产管理业务至少应当关注下列风险：①存货积压或短缺，可能导致流动资金占用过量、存货价值贬损或生产中断；②固定资产更新改造不够、使用效能低下、维护不当、产能过剩，可能导致企业缺乏竞争力、资产价值贬损、安全事故频发或资源浪费；③无形资产缺乏核心技术、权属不清、技术落后、存在重大技术安全隐患，可能导致企业产生法律纠纷、缺乏可持续发展的能力。

二、固定资产管理

(一) 固定资产管理的主要控制目标

固定资产管理的主要控制目标至少应当包括如下四个方面：①通过职责分离、定期盘点、账实相符等原则确保固定资产的安全完整；②建立健全固定资产登记簿和相关记录，遵循会计准则的规定，保证固定资产会计的核算及时准确；③规范固定资产的采购、处置、更新维护等，确保固定资产的正常运行，满足企业生产经营的需要；④通过固定资产管理活动提高资产利用率，减少资产的无谓损失，使固定资产的效用达到最大化，以实现企业经营战略的目标。

(二) 固定资产管理的业务流程

固定资产管理的业务流程通常包括固定资产预算、固定资产采购与验收、固定资产使用与维护、固定资产盘点以及固定资产处置等环节，具体如图5-5所示。

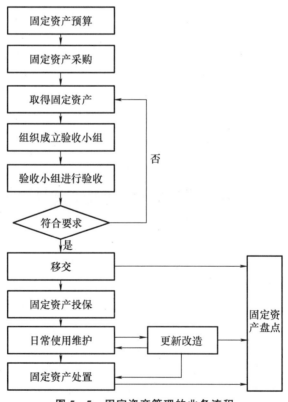

图5-5 固定资产管理的业务流程

（三）固定资产管理的主要风险

固定资产管理的主要风险是企业经营管理过程中，因固定资产取得和验收不当、更新改造不够、使用效能低下、维护不当、产能过剩，可能导致企业缺乏竞争力、资产价值贬损、安全事故频发或资源浪费的风险。企业在设计固定资产管理制度时应识别表5-8所示的主要风险。

表5-8　固定资产管理的主要风险

业务环节	主要风险
固定资产预算	① 因可行性分析不到位、预算不当，而造成项目搁置，无法为企业带来效益； ② 其他风险
固定资产采购与验收	① 因授权审批制度不健全、岗位分工不合理，而产生舞弊行为的风险； ② 新增固定资产验收程序不规范，可能导致资产质量不符合要求，进而影响资产运行效果； ③ 固定资产登记内容不完整，可能导致资产流失、资产信息失真、账实不符； ④ 其他风险
固定资产使用与维护	① 固定资产因保管不善或者操作不当引起的被盗、毁损、事故等； ② 失修或维护过剩，可能造成资产使用率低下、产品残次率高，甚至发生生产事故或者资源浪费； ③ 因长期闲置造成资产毁损，失去使用价值； ④ 未及时办理保险或者投保制度不健全，可能导致固定资产应保未保、索赔不力； ⑤ 固定资产更新改造不够，可能造成企业产品线老化，缺乏市场竞争力； ⑥ 其他风险
固定资产盘点	① 固定资产丢失，毁损等造成账实不符或资产贬值严重； ② 其他风险
固定资产处置	① 固定资产报废和处置方式不合理、不规范，可能造成企业经济损失； ② 其他风险

（四）固定资产管理的关键控制点与控制措施

固定资产管理的关键控制点包括固定资产预算、固定资产采购与验收、固定资产使用与维护、固定资产盘点、固定资产处置等环节。表5-9列示了固定资产管理的关键控制点与控制措施。

表5-9　固定资产管理的关键控制点与控制措施

关键控制点	控制措施
固定资产预算	① 建立固定资产预算管理制度； ② 编制投资额较大的资本支出预算时，有各分项的投资预算额； ③ 重大固定资产投资项目应聘请独立的中介机构或者专业人士进行可行性论证，并实行集体决策和审批，防止出现决策失误； ④ 其他控制措施

续表

关键控制点	控制措施
固定资产采购与验收	① 超预算或预算外固定资产投资项目应由相关责任部门提出申请，经审批后再办理相关手续； ② 建立固定资产采购管理办法，明确请购、审批部门的部门和人员的职责权限及相应的请购与审批程序； ③ 加强现有供应商评价制度及其管理工作，对于首次进入备选清单的供应商应检查其资信状况和承揽项目的能力； ④ 建立预付款支付、批准制度和预付款跟踪管理制度； ⑤ 建立健全固定资产验收管理制度和办法； ⑥ 制定固定资产目标，对固定资产造册登记； ⑦ 其他控制措施
固定资产使用与维护	① 固定资产使用部门及管理部门应建立固定资产运行档案，并据以制订合理的日常维修和大修计划，并经主管领导审批； ② 建立固定资产维修保养管理办法，定期对固定资产进行检查、维修和保养，并根据固定资产类别和特性制订年度、季度和月度维修保养计划； ③ 对于企业生产线等直接影响企业安全生产和产品质量的关键设备，必须由专业技术人员操作，做好岗前培训，特殊设备操作应持证上岗。同时，严格资产使用流程和操作流程，实时监控资产运转； ④ 建立健全固定资产更新改造管理办法，并严格按照固定资产更新改造管理办法的相关要求执行； ⑤ 管理部门更新改造方案实施过程适时监控、加强管理，有条件的企业应建立更新改造专项资金并定期或不定期审计； ⑥ 建立健全固定资产投保管理办法，并严格按照固定资产投保管理办法的相关要求执行； ⑦ 其他控制措施
固定资产盘点	① 建立健全固定资产盘点管理办法，明确盘点的范围、时间、形式、人员、组织程序、异常情况处理等事项； ② 企业应组成固定资产清查小组对固定资产定期进行清查，明确资产权属，确保实物与卡片及财务报表相符，在清查作业实施之前编制清查方案，经过管理部门审核后进行相关的清查作业； ③ 根据盘点结果详细填写固定资产盘点报告表，并与固定资产账簿和卡片相核对。发现账实不符的，应编制固定资产盘盈、盘亏表并及时做出报告，管理部门需要就清查报告进行审核。企业固定资产管理部门和使用部门应当检查固定资产盘盈及盘亏的原因，提出初步处理意见，经单位负责人或授权人员批准后做出相应处理； ④ 清查过程中发现的盘盈或盘亏，应分析原因，追究责任，妥善处理，报审核通过后及时调整固定资产账面价值，确保账实相符，并上报备案； ⑤ 其他控制措施

关键控制点	控制措施
固定资产处置	① 建立健全固定资产处置管理办法,确定固定资产处置的范围、标准、程序和审批权限; ② 建立健全内部固定资产调配管理的办法,内部固定资产调配应按规定程序及时办理相关手续,确保企业内部各独立核算单位账实相符; ③ 其他控制措施

案例 5-9

抚顺特钢固定资产的账实不符

2019 年 12 月 12 日,证监会发布的《中国证监会行政处罚决定书(抚顺特钢、赵明远、董事等多名责任人员)》(〔2019〕147 号)显示,抚顺特殊钢股份有限公司(以下简称抚顺特钢)在固定资产管理方面存在如下账实不符的情况:(1) 抚顺特钢 2013 年和 2015 年年度报告披露的期末固定资产余额与事实不符,存在虚假记载。2013 年和 2015 年,抚顺特钢通过伪造、变造记账凭证及原始凭证等方式将虚增的在建工程转入固定资产,虚增 2013 年和 2015 年年度报告期末固定资产,2013 年和 2015 年累计虚增固定资产 841 589 283.99 元,其中 2013 年虚增固定资产 490 692 688.00 元,2015 年虚增固定资产 350 896 595.99 元。(2) 抚顺特钢 2014 年至 2016 年年度报告、2017 年第三季度报告披露的固定资产折旧与事实不符,存在虚假记载。2014 年至 2016 年度、2017 年 1 月至 9 月,抚顺特钢将虚增后的固定资产计提折旧,虚增 2014 年至 2016 年年度报告和 2017 年第三季度报告期末固定资产折旧额,2014 年 1 月至 2017 年 9 月累计虚增固定资产折旧 87 394 705.44 元,其中,2014 年虚增固定资产折旧 14 381 330.42 元,2015 年虚增固定资产折旧 18 174 433.94 元,2016 年虚增固定资产折旧 31 336 537.76 元,2017 年 1 月至 9 月虚增固定资产折旧 23 502 403.32 元。上述行为违反了《中华人民共和国证券法》第六十三条中"上市公司依法披露的信息,必须真实、准确、完整,不得有虚假记载"的规定,构成《中华人民共和国证券法》第一百九十三条第一款所述"发行人、上市公司或其他信息披露义务人所披露的信息有虚假记载"的情形。为此,证监会决定对抚顺特钢责令改正,给予警告,并处以 60 万元的罚款。

资料来源:http://www.csrc.gov.cn/pub/zjhpublic/G00306212/202001/t20200113_369603.htm [2021-01-07]

三、存货管理

(一)存货管理的主要控制目标

存货管理的主要控制目标至少应当包括如下九个方面:①各项存货符合国家相关法律、法规;②存货的采购经过适当授权审批;③存货采购的请购依据充分,采购渠道合适;④存货验收手续完备、程序规范;⑤记录的采购成本为实际发生的而非虚构的;⑥采购成本以正确的金额,在恰当的会计期间记录;⑦各项存货的成本核算及时、准确、完整;⑧对存货实施保护措施,保管人员、记录人员与批准人员相互独立;⑨账面存货与实际存货定期核对相符。

(二) 存货管理的业务流程

一般生产企业存货管理的业务流程划分为取得存货、验收入库、仓储保管、领用发出、生产加工、盘点清查和存货处置等阶段。图 5-6 列示了存货管理的基本业务流程。

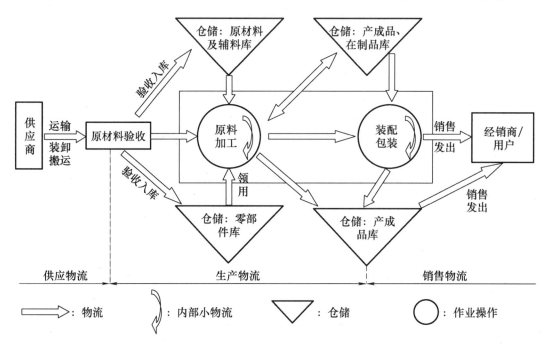

图 5-6 存货管理的基本业务流程

(三) 存货管理的主要风险

围绕存货管理流程的主要业务环节,企业在存货管理制度设计中应识别表 5-10 所示的主要风险。

表 5-10 存货管理的主要风险

业务环节	主要风险
取得存货	① 存货预算编制不科学、采购计划不合理,可能导致存货积压或短缺; ② 其他风险
验收入库	① 验收程序不规范、标准不明确,可能导致数量不准确、以次充好或者账实不符; ② 其他风险
仓储保管	① 存货仓储保管方法不恰当、监管不严密,可能导致损坏变质、价值贬损或资源浪费; ② 其他风险

续表

业务环节	主要风险
领用发出	① 存货领用发出审核不严格、手续不完备，可能导致货物流失； ② 其他风险
生产加工	① 生产计划未得到授权批准或随意变更，成本归集不完整、反映不及时、不真实，从而造成成本错误，可能误导企业产品定价和盈利核算不准确，或者遭受监管部门的处罚等； ② 其他风险
盘点清查	① 存货盘点清查制度不完善、计划不可行，可能导致工作流于形式、无法查清存货的真实状况； ② 其他风险
存货处置	① 存货报废处置责任不明确、审批不到位，可能导致企业利益受损； ② 其他风险

案例 5-10

合信为何从鼎盛步入失败

合信木制品公司（以下简称合信）是一家外资企业。1999—2004 年，合信每年的出口创汇位居全市第三，年销售额达 4 300 万元左右。2005 年以后合信的业绩逐渐下滑，亏损严重。2007 年合信破产倒闭。这样一家中型的企业，从鼎盛到衰败，探究其原因，不排除市场同类产品的价格下降、原材料价格上涨等客观的变化，但内部管理的混乱是其根本的原因。在税务部门的检查中发现：合信产品的成本、费用核算不准确，浪费现象严重，存货的采购、验收入库、领用、保管不规范，归根到底的问题是缺乏一个良好的内部控制制度。具体表现为：①董事长常年在国外，材料的采购由董事长个人掌握，材料到达仓库后，仓库的保管员按实际收到的材料的数量和品种入库，保管员无法掌握实际采购的数量和品种，也没有合同等相关资料。财务的入账不及时，会计自己估价入账，发票在几个月以后甚至有的长达一年以上才回来，发票的数量和实际入库的数量不一致，也不进行核对，造成材料的成本不准确，忽高忽低；②期末由仓库的保管员自己进行盘点，盘点的结果与财务核对不一致的，不去查找原因，也不进行处理，使盘点流于形式；③材料的领用没有建立规范的领用制度，车间工人在生产中对材料随用随领，没有计划，多领不办理退库的手续。生产中的残次料随处可见，浪费现象严重。

资料来源：https://wenku.baidu.com/view/da571418a76e58fafab003b0.html［2021-01-07］

（四）存货管理的关键控制点与控制措施

针对表 5-10 列示的存货管理风险点，企业有货管理的关键控制点包括取得存货、验收入库、仓储保管、领用发出、生产加工、盘点清查、存货处置等环节。表 5-11 列示了存货管理的关键控制点与控制措施。

表 5-11 存货管理的关键控制点与控制措施

关键控制点	控制措施
取得存货	① 生产计划需要经过适当的审批； ② 采购是向合适的供应商询价并确认； ③ 请购单、订货单、验收单与供应商发票核对一致； ④ 其他控制措施
验收入库	① 建立健全的存货验收制度； ② 重视存货验收工作，规范存货验收程序与方法，并做好存货检查验收工作和入库验收工作； ③ 其他控制措施
仓储保管	① 岗位分工控制； ② 出入库手续控制； ③ 贮存控制； ④ 存货保全控制； ⑤ 存货记录控制； ⑥ 其他控制措施
领用发出	① 存货领用审批控制； ② 领用记录控制； ③ 领用手续与销售合同控制； ④ 其他控制措施
生产加工	① 生产应得到适当的授权审批； ② 成本核算方法以经过审批的生产通知单、领发料凭证等为依据； ③ 生产通知单、领发料凭证等需连续编号，并已登记入账； ④ 标准成本的核算方法经过内部审查，成本差异经过合理的分摊； ⑤ 采用适当的成本计算方法，并保持前后一致；若变更，应取得适当的授权； ⑥ 其他控制措施
盘点清查	① 建立健全的存货盘点管理办法，确定盘点周期、盘点流程、盘点方法等相关内容； ② 定期和不定期盘点存货； ③ 其他控制措施

关键控制点	控制措施
存货处置	① 建立健全的处置审批控制制度； ② 建立健全的处置程序控制制度； ③ 其他控制措施

案例 5-11

抚顺特钢虚假存货记录

抚顺特殊钢股份有限公司（以下简称抚顺特钢）位于素有"中国煤都"之称的辽宁省抚顺市。2010 年至 2016 年度、2017 年 1 月至 9 月，抚顺特钢通过伪造、变造原始凭证及记账凭证、修改物供系统、成本核算系统、财务系统数据等方式调整存货中"返回钢"数量和金额，虚增涉案期间各定期报告期末存货。2010 年至 2016 年度、2017 年 1 月至 9 月，抚顺特钢累计虚增存货 1 989 340 046.30 元，其中 2010 年虚增存货 71 002 264.30 元，虚增存货金额占当年报告期末总资产的 1.11%；2011 年虚增存货 487 921 246.00 元，虚增存货金额占当年报告期末总资产的 6.22%；2012 年虚增存货 559 851 922.00 元，虚增存货金额占当年报告期末总资产的 5.56%；2013 年虚增存货 184 446 258.00 元，虚增存货金额占当年报告期末总资产的 1.60%；2014 年虚增存货 185 060 636.00 元，虚增存货金额占当年报告期末总资产的 1.59%；2015 年虚增存货 163 090 290.00 元，虚增存货金额占当年报告期末总资产的 1.26%；2016 年虚增存货 186 675 886.00 元，虚增存货金额占当年报告期末总资产的 1.51%；2017 年 1 月至 9 月虚增存货 151 291 544.00 元，2017 年 1 月至 9 月虚增存货占 2017 年第三季度报告期末总资产的 1.20%。抚顺特钢 2010 年至 2016 年年度报告、2017 年第三季度报告披露的期末存货余额与事实不符，存在虚假记载。

资料来源：http://www.csrc.gov.cn/pub/zjhpublic/G00306212/202001/t20200113_369603.htm [2021-01-07]

四、无形资产管理

（一）无形资产管理的主要控制目标

无形资产管理的主要控制目标至少应当包括如下四个方面：①规范企业无形资产的管理行为，明确职责权限，降低无形资产管理风险；②防止无形资产的流失与盗用，确保无形资产的安全及有效使用，使其满足生产经营活动的需求；③确保有关无形资产的会计记录及其他信息的及时与准确；④提高无形资产的使用效益，最终实现企业经营的战略目标。

（二）无形资产管理的业务流程

无形资产管理的业务流程包括无形资产的取得与验收、使用与保全、处置等环节。图 5-7 列示了无形资产管理的基本业务流程。

（三）无形资产管理的主要风险

无形资产管理的风险主要体现在无形资产缺乏核心技术、权属不清、技术落后、存在重大技术安全隐患，可能导致企业产生法律纠纷、缺乏可持续发展能力等方面。企业设计无形资产管理制度时应识别表 5-12 所示的主要风险。

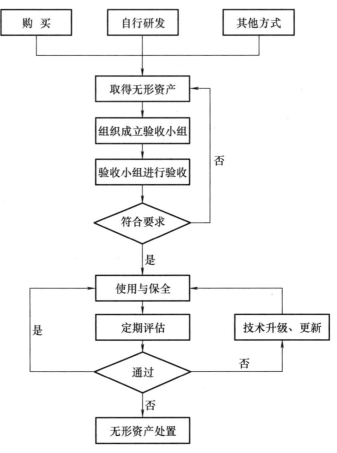

图 5-7　无形资产管理的基本业务流程

表 5-12　无形资产管理的主要风险

业务环节	主要风险
取得与验收	① 未经可行性论证和集体决策，可能导致预算编制缺乏全面、有效的数据和信息支持； ② 未经适当审批或超越授权审批，可能由此产生重大差错、舞弊及欺诈行为，或因资料存档不及时和丢失、遗漏，进而产生损失； ③ 采购申请不符合实际生产经营需要，可能造成资产损失或资源浪费； ④ 自主研发项目未经适当审批或超越授权审批，可能导致研发失败，造成投资损失或资源浪费； ⑤ 取得的无形资产不具有先进性、缺乏技术自主权、估价过高，可能导致企业资源浪费； ⑥ 取得的无形资产权属不清，可能产生法律诉讼纠纷或者经济损失； ⑦ 其他风险

续表

业务环节	主要风险
使用与保全	① 无形资产使用效率低下，效能发挥不到位； ② 缺乏严格的保密制度，进而导致商业机密泄漏； ③ 商标等无形资产疏于管理，导致其他企业侵权，进而损害企业利益； ④ 未及时对无形资产的使用情况进行检查、评估，可能导致无形资产内包含的技术未能及时升级换代，进一步导致企业技术落后或存在重大技术安全隐患； ⑤ 其他风险
处置	① 无形资产处置不规范，职责分工不明确、流程不清晰，对处置业务没有引起足够重视而任意处置无形资产，可能增加处置成本，降低处置效率，造成企业资产损失； ② 转让合同不符合国家法律、法规和公司规章制度的要求，可能引起法律诉讼； ③ 无形资产处置相关的凭证未及时提交财务部门，进而导致账实不符； ④ 其他风险

（四）无形资产管理的关键控制点与控制措施

针对表 5-12 列示的无形资产管理的风险点，企业无形资产管理的关键控制点包括取得与验收、使用与保全和处置等环节。表 5-13 列示了无形资产管理的关键控制点与控制措施。

表 5-13　无形资产管理的关键控制点与控制措施

关键控制点	控制措施
取得与验收	① 预算管理控制； ② 授权审批控制； ③ 采购过程控制； ④ 验收过程控制 ⑤ 其他控制措施
使用与保全	① 保密控制； ② 法律保护控制； ③ 会计控制和记录保护； ④ 定期对专利、专有技术等无形资产的先进性进行评估 ⑤ 其他控制措施
处置	① 建立健全的授权审批控制； ② 建立健全的处置方式控制 ③ 其他控制措施

案例 5-12

员工保密协议成废纸，老干妈配方遭泄露

2016年5月，老干妈公司的工作人员发现本地另一家食品加工企业生产的一款产品与老干妈品牌同款产品相似度极高。该事件引起了老干妈公司的警觉，公司相关人员认为此现象很可能存在重大商业机密的泄露。同年11月，老干妈公司到贵阳市公安局南明分局经侦大队报案，称疑似公司重大商业机密遭到窃取。接到报案后，侦查人员从市场上购买了疑似窃取老干妈商业机密的另一品牌同类产品，将其送往司法鉴定中心，鉴定结果为该产品含有"老干妈牌"同类产品制造技术中不为公众所知悉的技术信息。经查，涉嫌窃取此类技术的企业从未涉足该领域，绝无此研发能力。老干妈公司也从未向任何一家企业或个人转让该类产品的制造技术。由此，可以断定，有人非法披露并使用了老干妈公司的商业机密。

经多方了解和仔细排查，侦查人员将注意力最终锁定到老干妈公司离职人员贾某身上。2003年—2015年4月，贾某历任老干妈公司质量部技术员、工程师等职，掌握老干妈公司专有技术、生产工艺等核心机密信息。2015年11月，贾某以假名做掩护在本地另一家食品加工企业任职，从事质量技术管理相关的工作。随后，办案侦查员在贾某的台式计算机中发现大量涉及老干妈公司商业秘密的内部资料。贾某在任职期间，与老干妈公司签订了"竞业限制与保密协议"，约定贾某在工作期间及离职后需保守公司的商业秘密，且不能从事业务类似及存在直接竞争关系的经营活动。自2015年11月，贾某将在老干妈公司掌握和知悉的商业机密用在另一家食品加工企业的生产经营中。贾某的泄密行为给老干妈公司带来的经济损失高达千万元人民币。

资料来源：https://www.sohu.com/a/140004450_479829［2021-12-31］

第四节　销售业务控制

一、销售业务控制概述

（一）销售业务控制的概念

销售是指企业出售商品（或提供劳务）及收取款项等相关活动，大致可划分为预收货款销售、赊销和现款销售三种类型。销售业务控制是为了促进企业销售稳定增长、扩大市场份额、规范销售行为和防范销售风险而采取的一系列措施及制定的制度。

（二）销售业务的主要控制目标

销售业务的主要控制目标至少应当包括如下五个方面：①确保合同订立的合理性和有效性；②确保发货装运的准确性和时效性；③确保销售收入的真实性和完整性；④确保销售折扣的适度性与适宜性；⑤确保货款回收的安全性和及时性。

二、销售业务流程

一般而言，销售业务流程主要由销售计划管理与销售合同订立、组织发货与装运和收款三大部分，并进一步细化为制订销售业务计划、市场开拓与开展信用管理、接受客户订单、

销售定价、销售谈判与订立销售合同、组织发货等。

图 5-8 所示为销售业务的基本流程。

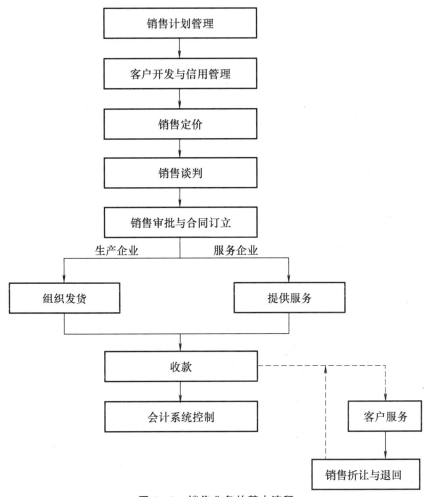

图 5-8 销售业务的基本流程

三、销售业务的主要风险

根据《企业内部控制应用指引第 9 号——销售业务》的要求,企业销售业务至少应当关注下列风险:①销售政策和策略不当,市场预测不准确,销售渠道管理不当等,可能导致销售不畅、库存积压、经营难以为继;②客户信用管理不到位,结算方式选择不当,账款回收不力等,可能导致销售款项不能收回或遭受欺诈;③销售过程存在舞弊行为,可能导致企业利益受损。因此,企业在销售业务内部控制设计时应识别表 5-14 所示的主要风险。

表 5-14 销售业务的主要风险

业务环节	主要风险
销售计划管理	① 销售计划缺乏或不合理,或未经授权审批,导致产品结构和生产安排不合理,难以实现企业生产经营的良性循环; ② 其他风险

续表

业务环节	主要风险
客户开发与信用管理	① 现有客户管理不足、潜在市场需求开发不够,可能导致客户丢失或市场拓展不利; ② 客户档案不健全,缺乏合理的资信评估,可能导致客户选择不当,销售款项不能收回或遭受欺诈,从而影响企业的资金流转和正常运营; ③ 其他风险
销售定价	① 定价或调价不符合价格政策,未能结合市场供需状况、盈利测算等进行适时调整,造成价格过高或过低、销售受损; ② 商品销售价格未经恰当审批或存在舞弊,可能导致损害企业经济利益或者企业形象; ③ 其他风险
订立销售合同	① 合同内容存在重大疏漏和欺诈,未经授权对外订立销售合同,可能导致企业合法权益受到侵害; ② 销售价格、收款期限等违背企业销售政策,可能导致企业经济利益受损; ③ 其他风险
发货	① 未经授权发货或发货不符合合同约定,可能导致货物损失或客户与企业的销售争议、销售款项不能收回; ② 其他风险
收款	① 企业信用管理不到位,结算方式选择不当,票据管理不善,账款回收不力,导致销售款项不能收回或遭受欺诈; ② 收款过程中存在舞弊,使企业经济利益受损; ③ 其他风险
客户服务	① 客户服务水平低,消费者满意度不足,影响公司品牌形象,造成客户流失; ② 其他风险
会计系统控制	① 缺乏有效的销售业务会计系统控制,可能导致企业账实不符、账证不符、账账不符或者账表不符,影响销售收入、销售成本、应收款项等会计核算的真实性和可靠性; ② 其他风险

案例 5-13

资信评估失误,销售回款出现问题

2004 年 11 月,山东华远公司接到广东惠达公司的认购货物通知,由于贸易涉及的总金额高达 200 万元,华远公司的管理者及整个决策层对此事十分重视,先后与惠达公司的代表多次洽谈，商讨合同的具体细则和以后的合作意向。在双方的洽谈中，惠达公司的代表提出，由于惠达公司的决策层认为距离货物销售的旺季尚早，提出前期购买小批量的货物来试探市场走向，一旦该货物市场反映良好，惠达公司将按上述金额大批量购买。惠达公司的代表向华远公司提出先期购买价值为 30 万元的货物，要求华远公司能够给予 30 天的赊销期。华远公司的决策层经过商谈，认为双方的合作前景良好，同时又能够给公司带来相当大的利润，于是同意了惠达公司的要求，签署了售货合同。1 个月后，华远公司开始向惠达公司催款，但惠达公司称华远公司的货物在市场上反馈不佳，购买华远公司的货物积压十分严重，并向华远公司提出该货物的质量与合同规定不符等理由，以此为借口要求降低还款金额。华远公司先后派人前往惠达公司商谈还款事宜，发现惠达公司以往的货物积压十分严重，员工士气低落，情况不佳。通过专业机构得出的分析结果来看，该公司财务十分混乱，其原供货商早在 3 个月前已取消了授予的信用限额，并正在追讨欠款。该公司根本没有能力偿还 30 万元的货款。

资料来源：https://www.doc88.com/p-0877885817080.html [2021-01-07].

四、销售业务的关键控制点及控制措施

销售业务的关键控制点包括销售计划管理、客户开发与信用管理、销售定价、订立销售合同、发货、收款、客户服务和会计系统控制等环节。表 5-15 列示了销售业务的关键控制点与控制措施。

表 5-15　销售业务的关键控制点与控制措施

关键控制点	控制措施
销售计划管理	① 根据企业发展战略、实际情况和年度生产经营计划，制订年度销售计划和月度销售计划，并按规定的权限和程序审批下达； ② 定期对各产品（商品）的区域销售额、进销差价、销售计划和实际销售情况等进行分析，结合生产现状，及时调整销售计划； ③ 其他控制措施
客户开发与信用管理	① 企业应当在进行充分市场调查的基础上，合理细分市场并确定目标市场，根据不同目标群体的具体需求，确定定价机制和信用方式，灵活运用销售折扣、销售折让、信用销售、代销和广告宣传等多种策略和营销方式，促进销售目标实现，不断提高市场占有率； ② 建立和不断更新维护客户信用档案； ③ 其他控制措施
销售定价	① 综合考虑企业财务目标、营销目标、产品成本、市场状况及竞争对手情况等因素，确定产品基准定价； ② 在执行基准定价的基础上，针对某些商品可以授予销售部门一定限度的价格浮动权，销售部门可结合产品市场特点，针对价格浮动向下实际逐级递减分配，同时明确权限执行人； ③ 销售折扣、销售折让等政策的制定应由具有相应权限的人员来审核批准； ④ 其他控制措施

续表

关键控制点	控制措施
订立销售合同	① 订立销售合同前，企业应当指定专门人员与客户进行业务洽谈、磋商或谈判，关注客户信用状况，明确销售定价、结算方式、权利与义务条款等相关内容； ② 企业应当建立健全销售合同订立及审批管理制度，明确必须签订合同的范围，规范合同订立程序，确定具体的审核、审批程序和所涉及的部门人员及相应权责； ③ 销售合同草案经审批同意后，企业应授权有关人员与客户签订正式销售合同； ④ 其他控制措施
发货	① 销售部门应当按照经审核后的销售合同开具相关的销售通知，交仓储部门和财会部门； ② 仓储部门应当落实出库、计量、运输等环节的岗位责任，对销售通知进行审核，严格按照所列的发货品种和规格、发货数量、发货时间、发货方式、接货地点等，按规定时间组织发货，形成相应的发货单据，并应连续编号； ③ 应当以运输合同或条款等形式明确运输方式、商品短缺、毁损或变质的责任、到货验收方式、运输费用承担、保险等内容，货物交接环节应做好装卸和检验工作，确保货物的安全发运，由客户验收确认； ④ 应当做好发货各环节的记录，填制相应的凭证，设置销售台账，实现全过程的销售登记制度； ⑤ 其他控制措施
收款	① 结合公司销售政策，选择恰当的结算方式，加快款项回收，提高资金的使用效率。对于商业票据，结合销售政策和信用政策，明确应收票据的受理范围和管理措施； ② 建立票据管理制度，特别是加强商业汇票的管理； ③ 加强赊销管理； ④ 加强代销业务款项的管理，及时与代销商结算款项； ⑤ 收取的现金、银行本票、汇票等应及时缴存银行并登记入账； ⑥ 其他控制措施
客户服务	① 结合竞争对手客户服务水平，建立和完善客户服务制度； ② 设专人或部门进行客户服务和跟踪； ③ 建立产品质量管理制度； ④ 做好客户回访工作，建立客户投诉制度； ⑤ 加强销售退回控制； ⑥ 其他控制措施

续表

关键控制点	控制措施
会计系统控制	① 企业应当加强对销售、发货、收款业务的会计系统控制，详细记录销售客户、销售合同、销售通知、发运凭证、商业票据、款项收回等情况，确保会计记录、销售记录与仓储记录核对一致； ② 建立应收账款清收核查制度，销售部门应定期与客户对账，并取得书面对账凭证，财会部门负责办理资金结算并监督款项回收； ③ 及时收集应收账款相关凭证资料并妥善保管及时要求客户提供担保；对未按时还款的客户采取申请支付令、申请诉前保全和起诉等方式及时清收欠款；对收回的非货币性资产应经评估和恰当审批； ④ 建立健全应收账款管理制度； ⑤ 其他控制措施

案例 5-14

亚马逊失败的价格试验

亚马逊创立于 1994 年，并于 1997 年 5 月公开上市。2000 年，亚马逊已经成为互联网上最大的图书、唱片和影视碟片的零售商。亚马逊的业务在快速扩张的同时，亏损额却在不断增加。2000 年前两个季度持续亏损，股价也在下跌。亚马逊迫切需要实现盈利，而最可靠的盈利项目是它经营最久的图书、音乐唱片和影视碟片。亚马逊在 2000 年 9 月中旬开始了著名的差别定价实验。亚马逊选择了 68 种 DVD 碟片进行动态定价试验，亚马逊根据潜在客户的人口统计资料、在亚马逊的购物历史、上网行为以及上网使用的软件系统确定对这 68 种碟片的报价水平。例如，名为《泰特斯》（Titus）的碟片对新顾客的报价为 22.74 美元，而对那些对该碟片表现出兴趣的老顾客的报价则为 26.24 美元。通过这一定价策略，部分顾客付出了比其他顾客更高的价格，亚马逊因此提高了销售的毛利率。但是好景不长，这一差别定价策略实施不到一个月，就有细心的消费者发现了这一秘密，成百上千的 DVD 消费者知道了此事，那些付出高价的顾客当然怨声载道，纷纷在网上以激烈的言辞对亚马逊的做法进行声讨，有人甚至公开表示以后绝不会在亚马逊购买任何东西。更不巧的是，由于亚马逊前不久才公布了它对消费者在网站上的购物习惯和行为进行了跟踪和记录。因此，这次事件曝光后，消费者和媒体开始怀疑亚马逊是否利用其收集的消费者资料作为其价格调整的依据，这样的猜测让亚马逊的价格事件与敏感的网络隐私问题联系在了一起。为挽回日益凸显的不利影响，亚马逊的首席执行官贝佐斯只好亲自出马做危机公关，他指出亚马逊的价格调整是随机进行的，与消费者是谁没有关系，价格试验的目的仅仅是为测试消费者对不同折扣的反应，亚马逊无论是过去、现在或未来，都不会利用消费者的个人资料进行动态定价。贝佐斯向消费者公开表示了道歉。亚马逊答应给所有在价格测试期间购买这 68 部 DVD 的消费者以最大的折扣。据不完全统计，至少有 6 896 名没有以最低折扣价购得 DVD 的顾客，获得了亚马逊退还的差价。至此，亚马逊价格试验以完全失败而告终。亚马逊不仅在经济上蒙受了损失，而且声誉也受到了严重的损害。

资料来源：https://www.doc88.com/p-0877885817080.html [2021-01-07]

第五节 研究与开发控制

一、研究与开发控制概述

（一）研究与开发控制的概念

研究与开发是指企业为获取新产品、新技术、新工艺等所开展的各种研发活动。研究与开发控制是指为促进企业自主创新、增强核心竞争力和有效控制研发风险，而制定的一系列相互促进、相互制约的内部监控制度。

（二）研究与开发的主要控制目标

研究与开发的主要控制目标至少应当包括如下三个方面：①规范流程管理，提高研发成功率；②合理控制研发周期；③加强成果转化，提高产品经济效益。

二、研究与开发的业务流程

研究与开发主要涉及立项、研发过程管理、结题验收、研究成果开发、研究成果保护和评估与改进等环节，其业务流程如图5-9所示。

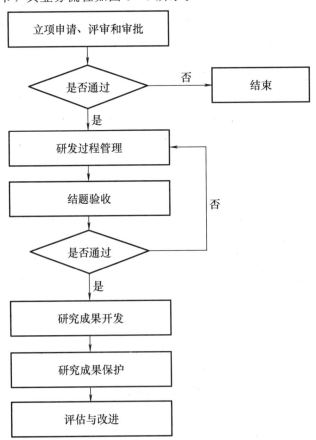

图5-9 研究与开发的业务流程

三、研究与开发业务的主要风险

根据《企业内部控制应用指引第 10 号——研究与开发》的要求,企业研究与开发业务至少应当关注下列风险:①研究项目未经科学论证或论证不充分,可能导致创新不足或资源浪费;②研发人员配备不合理或研发过程管理不善,可能导致研发成本过高、舞弊或研发失败;③研究成果转化应用不足、保护措施不力,可能导致企业利益受损。因此,企业在研究与开发业务活动中应识别表 5-16 所示的主要风险。

表 5-16 研究与开发的主要风险

业务环节	主要风险
立项	① 研发计划与国家(或企业)科技发展战略不匹配,研发承办单位或专题负责人不具有相应资质,研究项目未经科学论证或论证不充分,评审和审批环节把关不严,可能导致创新不足或资源浪费; ② 其他风险
研发过程管理	① 自主研发的主要风险包括:第一,研究人员配备不合理,导致研发成本过高、舞弊或研发失败;第二,研发过程管理不善,费用失控或科技收入形成账外资产,影响研发效率,提高研发成本甚至造成资产流失;第三,多个项目同时进行时,相互争夺资源,出现资源的短期局部缺乏,可能造成研发效率下降;第四,研究过程中未能及时发现错误,导致修正成本提高;第五,科研合同管理不善,导致权属不清,知识产权存在争议; ② 委托(合作)研发的主要风险包括:委托(合作)单位选择不当,知识产权界合作形式进行研究或开发。合作研发风险还包括与合作单位沟通障碍、合作方案设计不合理、权责利不能合理分配、资源整合不当等; ③ 其他风险
结题验收	① 由于验收人员的技术、能力等造成验收成果与事实不符; ② 测试与鉴定投入不足,导致测试与鉴定的不充分,不能有效地降低技术失败的风险; ③ 其他风险
研究成果开发	① 研究成果转化应用不足,导致资源闲置; ② 新产品未经充分测试,导致大批量产品生产不成熟或成本过高; ③ 营销策略与市场需求不符,导致营销失败; ④ 其他风险
研究成果保护	① 未能有效识别和保护知识产权,权属未能得到明确规范,开发出的新技术或产品被限制使用; ② 核心研究人员缺乏管理激励制度,导致形成新的竞争对手或技术秘密外泄; ③ 其他风险

四、研究与开发业务的关键控制点及控制措施

研究与开发业务的关键控制点包括立项、研发过程管理、结题验收、研究成果开发和研究成果保护等环节。表 5-17 列示了研究与开发业务的关键控制点与控制措施。

表 5-17　研究与开发业务的关键控制点与控制措施

关键控制点	控制措施
立项	① 建立完善的立项、审批制度，确定研究开发计划制订的原则和审批人，审查承办单位或专题负责人的资质条件和评估、审批流程等； ② 结合企业发展战略、市场及技术现状，制订研究项目开发计划； ③ 企业应当根据实际需要，结合研发计划，提出研究项目立项申请，开展可行性研究，编制可行性研究报告； ④ 研究项目应当按照规定的权限和程序进行审批，重大研究项目应当报经董事会或类似权力机构集体审议决策； ⑤ 制订开题计划和报告，开题计划经科研管理部门负责人审批，开题报告应对市场需求与效益、国内外在该方向的研究现状、主要技术路线、研究开发目标与进度、已有条件与基础、经费等进行充分论证、分析，保证项目符合企业需求； ⑥ 其他控制措施
研发过程管理	自主研发的主要控制措施： ① 建立研发项目管理制度和技术标准，建立信息反馈制度和研发项目重大事项报告制度；严格落实岗位责任制； ② 合理设计项目实施进度计划和组织结构，跟踪项目进展，建立良好的工作机制，保证项目顺利实施； ③ 精确预计工作量和所需资源，提高资源使用效率； ④ 建立科技开发费用报销制度，明确费用支付标准及审批权限，遵循不相容岗位牵制原则，完善科技经费入账管理程序，按项目正确划分资本性支出和费用性支出，准确开展会计核算，建立科技收入管理制度； ⑤ 开展项目中期评审，及时纠偏调整；优化研发项目管理的任务分配方式； ⑥ 其他控制措施 委托（合作）研发的主要控制措施： ① 加强委托（合作）研发单位资信、专业能力等方面的管理； ② 委托研发应采用招标、议标等方式确定受托单位，制定规范详尽的研发合同，明确产权归属、研究进度和质量标准等相关内容； ③ 合作研发应对合作单位进行尽职调查，签订书面合作研究合同，明确双方投资、权利义务、研究成果产权归属等； ④ 加强项目的管理监督，严格控制项目费用，防止资金被挪用、侵占等； ⑤ 根据项目进展情况、国内外技术最新发展趋势和市场需求变化情况，对项目的目标、内容、进度、资金进行适当调整； ⑥ 其他控制措施

续表

关键控制点	控制措施
结题验收	① 建立健全的技术验收制度,严格执行测试程序; ② 对验收过程中发现的异常情况应重新进行验收申请或补充进行研发,直至研发项目达到研发标准为止; ③ 落实技术主管部门的验收责任,由独立的、具备专业知识并有胜任能力的测试人员进行鉴定试验,并按计划进行正式的、系统的、严格的评审; ④ 加大企业在测试和鉴定阶段的投入,对重要的研究项目可以组织外部专家参加鉴定; ⑤ 其他控制措施
研究成果开发	① 建立健全的研究成果开发制度,促进成果及时有效转化; ② 科学鉴定大批量生产的技术成熟度,力求降低产品成本; ③ 坚持开展以市场为导向的新产品开发及消费者测试; ④ 建立研发项目档案,推进有关信息资源的共享和应用; ⑤ 其他控制措施
研究成果保护	① 进行知识产权评审,及时取得权属; ② 研发完成后确定采取专利或技术秘密等多种不同保护的方式; ③ 利用专利文献选择较好的工艺路线; ④ 建立研究成果保护制度,加强对专利权、非专利技术,以及研发过程中形成的各类涉密图纸、程序、资料的管理,严格按照制度规定借阅和使用;禁止无关人员接触研究成果; ⑤ 建立严格的核心研究人员管理制度,明确界定核心研究人员的范围和名册清单,并与之签署保密协议; ⑥ 企业与核心研究人员签订劳动合同时,应当特别约定研究成果归属、离职条件、离职移交程序、离职后保密义务、离职后竞业限制年限及违约责任等内容; ⑦ 实施合理有效的研发绩效管理,制定科学的核心研发人员激励体系,注重长效激励; ⑧ 其他控制措施

案例 5-15

福特的 Edsel 车型

福特公司的 Edsel 车型于 1957 年 9 月推出,是福特公司打进中价位市场的车种,因为一般公司都于 10 月或 11 月报出次年的新车型,这使得福特公司较其他公司拥有先机。福特公司的总裁当时为 Edsel 设定的新年目标是:占有汽车市场的 3.3%~3.5%。

这只是保守的估计，他们预计结果会更好。为此，福特公司花费了 2.5 亿美元的投资，并在广告和促销上花费了 5 000 万美元，对这一巨大的冒险行动寄予厚望。最终，Edsel 于 1957 年 9 月 4 日推出，首日接获 6 500 份订单，算是差强人意，但接下来的几天，销售情况却急剧下降。10 月 13 日，星期天晚上，福特公司在电视上推出了大量的广告，但情况仍不见好转。直至 1958 年 1 月，Edsel 系列新车型面世，销售才稍有转机。1959 年 9 月中旬，虽然福特公司推出了 Edsel 第三个系列产品，却没有造成任何影响。1959 年 11 月 19 日，Edsel 被迫停止生产，正式谢幕。福特公司 Edsel 计划失败的原因很多，其中一个原因是由外界因素造成的。Edsel 的推出是在 20 世纪 50 年代末，也正是经济呈现衰落之时。在福特公司酝酿推出 Edsel 时，中价位市场正被看好，但最终问世之时，这个市场已经失利。

资料来源：http：//blog.sina.com.cn/s/blog_4cee82c10102v66y.html［2021-01-07］.

第六节 工程项目控制

一、工程项目控制概述

（一）工程项目控制的概念

工程项目是指企业自行或者委托其他单位所进行的建造、安装工程。它以建筑物或者构筑物为目标产出物，需要支付一定的费用、按照一定的程序、在一定时间内完成，且应符合质量要求。工程项目控制是指为加强工程项目管理、提高工程质量、保证工程进度、控制工程成本及防范商业贿赂等，而制定的一系列内部监控制度。

（二）工程项目的主要控制目标

工程项目的主要控制目标至少应当包括如下三个方面：①防范工程项目管理中的差错与舞弊，提高资金使用效率；②防范故意拖延或不合理地缩短工期，确保工期按时竣工；③确保工程造价科学合理。

二、工程项目业务流程

工程项目业务流程可划分为工程项目立项、工程项目设计与概预算、工程项目招投标、工程项目建设和工程项目竣工验收五个主要环节，每个环节可细化为具体业务活动。图 5-10 列示了工程项目的基本业务流程。

三、工程项目的主要风险

根据《企业内部控制应用指引第 11 号——工程项目》的要求，企业工程项目至少应当关注下列风险：①立项缺乏可行性研究或者可行性研究流于形式，决策不当，盲目上马，可能导致难以实现预期效益或项目失败；②项目招标暗箱操作，存在商业贿赂，可能导致中标人实质上难以承担工程项目、中标价格失实及相关人员涉案；③工程造价信息不对称，技术方案不落实，概预算脱离实际，可能导致项目投资失控；④工程物资质次价高，工程监理不到位，项目资金不落实，可能导致工程质量低劣，进度延迟或中断；⑤竣工验收不规范，最终把关不严，可能导致工程交付使用后存在重大隐患。因此，企业在工程项目中应识别表5-18所示的主要风险。

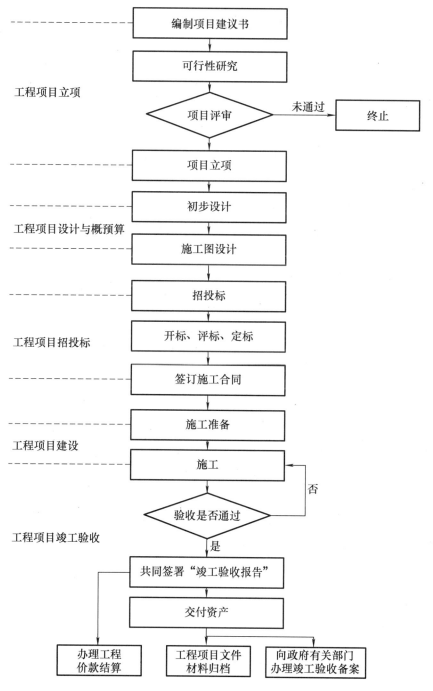

图5-10 工程项目的基本业务流程

表 5-18　工程项目的主要风险

业务环节	主要风险
工程项目立项	① 工程项目建议书内容不合规、不完整，项目性质及用途模糊，拟建规模及标准不明确，项目投资估算和进度安排不协调； ② 工程项目缺乏可行性研究、可行性研究流于形式或可行性研究的深度达不到质量标准和实际要求，可能导致无法为项目决策提供充分、可靠的依据，决策不当、盲目上马、预期效益难以实现，甚至项目失败； ③ 工程项目评审流于形式、误导项目决策；权限配置不合理，决策程序不规范导致决策失误，给企业带来巨大损失； ④ 工程项目决策失误，可能造成企业资产损失或资源浪费；项目未经适当审批或超越授权审批，可能产生重大差错、舞弊或欺诈行为，从而使企业遭受资产损失； ⑤ 其他风险
工程项目设计与概预算	① 在初步设计阶段表现为设计企业未达到相关资质要求，初步设计未进行多方案比较选择，初步设计出现较大疏漏，设计方案不合理，设计深度不足，导致工程质量存在隐患、投资失控及投产后运行成本过高等； ② 在施工图设计阶段表现为工程造价信息不对称、概预算脱离实际、技术方案未能有效落实、设计标准引用不当、设计错误或存在缺陷、设计变更频繁等，可能导致工程项目的质量风险和投资风险扩大； ③ 其他风险
工程项目招标	① 招标人未做到公平、合理，如任意分解工程项目致使招标项目不完整，或逃避公开招标；招标人为指定单位设置资格条件、评标规则等，从而可能导致中标价格失实，中标人实质上难以承担工程项目； ② 投标人与招标人串通，存在暗箱操作或商业贿赂等舞弊行为；投标人与投标人私下合作围标，以抬高价格或确保中标；投标人资质条件不符合要求或挂靠、冒用他人名义投标等，导致工程质量难以保证； ③ 开标不公开、不透明，损害投标人利益；评标委员会成员缺乏专业水平，或者招标人向评标委员会施加影响，使评标流于形式；评标委员会与投标人串通作弊，损害招标人利益； ④ 其他风险
工程项目建设	① 任意压缩工期、盲目赶进度，可能导致工程质量低劣、费用增加； ② 质量、安全监管不到位带来的质量隐患，现场控制不当、项目变更审核不严格、工程变更频繁导致的费用超支、工期延误等风险； ③ 工程物资采购、收发、保管、记录不完整以及材料质次价高引起的成本风险； ④ 监理人员不具备职业道德，素质低，工程监理不到位； ⑤ 工程价款结算管理不严格，价款结算不及时，项目资金不落实、使用管理混乱，可能导致工程质量低劣、进度延迟或中断； ⑥ 其他风险

业务环节	主要风险
工程项目竣工验收	① 竣工验收不规范，最终质量检验把关不严，可能导致工程交付使用后存在重大隐患； ② 虚报项目投资完成额、虚列建设成本或者隐匿结余资金，竣工资料未按规定审批，验收不及时； ③ 竣工验收权责不明，验收资料不合格、不齐全或失真； ④ 工程达到预定可使用状态后，未及时进行评估、结转； ⑤ 其他风险

四、工程项目的关键控制点及控制措施

工程项目的关键控制点包括工程项目立项、工程项目设计与概预算、工程项目招标、工程项目建设和工程项目竣工验收等环节。表 5-19 列示了工程项目关键控制点与控制措施。

表 5-19　研究与开发业务的关键控制点与控制措施

关键控制点	控制措施
工程项目立项	① 企业应当建立工程项目决策环节的控制制度，对项目建议书和可行性研究报告的编制、项目决策程序等做出明确规定，确保项目决策科学、合理； ② 企业应当根据职责分工和审批权限对工程项目进行决策，决策过程应有完整的书面记录； ③ 企业应当在工程项目立项后、正式施工前，依法取得建设用地、城市规划、环境保护、安全、施工等方面的许可； ④ 其他控制措施
工程项目设计与概预算	① 企业应当建立相应的设计企业的选择程序和标准； ② 企业应当加强对工程项目设计过程的控制； ③ 企业应当建立工程项目概预算环节的控制制度，对概预算的编制、审核等做出明确的规定； ④ 其他控制措施
工程项目招标	① 企业应当建立工程招投标管理办法，根据项目的性质和标的金额，明确招标范围和要求，规范招标程序，不得人为肢解工程项目，规避招标； ② 企业应当根据项目特点决定是否编制标底； ③ 企业应当组建评标小组负责评标； ④ 企业应当按照规定的权限和程序从中标候选人中确定中标人，及时向中标人发出中标通知书，在规定的期限内与中标人订立书面合同，明确双方的权利、义务和违约责任； ⑤ 其他控制措施

续表

关键控制点	控制措施
工程项目建设	① 企业应当实行严格的工程监理制度； ② 企业应当建立工程进度价款支付环节的控制制度，对价款支付的条件、方式及会计核算程序做出明确规定，准确掌握工程进度，根据合同约定，及时正确地支付工程款； ③ 对于自行建造的工程项目及以包工不包料方式委托其他企业承担的工程项目，企业应当建立与工程物资采购、验收和付款相关的控制程序；由承包单位采购工程物资的，企业应当加强监督，确保工程物资采购符合设计标准和合同要求； ④ 企业应当严格控制项目变更，对于必要的项目变更应经过相关部门或中介机构（如工程监理、财务监理等）的审核； ⑤ 企业应当加强对工程项目资金筹集与运用、物资采购与使用、财产清理与变现等业务的会计核算，真实完整地反映工程项目成本费用发生情况、资金流入流出情况及财产物资的增减变动情况； ⑥ 其他控制措施
工程项目竣工验收	① 企业应当建立竣工决算环节的控制制度，对竣工清理、竣工决算、决算审计、竣工验收等做出明确规定，确保竣工决算真实、完整、及时； ② 企业应当依据国家法律、法规的规定及时组织审核竣工决算，重点审查决算依据是否完备，相关文件资料是否齐全，竣工清理是否完成，决算编制是否正确； ③ 企业应当建立竣工决算审计制度，及时组织竣工决算审计； ④ 企业应当及时组织设计、施工、监理等有关单位对工程项目进行竣工验收，确保工程质量符合设计要求； ⑤ 企业应当建立工程项目后评估制度； ⑥ 其他控制措施

案例 5-16

优良工程真的"优良"吗？

"万里长江，险在荆江，荆江之险，又在洪湖。"中华人民共和国成立以来，中央和地方对长江干堤的建设投入了大量的资金，其中，1997—2000 年，国家通过长江水利委员会界牌河段综合治理护岸工程代表处（以下简称长委代表处）共安排了 3 680 万元的国债资金给洪湖。而办理河工这件大事，却被某些人视为"吃石头"的肥差。1999 年 2 月，杨某与湖北省水利水电工程咨询中心洪湖长江干堤加固工程监理处（以下简称监理处）总监魏某签订了监理合同。魏某指示该监理处监理工程师许某负责此项监理工作。但监理处对此未做任何监理记录。许某不仅不勘测核查，还于 2000 年 3 月直接在洪湖分局工程技术科科长王某提供的工程量清单和水下抛石单元工程质量评定表签字盖章，并由监理处出具了虚假监理报告。事后，魏某收受工程公司监理费2万元，并存入个人储蓄账户。1999年12月26日，杨某与洪湖分局所属单位洪湖市长江河道工程有限公司（以下简称工程公司）签订了洪湖市界牌河段整治水下抛石施工合同，由工程公司负责抛石施工，工程造价269.99万元，其中购买石料206.4万元。但实际上，审计人员发现，工程公司未参加该工程的施工与管理，该工程纯系虚假工程，签订施工合同纯粹是掩人耳目。

资料来源：http://www.tianyangtax.com/article/440 [2021-01-07]

第七节　担保业务控制

一、担保业务控制概述

（一）担保业务控制的概念

担保，是指企业作为担保人，按照公平、自愿、互利的原则与债权人约定，当债务人不履行债务时，依照法律规定和合同协议承担相应法律责任的行为。担保业务控制是指企业制定和完善相应的制度，采取一定的措施，加强企业担保业务管理，防范担保业务风险。

（二）担保业务的主要控制目标

担保业务的主要控制目标至少应当包括如下四个方面：①切实保证担保业务的合法合规；②有效降低担保业务的违约风险；③提高担保业务的收益性；④积极配合企业的生产经营。

二、担保业务的业务流程

企业担保业务的业务流程，一般包括受理申请、调查评估、审批、签订担保合同、日常监控以及代为清偿与权利追索等环节。具体而言，一是担保申请人提出担保申请；二是担保人对担保项目和被担保人的资信状况进行调查，对担保业务进行风险评估；三是担保人根据调查评估结果，结合本企业的担保政策和授权审批制度，对担保业务进行审批，重大担保业务应提交董事会或类似权力机构批准；四是担保人依据既定权限和程序，与被担保人签订担保合同；五是担保人切实加强对担保合同的日常管理，对被担保人的经营情况、财务状况和担保项目的执行情况等进行跟踪监控；六是如果被担保人不能如期偿债，担保人应履行代为清偿义务并向被担保人追偿债务；同时，应当按照本企业担保业务责任追究制度，严格追究有关人员的责任。图5-11列示了担保业务的基本流程。

三、担保业务的主要风险

根据《企业内部控制应用指引第12号——担保业务》的要求，企业担保业务至少应当关注下列风险：①对担保申请人的资信状况调查不深、审批不严或越权审批，可能导致企业担保决策失误或遭受欺诈；②对被担保人出现财务困难或经营陷入困境等状况监控不力，应对措施不当，可能导致企业承担法律责任；③担保过程中存在舞弊行为，可能导致经办审批等相关人员涉案或企业利益受损。因此，企业在担保业务中应识别表5-20所示的主要风险。

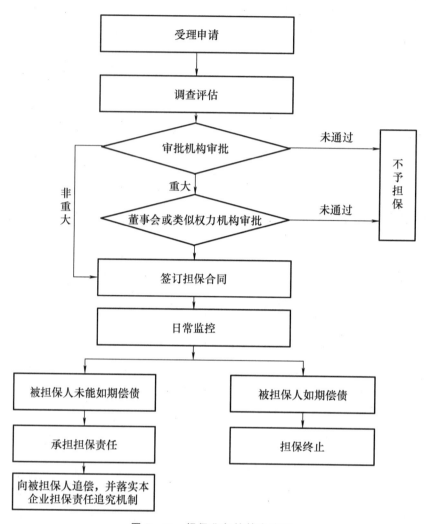

图 5-11 担保业务的基本流程

表 5-20 担保业务的主要风险

业务环节	主要风险
受理申请	① 企业担保政策和相关管理制度不健全，导致难以对担保申请人提出的担保申请进行初步评价和审核； ② 虽然建立了担保政策和相关管理制度，但对担保申请人提出的担保申请审查把关不严，导致申请受理流于形式； ③ 其他风险
调查评估	① 对担保申请人的资信调查不深入、不透彻，对担保项目的风险评估不全面、不科学，导致企业担保决策失误或遭受欺诈，为担保业务埋下巨大隐患； ② 其他风险

续表

业务环节	主要风险
审批	① 授权审批制度不健全，导致对担保业务的审批不规范； ② 审批不严格或者越权审批导致担保决策出现重大疏漏，可能引发严重后果； ③ 审批过程存在舞弊行为，可能导致经办审批等相关人员涉案或企业利益受损； ④ 其他风险
签订担保合同	① 未经授权对外订立担保合同，或者担保合同内容存在重大疏漏和欺诈，可能导致企业诉讼失败、权利追索被动、经济利益和形象信誉受损； ② 其他风险
日常监控	① 重合同签订，轻后续管理，对担保合同履行情况疏于监控或监控不当，导致企业不能及时发现并妥善应对被担保人的异常情况，可能延误处置时机，加剧担保风险，加重经济损失； ② 其他风险
代为清偿与权利追索	① 违背担保合同约定，不履行代为清偿义务，可能被银行等债权人诉诸法律成为连带被告，影响企业的形象和声誉； ② 承担代为清偿义务后向被担保人追索权利不力，可能造成较大经济损失； ③ 其他风险

四、担保业务的关键控制点及控制措施

担保业务的关键控制点包括受理申请、调查和评估、审批、签订担保合同、日常监控及代为清偿与权利追索等环节。表 5-21 列示了担保业务的关键控制点及控制措施。

表 5-21　担保业务的关键控制点与控制措施

关键控制点	控制措施
受理申请	① 依法制定和完善本企业的担保政策和相关管理制度，明确担保的对象、范围、方式、条件、程序、担保限额和禁止担保的事项； ② 严格按照担保政策和相关管理制度对担保申请人提出的担保申请进行审核； ③ 其他控制措施
调查和评估	① 委派具备胜任能力的专业人员开展调查和评估； ② 对担保申请人的资信状况和有关情况进行全面客观的调查评估； ③ 对担保项目的经营前景和盈利能力进行合理预测； ④ 划定不予担保的"红线"，并结合调查评估情况做出判断； ⑤ 形成书面评估报告，全面反映调查评估情况，为担保决策提供第一手资料； ⑥ 其他控制措施

续表

关键控制点	控制措施
审批	① 建立和完善担保授权审批制度，明确授权批准的方式、权限、程序、责任和相关控制措施，规定各层级人员应当在授权范围内进行审批，不得超越权限审批； ② 建立和完善重大担保业务的集体决策审批制度； ③ 认真审查对担保申请人的调查评估报告； ④ 从严办理担保变更审批； ⑤ 其他控制措施
签订担保合同	① 严格按照经审核批准的担保业务订立担保合同； ② 认真审核合同条款； ③ 实行担保合同会审联签； ④ 加强对有关身份证明和印章的管理； ⑤ 规范担保合同记录、传递和保管，确保担保合同运转轨迹清晰完整、有案可查； ⑥ 其他控制措施
日常监控	① 指定专人定期监测被担保人的经营情况和财务状况，对被担保人进行跟踪和监督； ② 及时报告被担保人的异常情况和重要信息； ③ 其他控制措施
代为清偿与权利追索	① 强化法治意识和责任观念，在被担保人确实无力偿付债务或履行相关合同义务时，自觉按照担保合同承担代偿义务，维护企业诚实守信的市场形象； ② 运用法律武器向被担保人追索赔偿权利； ③ 启动担保业务后评估工作，严格落实担保业务责任追究制度； ④ 其他控制措施

 案例 5-17

新疆屯河担保违规

新疆屯河于 2002 年 6 月将持有的金新信托投资股份有限公司 24.93% 的股权质押给中国民生银行，为三维矿业在中国民生银行的 1 亿元贷款提供担保，期限 3 年，自 2002 年 6 月至 2005 年 6 月。截至 2003 年 12 月 31 日，上述股权账面价值为 228 764 395.82 元。新疆屯河于 2003 年 12 月将持有的新世纪金融租赁有限公司 20.50% 的股权质押给宁夏银川市商业银行，与多家单位共同为伊斯兰国际信托公司在宁夏银川市商业银行 6 亿元授信额度担保，期限 2 年，自 2004 年 1 月 1 日至 2005 年 12 月 31 日。截至 2003 年 12 月 31 日，上述股权账面价值为 114 428 573.52 元。新疆屯河于 2003 年 5 月为深圳市明斯克航母世界实业有限公司在中信实业银行广州花园支行 2 亿元贷款中的 5 000 万元提供担保，期限 2 年，自 2003 年 5 月至 2005 年 5 月。新疆屯河于 2004 年 2 月为新疆屯河水泥有限责任公司在中国银行昌吉州分行的 2 000 万元的贷款提供担保，期限 1 年。新疆屯河于 2004 年 3 月为参股 49% 的新疆屯河水泥有限责任公司，在中国农业银行昌吉州分行四笔总额为 7 600 万元的贷款提供担保，期限 1 年。上述担保违反了证监会《关于规范上市公司与关联方资金往来及上市公司对外担保若干问题的通知》（证监发〔2003〕56 号）。

类似新疆屯河这种国有控股上市公司违规担保现象十分严重，涉及公司数量多、金额大、成因复杂，有的属于公司改制设立时的遗留问题，有的涉嫌恶意侵犯上市公司利益。这些公司对外担保风险不断扩大，已有部分公司形成了担保圈，如果有一家公司出现问题必将形成"多米诺骨牌风险"。这些违规担保不仅加剧了上市公司的负担，而且会拖垮或掏空上市公司。目前已有多家上市公司因为担保责任诉讼缠身而遭受重大损失，如宁夏 11 家上市公司中有 9 家存在巨额对外担保，总额超过 20 亿元，致使这 9 家公司的非流通股股权不同程度地被冻结或质押。

资料来源：http://news.cri.cn/gb/1827/2004/06/04/302@183862.htm〔2021-01-07〕

第八节　业务外包控制

一、业务外包控制概述

（一）业务外包控制的概念

业务外包是指企业利用专业化分工优势，将日常经营中的部分业务委托给本企业以外的专业服务机构或其他经济组织（以下简称承包方）完成的经营行为。外包业务通常划分为重大外包业务和一般外包业务。重大外包业务是指对企业生产经营有重大影响的外包业务。外包业务通常包括研发、资信调查、可行性研究、委托加工、物业管理、客户服务、IT 服务等。业务外包控制是指企业制定和完善业务外包制度，加强业务外包的风险管理，从而有效地规避风险，充分发挥业务外包的优势。

（二）业务外包的主要控制目标

业务外包的主要控制目标至少应当包括如下三个方面：①保证业务外包质量；②提升企业整体经营的效率；③保护企业业务外包资产的安全和完整。

二、业务外包业务流程

业务外包流程主要包括制订业务外包实施方案、审核批准、选择承包方、签订业务外包合同、组织实施业务外包活动、业务外包过程管理、验收、会计控制等环节。图 5-12 列示了业务外包的基本流程。

三、业务外包的主要风险

根据《企业内部控制应用指引第 13 号——业务外包》的要求，企业业务外包至少应当关注下列风险：①外包范围和价格确定不合理，承包方选择不当，可能导致企业遭受损失；②业务外包监控不严、服务质量低劣，可能导致企业难以发挥业务外包的优势；③业务外包存在商业贿赂等舞弊行为，可能导致企业相关人员涉案。因此，企业在业务外包中应识别表 5-22 所示的主要风险。

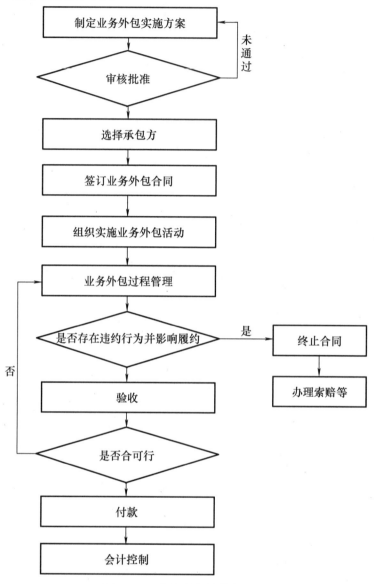

图 5-12 业务外包的基本流程

表 5-22 业务外包的主要风险

业务环节	主要风险
制订业务外包实施方案	① 企业缺乏业务外包管理制度，导致制订实施方案时无据可依；业务外包管理制度未明确业务外包范围，可能导致有关部门在制订实施方案时，将不宜外包的核心业务外包； ② 实施方案不合理、不符合企业生产经营特点或内容不完整，可能导致业务外包失败； ③ 其他风险

续表

业务环节	主要风险
审核批准	① 审批制度不健全，导致对业务外包的审批不规范； ② 审批不严或者越权审批，导致业务外包决策出现重大疏漏，可能引发严重后果； ③ 未能对业务外包实施方案是否符合成本效益原则进行合理审核及做出恰当判断，导致业务外包不经济； ④ 其他风险
选择承包方	① 承包方不是合法设立的法人主体，缺乏应有的专业资质，从业人员也不具备应有的专业技术资格，缺乏从事相关项目的经验，导致企业遭受损失甚至陷入法律纠纷； ② 外包价格不合理、业务外包成本过高导致难以发挥业务外包的优势； ③ 存在接受商业贿赂的舞弊行为，导致相关人员涉案； ④ 其他风险
签订业务外包合同	① 合同条款未能针对业务外包风险做出明确的约定，对承办方的违约责任界定不够清晰，导致企业陷入合同纠纷和诉讼； ② 合同约定的业务外包价格不合理或成本费用过高，导致企业遭受损失； ③ 其他风险
组织实施业务外包	① 组织实施业务外包的工作不充分或未落实到位，影响下一环节业务外包过程管理的有效实施，导致难以实现业务外包的目标； ② 其他风险
业务外包过程管理	① 承包方在合同期内因市场变化等原因不能保持履约能力，无法继续按照合同约定履行义务，导致业务外包失败和本企业生产经营活动中断； ② 承包方出现未按照业务外包合同约定的质量要求持续提供合格的产品或服务等违约行为，导致企业难以发挥业务外包优势，甚至遭受重大损失；管控不力，导致商业秘密泄漏； ③ 其他风险
验收	① 验收方式与业务外包成果交付方式不匹配、验收标准不明确、验收程序不规范，使验收工作流于形式，不能及时发现业务外包质量低劣等情况，可能导致企业遭受损失； ② 其他风险
会计控制	① 缺乏有效的业务外包会计系统控制，未能全面真实地记录和反映企业业务外包各环节的资金流和实物流情况，可能导致企业资产流失或贬损； ② 业务外包相关会计处理不当，可能导致财务报告信息失真； ③ 结算审核不严格、支付方式不恰当、金额控制不严格，可能导致企业资金损失或信用受损； ④ 其他风险

案例 5-18

购票后,为何无法进入迪士尼?

2016年7月14日上午,小方带朋友到上海迪士尼乐园游玩,准备入园时竟然被告知,其之前在阿里旅行网通过支付宝购买的电子门票已经在几天前被他人使用了,因此不能入园。迪士尼乐园的工作人员经过调查后发现,最近此类情况时有发生,遂怀疑系统内部相关票务信息被盗并被篡改后出售给他人。警方介入调查后,根据网站登录的IP地址顺藤摸瓜,最终将白某某抓获,继而抓获多名出售伪造门票的下线黄牛卖家。犯罪嫌疑人白某某,是一名90后大学毕业生,案发前在上海一家科技公司上班。据白某某交代,其所在的科技公司是为迪士尼乐园票务服务提供后台支持和管理工作的,可以获得相关记录。2016年6月,白某某认识了一个姓丁的黄牛,丁某给了他一张迪士尼电子门票,问能不能做出来。因岗位职责而熟知售票软件运营情况,他就想试着做一下。当天,白某某利用票务系统漏洞成功获得迪士尼电子门票,通过篡改日期伪造了门票,随后萌生了利用这一方法牟利的念头。白某某通过黄牛票贩,利用网络等信息平台,发布出售迪士尼门票的信息,再根据下家需要的数量,去更改他人已预订并已付款的迪士尼电子门票日期,最后更改后的电子门票订单确认号和门票二维码通过电子邮件发送到下家邮箱。迪士尼门票在暑假期间的官方价格为499元,白某某以每张280元左右的低价出售给黄牛,黄牛再加价出售给游客。由于这些改造后的电子门票大多能顺利通过安检,很多通过网络或现场黄牛购票的游客在不知情的情况下,就购买了所谓的打折票、低价票入园游玩了,等到真正的门票主人来游玩时,就会发现自己的门票已经被使用而无法入园。据初步统计,从6月27日至7月20日短短一个月不到,犯罪嫌疑人白某某疯狂作案,盗取迪士尼乐园门票二维码票号2 600余张,篡改日期后贩卖给他人共计1 700余张,获赃款49万余元,造成上海迪士尼乐园损失87万余元。上海浦东新区人民检察院同时将发现的票务系统管理漏洞以检察建议形式通告了迪士尼运营方,园方表示之前发生的游客损失均由园方承担,并及时更新了电子门票购买的登录页面和所需密码形式,杜绝了此类现象的发生。

资料来源:http://www.shpudong.jcy.gov.cn/pdjc/yasf/30227.jhtml [2021-01-07]

四、业务外包的关键控制点及控制措施

业务外包的关键控制点包括制订业务外包实施方案、审核批准、选择承包方、签订业务外包合同、组织实施业务外包、业务外包过程管理、验收和会计控制等环节。表5-23列示了业务外包的关键控制点及控制措施。

表5-23 业务外包的关键控制点与控制措施

关键控制点	控制措施
制订业务外包实施方案	① 建立和完善业务外包管理制度; ② 严格按照业务外包管理制度规定的业务外包范围、方式、条件和程序等内容制订实施方案,避免将核心业务外包,同时确保方案的完整性; ③ 根据企业年度预算及生产经营计划,对实施方案进行评估; ④ 认真听取外部专业人员对业务外包的意见,并根据其合理化建议完善实施方案; ⑤ 其他控制措施

续表

关键控制点	控制措施
审核批准	① 建立和完善业务外包的审核批准制度； ② 在对业务外包实施方案进行审查和评价时，应当着重对比分析该业务项目在自营与外包情况下的风险，确定外包的合理性和可行性； ③ 总会计师或企业分管会计工作的负责人应当参与重大业务外包的决策，对业务外包的经济效益做出合理评价； ④ 重大业务外包方案应当提交董事会或类似权力机构审批； ⑤ 其他控制措施
选择承包方	① 充分调查候选承包方的合法性； ② 调查候选承包方的专业资质、技术实力及其从业人员的履历和专业技能； ③ 考察候选承包方从事类似项目的成功案例、业界评价和口碑； ④ 综合考虑企业内外部因素，对业务外包的人工成本、营销成本、业务收入、人力资源等指标进行测算分析，合理确定外包价格，严格控制业务外包成本； ⑤ 引入竞争机制，按照有关法律法规，遵循公开、公平、公正的原则，采用招标等方式，适当择优选择承包方； ⑥ 按照规定的程序和权限从候选承包方中做出选择，并建立严格的回避制度和监督处罚制度，避免相关人员在选择承包方的过程中出现受贿和舞弊行为； ⑦ 其他控制措施
签订业务外包合同	① 在订立外包合同前，充分考虑业务外包方案中识别出的重要风险因素，并通过合同条款予以有效规避或降低； ② 在合同的内容和范围方面，明确承包方提供的服务类型、数量、成本，以及明确界定服务环节的作业方式、作业时间、服务费用等细节； ③ 在合同的权利和义务方面，明确企业有权督促承包方改进服务流程和方法，承包方有责任按照合同协议规定的方式和频率，将外包实施的进度和现状告知企业，并对存在的问题进行有效沟通； ④ 在合同的服务和质量标准方面，应当规定外包商最低的服务水平要求及如果未能满足标准实施的补救措施； ⑤ 在合同的保密事项方面，应具体约定对于涉及本企业机密的业务和事项，承包方有责任履行保密义务； ⑥ 在费用结算标准方面，综合考虑内外部因素，合理确定外包价格，严格控制业务外包成本； ⑦ 在违约责任方面，制定既具原则性又体现一定灵活性的合同条款，以适应环境、技术和企业自身业务的变化； ⑧ 其他控制措施

续表

关键控制点	控制措施
组织实施业务外包	① 按照业务外包制度、工作流程和相关要求，制定业务外包实施全过程的管控措施，包括落实与承包方之间的资产管理、信息资料管理、人力资源管理、安全保密管理等机制，确保承包方在履行外包业务合同时有章可循； ② 做好与承包方的对接工作，通过培训等方式确保承包方充分了解企业的工作流程和质量要求，从价值链的起点开始控制业务质量； ③ 与承包方建立并保持畅通的沟通协调机制，以便及时发现并有效解决业务外包过程中存在的问题； ④ 梳理有关工作流程，提出每个环节的岗位职责分工、运营模式、管理机制、质量水平等方面的要求，并建立对应的即时监控机制，及时检查、收集和反馈业务外包实施过程的相关信息； ⑤ 其他控制措施
业务外包过程管理	① 在承包方提供服务或制造产品的过程中，密切关注重大业务外包承包方的履约能力，采取承包方动态管理方式，对承包方开展日常绩效评价与定期考核； ② 对承包方的履约能力进行持续评估； ③ 建立即时监控机制，一旦发现偏离合同目标等情况，应及时要求承包方调整改进； ④ 对重大业务外包的各种意外情况做出充分预计，建立相应的应急机制，制订临时替代方案，避免业务外包失败造成企业生产经营活动中断； ⑤ 有确凿证据表明承包方存在重大违约行为，并导致业务外包合同无法履行的，应当及时终止合同，并指定有关部门按照法律程序向承包方索赔； ⑥ 切实加强对业务外包过程中形成的商业信息资料管理； ⑦ 其他控制措施
验收	① 根据业务外包成果交付方式的特点，制定不同的验收方式； ② 根据业务外包合同的约定，结合在日常绩效评价基础上对外包业务质量是否达到预期目标的基本评价，确定验收标准； ③ 组织有关职能部门、财会部门、质量控制部门等的相关人员，严格按照验收标准对承包方交付的产品或服务进行审查和全面测试，确保产品或服务符合需求，并出具验收证明； ④ 验收过程中发现异常情况的，应当立即报告，查明原因，视问题的严重性与承包方协商，采取恰当的补救措施，并依法索赔； ⑤ 根据验收结果对业务外包是否达到预期目标做出总体评价，据此对业务外包管理制度和流程进行改进和优化； ⑥ 其他控制措施

续表

关键控制点	控制措施
会计控制	① 企业财会部门应当根据国家统一的会计准则制度，业务外包过程中交由承包方使用的资产、涉及资产负债变动的事项及外包合同诉讼等加强核算与监督； ② 根据企业会计准则制度的规定，结合外包业务特点和企业管理机制，建立完善外包成本的会计核算方法，进行有关会计处理，并在财务报告中进行必要、充分的披露； ③ 在向承包方结算费用时，应当依据验收证明，严格按照合同约定的结算条件、方式和标准办理支付； ④ 其他控制措施

案例 5-19

宝钢业务外包管理的创新与实践

随着钢铁市场竞争愈发激烈，宝钢意识到大而全的生产承担了大量社会责任业务和各类辅助生产任务，使得组织体系庞大、反应速度较慢、生产效率低和成本升高。通过采用供应链分析和系统再造理论分析业务流程，宝钢制定了新的发展战略，明确了核心业务、非核心业务和薄弱业务。通过选择合适的业务承包商，宝钢将钢铁主、辅业分离，将非核心业务外包，充分利用企业外部资源来提高经营效率、降低经营成本，提高了宝钢的核心竞争力。宝钢业务外包的具体实施情况如下。

（1）选择合适的非核心业务外包项目。宝钢的钢铁制造工艺、产品研发、销售等环节在行业中具有很强的竞争优势，是企业核心能力的重要组成部分。对于现阶段不具备竞争优势的辅助岗位和非核心业务，宝钢选择了具有低成本或具有相对竞争优势的社会专业公司来承担。业务外包涉及宝钢钢铁产品制造的各个环节，具体分为：社会通用岗位（餐饮服务、保安、运输车辆驾驶和文秘等）、简单劳动业务（工业垃圾回收处置、废旧物资回收、厂房和办公楼清扫等）、钢铁冶炼辅助业务（铁矿石破碎、废钢供应入炉业务和产品检验化验送样等）和非钢铁冶炼专业业务（设备检修业务、产品包装业务和特种工程机械业务）等。前两类业务外包的目的是利用社会低成本的人力资源，降低企业成本；后两类业务外包的目的是以低成本的人工和高效率的作业相结合，提高企业的敏捷性和反应速度。目前，宝钢业务外包项目的从业人员总数已和其自身员工总数基本相当，业务外包金额占宝钢销售成本的比例也逐年增加。

（2）选择有资质、讲信用的合作伙伴。选择合作伙伴至关重要，一般要选择企业文化、价值观相同或相近的，正所谓"道不同不相与谋"。如果双方没有互相理解的战略理念，很难顺利合作，即使合作，也会因管理成本过高而失败。如果企业选择合作伙伴不当，不仅会给企业正常生产带来影响，也会影响自身的竞争能力，合作伙伴必须拥有各自的核心竞争力。例如，宝钢炼钢厂钢包内耐火材料的砌筑，宝钢厂区范围的翻斗车、吊车及铲车的司机，全部委托专业化的协作单位整体承包。这些企业拥有各自核心的竞争力，提高了整条供应链的运作效率，从而为宝钢贡献了可观的效益、快速高效的物流、及时准确的市场信息、快速的新产品研制和细心周到的服务等。企业在选择合作伙伴的时候，要确定合作伙伴是否能够履行承诺，其财务状况是否稳定。转换合作伙伴是一项费时费力的事情，如果合作伙伴陷入了财务困境，可能还会阻碍业务移交。

(3) 加强内部业务外包及费用管理。宝钢的业务外包管理理念是：公平公正、合作共赢、共同发展。宝钢业务外包项目分布广泛、项目数量众多，涉及采购、科研、生产、销售和后勤服务等各个环节。业务外包在宝钢发挥了重要作用，每年宝钢通过非核心业务外包降低的成本达上亿元。在内部业务外包管理上，宝钢实行"业务外包管理重心下移"，即各个生产厂单元是最了解生产线上业务外包需求量的单位，由各个生产厂单元进行业务外包的日常及预算管理，有利于剖析业务外包合理性，改善公司成本，促进现场管理的业务整合和模式优化，更能契合现场的需要。在业务外包费用管理上，宝钢实行"合作双赢、风险共担"的市场化原则，业务外包队伍的稳定性和成长性是保证生产稳定顺行的基础。在保证生产的同时，也保证了业务外包人工费率标准具有一定的市场竞争力，这就赢得了协作单位的信任和高度自愿的合作。对于总包型项目，宝钢采用了与作业量挂钩计价，并按弹性联动机制实施浮动费率的模式。对于纯劳务项目，确定人工单价标准，以各个生产厂部确定的业务外包需求量为基数测算总额，按总额进行费用控制管理，更好地促使协作单位通过效率减员等成本改善措施来确保其收益。此外，宝钢从合同条款上规范对业务外包流动率、群体性事件的考核，并在生产厂单元的合同月度结算中直接反映；对于年度业绩好的项目，实施评价奖励。对于不符合要求的业务外包项目实施项目淘汰，由管理好的协作单位承接，业务外包人员划转。对于部分替代性强的辅助业务，在避免劳动法规风险的前提下，研究直接引入社会劳务机构的管理机制，减少中间环节成本。对于部分市场资源相对稀缺、替代性差的关键性通用工种，宝钢在合理控制成本的基础上，设定一定比例的技能培训储备费用，实施储备激励约束制度。

资料来源：范晓东，2011. 业务外包管理在钢铁企业的创新与实践 [J]. 冶金经济与管理，(01)：42-43.

第九节　财务报告控制

一、财务报告控制概述

(一) 财务报告控制的概念

财务报告是指反映企业某一特定日期财务状况和某一会计期间经营成果、现金流量的文件。财务报告内部控制，是指公司的董事会、监事会、经理层及全体员工实施的旨在合理保证财务报告及相关信息真实、完整而设计和运行的内部控制，以及用于保护资产安全的内部控制中与财务报告可靠性目标相关的控制。

(二) 财务报告的主要控制目标

财务报告的主要控制目标至少应当包括如下五个方面：①保护企业各项资产的安全、完整及有效利用，防止企业资产遭受不可避免的损失；②规范会计信息的生成过程，保证会计信息及其他各种管理信息的真实、可靠并及时提供；③强化流程管理，落实授权审批制度，从而保证企业战略及经营方针、管理制度等得到有效执行；④控制成本费用，提高企业盈利能力；⑤及时发现各种错误和弊端并采取正确的措施，减少企业的风险和损失。

二、财务报告的业务流程

一般而言，财务报告的业务流程由财务报告编制、财务报告对外提供、财务报告分析利用三个阶段组成，具体流程如图 5-13 所示。

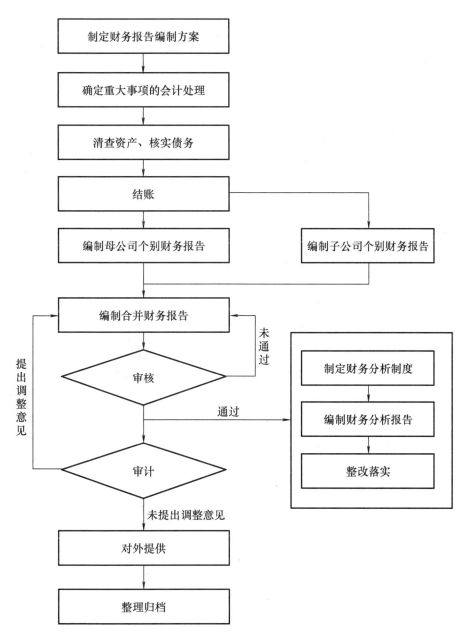

图 5-13 财务报告的业务流程

三、财务报告的主要风险

根据《企业内部控制应用指引第 14 号——财务报告》的要求，企业编制、对外提供和分析利用财务报告，至少应当关注下列风险：①编制财务报告违反会计法律法规和国家统一的会计准则制度，可能导致企业承担法律责任和声誉受损；②提供虚假财务报告，误导财务报告使用者，造成决策失误，干扰市场秩序；③不能有效利用财务报告，难以及时发现企业经营管理中存在的问题，可能导致企业财务和经营风险失控。因此，企业在财务报告控制中应识别表 5-24 所示的主要风险。

表 5-24 财务报告的主要风险

阶段	业务环节	主要风险
财务报告编制阶段	制订财务报告编制方案	① 会计政策未能有效更新，不符合有关法律法规；重要会计政策、会计估计变更未经审批，导致会计政策使用不当； ② 会计政策未能有效贯彻、执行； ③ 各部门职责、分工不清，导致数据传递出现差错、遗漏、格式不一致等； ④ 各步骤时间安排不明确，导致整体编制进度延后，违反相关报送要求； ⑤ 其他风险
	确定重大事项的会计处理	① 重大事项，如债务重组、非货币性交易、公允价值的计量、收购兼并、资产减值等的会计处理不合理，会导致会计信息扭曲，无法如实反映企业实际情况； ② 其他风险
	清查资产、核实债务	① 资产和负债账实不符，虚增或虚减资产和负债； ② 资产计价方法随意变更； ③ 提前、推迟甚至不确认资产和负债 ④ 其他风险
	结账	① 账务处理存在错误，导致账证、账账不符； ② 虚列或隐瞒收入，推迟或提前确认收入； ③ 随意改变费用及成本的确认标准或计量方法，虚列、多列、不列或者少列费用及成本； ④ 结账时间及程序不符合相关规定； ⑤ 关账后又随意打开已关闭的会计期间； ⑥ 其他风险
	编制个别财务报告	① 提供虚假财务报告，误导财务报告使用者，造成决策失误，干扰市场秩序，导致报表数据不完整、不准确； ② 报表种类不完整； ③ 附注内容不完整； ④ 其他风险

续表

阶段	业务环节	主要风险
财务报告编制阶段	编制合并财务报告	① 合并范围不完整； ② 合并内部交易和事项不完整； ③ 合并抵消分录不准确； ④ 其他风险
财务报告对外提供阶段	财务报告对外提供前的审核	① 在财务报告对外提供前未按规定程序进行审核，对内容的真实性、完整性及格式的合规性等审核不充分； ② 其他风险
财务报告对外提供阶段	财务报告对外提供前的审计	① 财务报告对外提供前未经审计，审计机构不符合相关法律法规的规定，审计机构与企业串通舞弊； ② 其他风险
财务报告对外提供阶段	财务报告的对外提供	① 对外提供未遵循相关法律法规的规定，导致承担相应的法律责任； ② 对外提供的财务报告的编制基础、编制依据、编制原则和方法不一致，影响各方对企业情况的判断和经济决策的做出； ③ 未能及时对外报送财务报告，导致财务报告信息的使用价值降低，同时也违反有关法律法规； ④ 财务报告在对外提供前提前泄露或被不应知晓的对象获悉，导致发生内幕交易等，使投资者或企业本身蒙受损失； ⑤ 其他风险
财务报告分析利用阶段	制定财务分析制度	① 制定的财务分析制度不符合企业实际情况，财务分析制度未充分利用企业现有资源，财务分析的流程、要求不明确，财务分析制度未经审批等； ② 其他风险
财务报告分析利用阶段	编写财务分析报告	① 财务分析报告的目的不正确或者不明确，财务分析方法不正确； ② 财务分析报告的内容不完整，未对本期生产经营活动中发生的重大事项做专门分析； ③ 财务分析局限于财会部门，未充分利用相关部门的资源，影响质量和可用性； ④ 其他风险
财务报告分析利用阶段	整改落实	① 财务分析报告的内容传递不畅，未能及时使有关各部门获悉； ② 各部门对财务分析报告不够重视，未对其中的意见进行整改落实； ③ 其他风险

案例 5-20

形同虚设的内部控制导致资金短缺

某公司于 2003 年承建"祥瑞家园"商品房开发项目,项目在轰轰烈烈的建设中,却被群众举报——该公司多处房屋重复销售。市审计局开展该案的调查工作,经过一年的调查,发现该公司在项目中利用虚假的商品房买卖合同将同一处房屋重复对外销售,最多达四次。即销售一次,向信用社抵押贷款一次,向个人高息融资一次,对外抵债一次,累计数额达 3 000 多万元。该公司的总经理和副经理辩称不是虚假买卖合同,而是利用签订商品房的买卖合同融资,解决资金短缺的问题。经过审计发现,该公司的内部控制制度一片混乱,形同虚设,最终导致企业资金短缺,不得不采用上述虚假手段筹集资金。同时,从建委、国资委、银行等部门取得的财务报告都显示该公司的财务状况良好,甚至财务报告都是经过会计师事务所的审计,并出具了无保留意见报告。究其原因,外部政府部门的监管不到位是一方面,但是内部管理混乱,缺乏一个健全有效的内部控制体系是其根本原因。

资料来源:http://www.tianyangtax.com/article/436 [2021-01-07]

四、财务报告的关键控制点及控制措施

财务报告的关键控制点包括财务报告编制阶段、财务报告对外提供阶段和财务报告分析利用阶段等环节。控制措施的提出应针对表 5-24 所示的主要风险,以确保控制措施有执行。表 5-25 列示了财务报告的关键控制点与控制措施。

表 5-25 财务报告的关键控制点与控制措施

阶段	关键控制点	控制措施
财务报告编制阶段	制订财务报告编制方案	① 会计政策应符合国家有关会计法规和最新监管要求的规定; ② 会计政策和会计估计的调整需按照规定的权限和程序审批; ③ 建立健全内部会计规章制度; ④ 企业应建立完善的信息沟通渠道; ⑤ 应明确各部门的职责分工; ⑥ 其他控制措施
	确定重大事项的会计处理	① 企业应对重大事项予以关注; ② 及时沟通需要专业判断的重大会计事项并确定相应会计处理; ③ 其他控制措施
	清查资产核实债务	① 确定具体可行的资产清查、负债核实计划,安排合理的时间和工作进度,配备足够的人员,确定实物资产盘点的具体方法和过程,同时做好业务准备工作; ② 做好各项资产和负债的清查、核实工作; ③ 对清查过程中发现的差异,应当分析原因提出处理意见,取得合法证据并按照规定权限经过审批,进行相应的会计处理; ④ 其他控制措施

续表

阶段	关键控制点	控制措施
	结账	① 核对各会计账簿记录与会计凭证的内容、金额等是否一致，记账方向是否相符； ② 检查相关账务处理是否符合国家统一的会计准则制度和企业制定的核算方法； ③ 调整有关账项，合理确定本期应计的收入和应计的费用； ④ 检查是否存在因会计差错、会计政策变更等原因需要调整的前期或者本期相关项目； ⑤ 不得为了赶编财务报告而提前结账，或把本期发生的经济业务事项延至下期登账，也不得先编财务报告后结账，应在当期所有交易或事项处理完毕并经财会部门负责人审核签字确认后，实施关账和结账操作； ⑥ 如果在关账之后需要重新打开已关闭的会计期间，须填写相应的申请表，经总会计师或分管会计工作的负责人审批后进行； ⑦ 其他控制措施
财务报告编制阶段	编制个别财务报告	① 企业财务报告列示的资产、负债、所有者权益金额应当真实可靠； ② 企业财务报告应当如实列示当期收入、费用和利润； ③ 企业财务报告列示的各种现金流量由经营活动、投资活动和筹资活动的现金流量构成，应当按照规定划清各类交易和事项的现金流量的界限； ④ 按照岗位分工和规定的程序编制财务报告； ⑤ 按照国家统一的会计准则制度编制附注； ⑥ 财会部门负责人审核报表内容和种类的真实、完整性，通过后予以上报； ⑦ 其他控制措施
	编制合并财务报告	① 编报单位财会部门应依据经同级法律事务部门确认的产权（股权）结构图，并考虑所有相关情况，以确定合并范围符合国家统一的会计准则制度的规定，由财会部门负责人审核并确认合并范围是否完整； ② 财会部门收集并审核下级单位的财务报告，并汇总出本级次的财务报告，经汇总单位财会部门负责人审核； ③ 财会部门制定内部交易和事项核对表及填制要求，报财会部门负责人审批后，下发至纳入合并范围内的各单位； ④ 合并抵消分录应有相应的标准文件和证据进行支持，由财会部门负责人审核； ⑤ 对合并抵消分录实行交叉复核制度，具体编制人完成调整分录后即提交相应复核人进行审核，审核通过后才可录入试算平衡表； ⑥ 其他控制措施

续表

阶段	关键控制点	控制措施
财务报告对外提供阶段	财务报告对外提供前的审核	① 企业应严格按照规定的财务报告编制中的审批程序,由各级负责人逐级把关,对财务报告内容的真实性、完整性,格式的合规性等予以审核; ② 企业应保留审核记录,建立责任追究制度; ③ 财务报告在对外提供前应当装订成册,加盖公章,并由企业负责人、总会计师或分管会计工作的负责人、财会部门负责人签名并盖章; ④ 其他控制措施
	财务报告对外提供前的审计	① 企业应根据相关法律法规的规定,选择符合资质的会计师事务所对财务报告进行审计; ② 企业不得干扰审计人员的正常工作,并应对审计意见予以落实; ③ 注册会计师及其所在的事务所出具的审计报告,一般企业的财务报告经完整审核并签名盖章后即可对外提供,上市公司还需随财务报告一并提供; ④ 其他控制措施
	财务报告的对外提供	① 企业应根据相关法律法规的要求,在企业相关制度中明确负责财务报告对外提供的对象,在相关制度性文件中予以明确并由企业负责人监督; ② 企业应严格按照规定的财务报告编制中的审批程序,由财会部门负责人、总会计师或分管会计工作的负责人、企业负责人逐级把关,对财务报告内容的真实性、完整性,格式的合规性等予以审核,确保提供给投资者、债权人、政府监管部门、社会公众等各方面的财务报告的编制基础、编制依据、编制原则和方法完全一致; ③ 企业应严格遵守相关法律法规和国家统一的会计准则制度对报送时间的要求,在财务报告的编制、审核、报送流程中的每一步骤设置时间点,对未能按时完成的相关人员进行处罚; ④ 企业应设置严格的保密程序,对能够接触财务报告信息的人员进行权限设置,保证财务报告信息在对外提供前控制在适当的范围; ⑤ 企业对外提供的财务报告应当及时整理归档,并按有关规定妥善保存; ⑥ 其他控制措施

续表

阶段	关键控制点	控制措施
财务报告分析利用阶段	制定财务分析制度	① 企业在对基本情况分析时，应当重点了解企业的发展背景，包括企业的发展史、组织机构、产品销售及财务资产变动情况等，熟悉企业业务流程，分析研究企业的资产及财务管理活动； ② 企业在制定财务报告分析制度时，应重点关注：财务报告分析的时间、组织形式、参加的部门和人员；财务报告分析的内容、分析的步骤、分析方法和指标体系；财务报告分析报告的编写要求等； ③ 财务报告分析制度草案经由财会部门负责人、总会计师或分管会计工作的负责人、企业负责人检查、修改、审批之后，根据制度设计的要求进行试行，发现问题及时总结上报； ④ 财会部门根据试行情况进行修正，确定最终的财务报告分析制度文稿，并经财会部门负责人、总会计师或分管会计工作的负责人、企业负责人进行最终的审批； ⑤ 其他控制措施
	编写财务分析报告	① 编写时要明确分析的目的； ② 总会计师或分管会计工作的负责人应当在财务分析和利用工作中发挥主导作用； ③ 企业财务分析会议应吸收有关部门负责人参加，对各部门提出的意见，财会部门应进行充分沟通、分析，进而修改完善财务分析报告； ④ 修订后的分析报告应及时报送企业负责人，企业负责人负责审批分析报告并据此进行决策，对于存在的问题应及时采取措施； ⑤ 其他控制措施
	整改落实	① 定期的财务分析报告应构成内部报告的组成部分，并充分利用信息技术和现有内部报告体系在各个层级上进行沟通； ② 根据分析报告的意见，明确各部门职责；责任部门按要求落实改正，财会部门负责监督、跟踪责任部门的落实情况，并及时向有关负责人反馈落实情况； ③ 其他控制措施

案例 5-21

康美药业连续三年的虚假记载

康美药业股份有限公司（以下简称康美药业）成立于 1997 年，是一家以中药饮片、化学原料药及制剂生产为主导，集药品生产研发及药品和医疗器械营销于一体的现代化大型医药企业、国家级重点高新技术企业。然而，康美药业在《2016年年度报告》《2017年年度报告》《2018年年度报告》中均存在虚假记载，具体情况如下。

(1)《2016年年度报告》虚增营业收入89.99亿元，多计利息收入1.51亿元，虚增营业利润6.56亿元，占合并利润表当期披露利润总额的16.44%；虚增货币资金22 548 513 485.42元，占公司披露总资产的41.13%和净资产的76.74%。

(2)《2017年年度报告》虚增营业收入100.32亿元，多计利息收入2.28亿元，虚增营业利润12.51亿元，占合并利润表当期披露利润总额的25.91%。虚增货币资金29 944 309 821.45元，占公司披露总资产的43.57%和净资产的93.18%。

(3)《2018年年度报告》虚增营业收入16.13亿元，虚增营业利润1.65亿元，占合并利润表当期披露利润总额的12.11%；将前期未纳入报表的亳州华佗国际中药城、普宁中药城、普宁中药城中医馆、亳州新世界、甘肃陇西中药城、玉林中药产业园等6个工程项目纳入表内，分别调增固定资产11.89亿元，调增在建工程4.01亿元，调增投资性房地产20.15亿元，合计调增资产总额36.05亿元。经查，《2018年年度报告》调整纳入表内的6个工程项目不满足会计确认和计量条件，虚增固定资产11.89亿元，虚增在建工程4.01亿元，虚增投资性房地产20.15亿元。

基于此，证监会依据2005年《中华人民共和国证券法》第一百九十三条第一款、第三款的规定，决定对康美药业股份有限公司责令改正，给予警告，并处以60万元的罚款，并给予相关责任人不同程度的处罚。

资料来源：http：//www.csrc.gov.cn/pub/zjhpublic/G00306212/202005/t20200515_376440.htm [2021-01-07]

复习思考题

1. 阐述资金营运活动环节的主要风险与控制措施。
2. 阐述采购业务环节的主要风险与控制措施。
3. 无形资产管理环节的主要风险与控制措施是什么？
4. 销售业务环节的主要风险与控制措施是什么？
5. 研发环节的主要风险与控制措施是什么？
6. 担保业务环节的主要风险与控制措施是什么？
7. 业务外包环节的主要风险与控制措施是什么？
8. 财务报告环节的主要风险与控制措施是什么？

第六章

信息与沟通

学习目标

1. 理解信息与沟通的含义、类型与主要风险；
2. 掌握内部信息传递控制目标、流程、主要风险及控制措施；
3. 掌握信息系统控制目标、流程、主要风险及控制措施；
4. 掌握反舞弊控制目标、主要风险及控制措施。

信息与沟通连接着内部控制体系的其他基本要素，是有效实施内部控制的保障，直接影响企业内部控制的贯彻执行，以及企业经营目标及战略目标的实施。企业应当建立健全信息与沟通制度，明确内部控制相关信息的收集、处理和传递程序，确保信息及时沟通，促进内部控制有效运行。

第一节 信息与沟通概述

一、信息与沟通的概念

企业内部控制中的信息是指影响企业内部环境、风险评估、控制活动、内部监督等方面的信息。内部环境、风险评估、控制活动、信息与沟通及内部监督构成了企业内部控制的五个基本要素，其他要素能否顺利实施取决于信息与沟通是否有效。沟通是信息系统的一个重要组成部分，是组织中的信息交流。而组织信息交流是指组织成员之间或组织与组织之间的信息交流行为。信息交流是组织结构的核心，是组织存在的基础，没有信息交流就没有组织。由此，信息的沟通是组织稳定的基础，对一个组织的发展具有十分重要的作用。综上所述，信息与沟通是指企业经营管理所需的信息被识别、获得并以一定形式及时地传递，其有利于员工履行职责。畅通的沟通渠道和健全的沟通机制使得企业员工能及时取得他们在执行、管理和控制企业经营过程中所需的信息，并交换这些信息。每个企业都必须获取相关财务信息及非财务信息，以及与外部事件及内部事件和行为相关的信息。信息必须经过管理层确认，且与企业经营相关。这些信息也必须以一种能使人们行使各自的控制和其他职能的形式，并能在一定的时限内传递给需要的人。

二、信息与沟通的类型

《企业内部控制基本规范》第四十条明确指出，企业应当将内部控制相关信息在企业内部各管理级次、责任单位、业务环节之间,以及企业与外部投资者、债权人、客户、供应商、中介机构和监管部门等有关方面之间进行沟通和反馈。任何企业都会有某种程度上的有效沟通,否则便不能生存。信息沟通按沟通对象不同可以分为内部信息沟通和外部信息沟通。图6-1所示为沟通涉及的部门和层次。

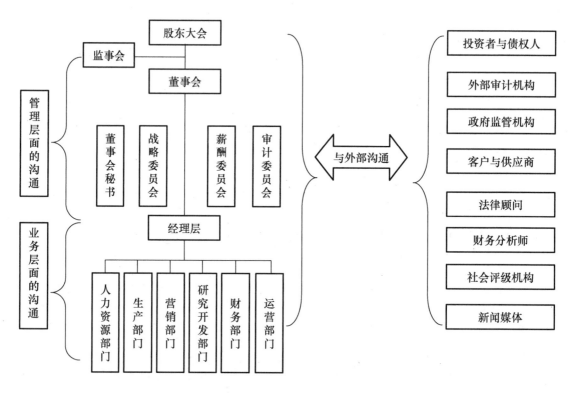

图6-1 沟通涉及的部门和层次

(一)内部信息沟通

内部信息沟通是企业内部各部门及人员之间的沟通。沟通的类型有很多,按沟通的层次可以分为业务层面的沟通和管理层面的沟通;按沟通的方式可以分为正式沟通和非正式沟通;按沟通的动态流向可以分为下行沟通、上行沟通和平行沟通。表6-1所示为内部信息沟通的类型。

表6-1 内部信息沟通的类型

分类的基础	沟通的类型		含 义
沟通的层次	业务层面的沟通		围绕具体的工作内容进行的沟通
	管理层面的沟通		围绕公司治理及高层管理进行的沟通
沟通的方式	正式沟通	电子沟通	电子邮件、电话、视频、腾讯会议、微信等方式
		书面沟通	市场调查资料、对供应商和销售商做出选择的依据、员工手册、对方企业资金信用状况、教育培训资料等
	非正式沟通	口头沟通	座谈会、讲座、专题会议等方式

续表

分类的基础	沟通的类型	含 义
沟通的动态流向	下行沟通	管理者到下属人员的指令传达
	上行沟通	下属人员到管理者的意见反馈
	平行沟通	同级别人员间的交流

（二）外部信息沟通

外部信息沟通是企业与外部相关利益者的沟通，企业有责任建立良好的外部沟通渠道，对外部有关方面的建议、投诉和其他信息进行记录、处理、反馈。外部相关利益者包括投资者、债权人、客户、供应商、政府监管机构、法律顾问、财务分析师、外部审计机构、社会评级机构、新闻媒体等。

案例 6-1

五粮液的外部信息沟通

五粮液集团有限公司（以下简称五粮液）具有悠久的发展历史，位于四川省宜宾市，以酒业为核心业务，此外还涉及机械、包装、物流、金融、健康这五个产业，是一个多元发展的大型国有企业。五粮液有"中国酒王"的美誉。1998年，五粮液在深交所正式上市，股票代码为000858。五粮液总占地面积约为12平方千米，员工规模达到五万，2019年，五粮液净利润超过174亿元，同比增长30.83%；销售收入达到501亿元，同比增长25.25%。

早在2009年，五粮液发布公告称由于涉嫌违反证监会的规定，被证监会立案调查。原因有以下几点：第一，信息披露存在重大遗漏，没有披露其对成都智溢塑胶制品有限公司的证券投资款的《澄清公告》中所承担的回收责任；第二，信息披露内容不完整，五粮液对中科证券的债权已成为破产债权的信息没有进行披露；其三，没有及时更正年报差错。这个事件发生以来，五粮液由于没有执行严格的信息披露程序，导致当时备受追捧的股价暴跌，仅仅在两个小时内公司市值蒸发了57亿元。

五粮液上述问题出现的一个主要原因是企业信息沟通不及时。2019年之后，五粮液在企业内部建立了信息中心，内部信息沟通及时，但是在外部信息的获取和传递上不及时的情况比较严重。长此以往，不但会减少产品订单，降低盈利水平，还会影响企业的形象和企业文化建设。

资料来源：钱佩如，2020.五粮液集团内部控制现状分析［J］．广西质量监督导报，(06)：121-122.

三、信息与沟通的主要风险

信息与沟通至少应当关注如下风险：①管理层无法获取适当和必需的信息；②无法及时向相关的人士搜集或发送信息；③信息披露委员会无法有效地履行工作职责；④公司没有建立有效的期末报告程序；⑤财务报告和相关的应用与信息系统是不可靠的；⑥公司未建立预防、识别舞弊风险的内部控制措施与程序，无法预防可能存在的舞弊行为。

案例 6-2

拿破仑兵败滑铁卢凸显信息与沟通的重要性

1815 年，拿破仑从流放地——厄尔巴岛逃回法国，法国人民欢呼雀跃，拥戴拿破仑奇迹般地重新登上皇位。当时，法国面对两支敌军：一支是威灵顿公爵率领的英荷联军；另一支是布吕歇尔元帅率领的普鲁士军队。6 月 15 日，拿破仑出其不意地开赴比利时，打败了布吕歇尔领导的普鲁士军队。随后，拿破仑任命格鲁希为统帅，率领一支 3 万多人（约占法军总数的 1/3）的军队前去追击普鲁士军队，而自己则带领剩下的军队去迎战威灵顿公爵的英荷联军。6 月 17 日，拿破仑率领的法军主力与威灵顿公爵率领的英荷联军相会于比利时境内的小镇滑铁卢。次日，兵力稍占优势的法军开始进攻英荷联军，拉开了滑铁卢战役的序幕。惨烈的战争从早晨打到了傍晚，一直打到双方都精疲力竭，也未出现明显的胜负。此时双方都在等待援军，威灵顿公爵等的是布吕歇尔率领的普鲁士军队，而拿破仑则在等待格鲁希。

布吕歇尔摆脱了格鲁希的追击，率先赶到滑铁卢。滑铁卢战役打响之时，格鲁希曾清楚地听见来自滑铁卢的炮声，他手下的将领纷纷请求其率军前去增援拿破仑，甚至最后有将领哀求，哪怕是派出一支骑兵也好，但格鲁希全部都拒绝了。因为拿破仑要求他追击普鲁士军队，在新的命令抵达之前他必须服从这一命令。滑铁卢战役接近尾声时，格鲁希收到了要求他增援滑铁卢的命令。此时，得不到增援的法军已经开始溃败，拿破仑也撤离了战场。尽管后来格鲁希率军击退了普军第二军对拿破仑的追击，但对大局来说于事无补。拿破仑于三天后宣布退位，一个时代结束了。

资料来源：https://www.sohu.com/a/195419599_99938912 [2021-01-07]

第二节 内部信息传递

一、内部信息传递的控制目标

内部信息传递的主要控制目标至少应当包括如下三个方面。

（1）传递信息真实、准确，防止虚假或不准确的信息误导信息使用者，甚至导致决策失误，进而造成巨大的经济损失。

（2）信息传递及时、有效，若信息未能及时提供，或者及时提供的信息不具有相关性，或者提供的相关信息未被有效利用，都有可能导致延误企业决策、增加经营风险，甚至可能使企业较高层次的管理部门陷入困境，不利于及时有效地控制实际情况，从而大幅降低内部信息决策的相关性。

（3）遵循保密原则。企业内部的运营情况、技术水平、财务状况以及有关重大事项等通常涉及商业秘密，内幕信息知情者都负有保密义务。这些内部信息一旦泄露，极有可能导致企业的商业秘密被竞争对手获得，使企业处于被动境地，甚至造成重大损失。

 **案例 6-3**

阿维安卡 51 航班案例分析

1990年1月15日19：40，阿维安卡（Avianca）51航班飞行在美国南新泽西海岸上空3.7万英尺的高空。机上的油量可以维持近两个小时的航程，在正常情况下飞机降落至纽约肯尼迪机场仅需不到半小时的时间，这一缓冲保护措施可以说是十分安全的，然而，此后发生了一系列耽搁事项。20：00，肯尼迪机场航空管理员通知51航班的飞行员，由于交通管制问题他们必须在机场上空盘旋待命；20：45，51航班的副驾驶员向肯尼迪机场报告"燃料快用完了"，管理员收到这一信息，但在21：14之前飞机仍没有被批准降落。

21：14，51航班第一次试降失败，原因在于高度太低及能见度太差。当肯尼迪机场指示51航班进行第二次试降时，机组成员再次提到他们的燃料将要用尽，但飞行员却告诉管理员新分配的飞机跑道"可行"。21：31，飞机的两个引擎失灵，1分钟后另外两个引擎也停止了工作，耗尽燃料的飞机于21：34坠毁于纽约长岛，机上73名人员全部遇难。当调查人员调查了飞机座舱中的磁带并与当事的机场管理员讨论之后，他们发现导致这场悲剧的原因是沟通的障碍。

第一：飞行员的语言未能表达出实际情况

飞行员一直说他们"油量不足"，机场交通管理员告诉调查员这是飞行员们经常使用的一句话。当被延误时，管理员认为每架飞机都存在燃料问题。但是，如果飞行员发出"燃料危机"的呼声，那么管理员有义务优先为其导航，并尽可能迅速地允许其着陆。一位机场管理员指出："如果飞行员表明情况十分危急，那么所有的规则程序都可以不顾，我们会尽可能以最快的速度引导其降落的。"遗憾的是，51航班的飞行员从未说过"情况危急"，所以肯尼迪机场的管理员一直未理解到飞行员所面对的真正困境。

第二：机场管理人员未能理解飞行员的意图及困境

51航班飞行员的语调也并未向管理员传递有关燃料紧急的严重信息。许多管理员接受过专门的训练，可以在这种情境下捕捉到飞行员声音中极细微的语调变化。尽管51航班的机组成员表现对燃料问题的极大忧虑，但他们对肯尼迪机场传达信息的语调却是冷静、职业化的。

第三：机场人员未能及时意识到飞机的燃油问题

从20：00到21：24，51航班第一次试降失败整整过去一小时二十四分钟，飞机燃油到这时候应该所剩无多，但是管理员毫无察觉。当肯尼迪机场指示51航班进行第二次试降时，机组成员再次提到他们的燃料将要用尽，但飞行员却告诉管理员新分配的飞机跑道"可行"。

第四：双方都没能体会到对方的心理

飞行员的文化和传统以及机场的职权也使得51航班的飞行员不愿意声明情况危急。当正式报告紧急情况之后，飞行员需要写出大量的书面报告。另外，如果最终发现飞行员在计算飞行中需要多少油量方面存在疏忽大意的话，那么联邦飞行管理局就会吊销其驾驶执照。这些消极的强化因素极大地阻碍了飞行员发出紧急呼救。在这种情况下，飞行员的专业技能和荣誉感则变成了赌注。而管理员也没能理会飞行员的这种心理导致了严重事件的发生。

资料来源：https://wenku.baidu.com/view/7f11f80651e2524de518964bcf84b9d528ea2cba.html? fr＝search – 1_income2［2021 – 01 – 07］

二、内部信息传递流程

按照《企业内部控制应用指引第 17 号——内部信息传递》的规定，内部信息传递是企业内部各管理层级之间通过内部报告形式传递生产经营管理信息的过程。信息在企业内部进行有目的的传递，对执行企业全面预算、识别企业生产经营活动中的内外部风险和最终落实企业发展战略具有重要作用。由此，企业内部信息传递流程包括建立内部报告指标、收集内外部信息、编制及审核内部报告、构建内部报告流转程序及渠道、内部报告有效使用及保密、内部报告的保管、内部报告的评估七个步骤。图 6 – 2 列示了内部信息传递的基本业务流程。

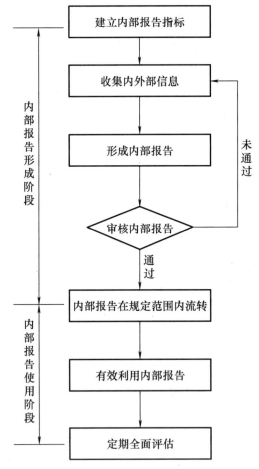

图 6 – 2　内部信息传递的基本业务流程

三、内部信息传递的主要风险

根据《企业内部控制应用指引第 17 号——内部信息传递》的要求，企业内部信息传递至少应当关注下列风险：①内部报告系统缺失、功能不健全、内容不完整，可能影响生产经营有序运行；②内部信息传递不通畅、不及时，可能导致决策失误、相关政策措施难以落实；③内部信息传递中泄露商业秘密，可能削弱企业核心竞争力。因此，企业在设计内部信息传递控制制度时，应识别表6-2所示的主要风险。

表6-2 内部信息传递的主要风险

业务环节	主要风险
建立内部报告指标	① 指标体系的设计未能结合企业的发展战略，指标体系级次混乱，与全面预算管理要求相脱节，并且一旦设定后未能根据环境和业务变化有所调整； ② 其他风险
收集内外部信息	① 收集的内外部信息过于散乱，不能突出重点；内容准确性差，据此信息进行的决策容易误导经营活动决策，且获取内外部信息的成本过高，违反了成本效益原则； ② 其他风险
编制及审核内部报告	① 内部报告未能根据各内部使用单位的需求进行编制，内容不完整，编制不及时，未经审核即向有关部门传递； ② 其他风险
构建内部报告流转程序及渠道	① 缺乏内部报告传递流程，内部报告未按传递流程进行传递流转，内部报告流转不及时； ② 其他风险
内部报告有效使用及保密	① 企业管理层在决策时并没有使用内部报告提供的信息，内部报告未能用于风险识别和控制，商业秘密通过企业内部报告被泄露； ② 其他风险
内部报告的保管	① 企业缺少内部报告的保管制度，内部报告的保管存放杂乱无序，对重要资料的保管期限过短，保密措施不严； ② 其他风险
内部报告的评估	① 企业缺乏完善的内部报告评价体系，对各信息传递环节和传递方式控制不严，针对传递不及时、信息不准确的内部报告缺乏相应的惩戒机制； ② 其他风险

 案例6-4

决策信息支持——际华集团的"225体系"

际华集团股份有限公司（以下简称际华集团）经国务院国有资产监督管理委员会批准，由新兴铸管集团有限公司和新兴置业（投资）发展有限公司出资。2010年8月16日，际华集团（601718）A股在上海证券交易所挂牌上市。"225体系"是际华集团结合长期企业管理实践，对企业管理经验的深度凝结，从而形成的一套企业应对市场变化和内部管理控制的运营机制。

"225体系"在际华集团的董事会、监事会、高管到子公司工人等7个层次间进行收集、传递、反馈与评价。际华集团根据各层次对管理信息的需求，从公司总部到子公司的工人（业务员）7个层次，都作为信息报告或使用主体（信息节点），并且每个层次都划分为利润中心或成本费用中心，都具有预算、责任、跟踪、评价和考核五个方面的信息报告功能。际华集团通过对各层次的信息节点进行独立的信息收集、加工与处理，使得企业信息收集、传递、反馈与评估都极其方便，从而真正实现了信息的决策支持效果，实现价值创造。

在对际华集团相关部门负责人和员工进行访谈时发现，相关人员都能通过预算指标分解、考核、评价与跟踪，做到人人都清楚自己的权利、责任与利益所在，也能算出每月工资账，积极性非常高。

资料来源：敖小波，李晓慧，谢志华，等，2016.企业管理会计报告体系构建研究：基于际华集团的案例分析［C］//.中国会计学会．中国会计学会2016年学术年会论文集．北京：中国会计学会会计教育分会：8-21.

四、内部信息传递的关键控制点及控制措施

企业内部信息传递的关键控制点包括建立内部报告指标、收集内外部信息、编制及审核内部报告、构建内部报告流转程序及渠道、内部报告有效使用及保密、内部报告的保管以及内部报告的评估等环节。表6-3列示了内部信息传递的关键控制点与控制措施。

表6-3 内部信息传递的关键控制点与控制措施

关键控制点	控制措施
建立内部报告指标	① 认真研究企业的发展战略、风险控制要求和业绩考核标准，根据各管理层级对信息的需求和详略程度，建立一套级次分明的内部报告指标体系； ② 内部报告指标确定后应进行细化，层层分解，使企业中各责任中心及其各相关职能部门都有自己明确的目标； ③ 内部报告需要依据全面预算的标准进行信息反馈，将预算控制的过程和结果向企业内部管理层报告，以有效控制预算执行情况、明确相关责任、科学考核业绩，并根据新的环境和业务，调整决策部署，更好地规划和控制企业的资产和收益，实现资源的最有效配置和管理的协同效应； ④ 其他控制措施
收集内外部信息	① 根据特定服务对象的需求，选择信息收集过程中重点关注的信息类型和内容； ② 对信息进行审核和鉴别，对已经筛选的资料做进一步的检查，确定其真实性和合理性； ③ 应当在收集信息的过程中考虑获取信息的便利性及其获取成本的高低，如果需要付出较大代价来获取信息，则应当权衡其成本与信息的使用价值，确保所获取信息符合成本效益原则； ④ 其他控制措施

续表

关键控制点	控制措施
编制及审核内部报告	① 紧紧围绕内部报告使用者的信息需求，以内部报告指标体系为基础，编制内容全面、简洁明了、通俗易懂的内部报告，便于企业各管理层级和基层员工掌握相关信息，正确履行职责； ② 合理设计内部报告编制程序，提高编制效率，保证内部报告能在第一时间提供给相关管理部门； ③ 建立内部报告审核制度，设定审核权限，确保内部报告信息质量； ④ 其他控制措施
构建内部报告流转程序及渠道	① 制定内部报告传递制度。企业可根据信息的重要性、内容等特征，确定不同的流转环节； ② 严格按设定的传递流程进行流转。企业各管理层对内部报告的流转应做好记录，对于未按照流转制度进行操作的事件，应当调查原因，并做相应处理； ③ 及时更新信息系统，确保内部报告有效安全的传递。企业应在实际工作中尝试精简信息系统的处理程序，使信息在企业内部更快地传递； ④ 其他控制措施
内部报告有效使用及保密	① 企业在预算控制、生产经营管理决策和业绩考核时充分使用内部报告提供的信息； ② 企业管理层应通过内部报告提供的信息对企业生产经营管理中存在的风险进行评估，准确识别和系统分析企业生产经营活动中的内外部风险，涉及突出问题和重大风险的，应当启动应急预案； ③ 应从内部信息传递的时间、空间、节点、流程等方面建立控制，通过职责分离、授权接触、监督和检查等手段防止商业秘密泄露； ④ 其他控制措施
内部报告的保管	① 建立内部报告保管制度，各部门应当指定专人按类别保管相应的内部报告。对影响较大的、金额较高的内部报告一般要严格保管，如企业重大重组方案、企业债券发行方案等； ② 为了便于内部报告的查阅、对比分析，应改善内部报告的格式，提高内部报告的有用性； ③ 企业对不同类别的报告应按其影响程度规定其保管年限，只有超过保管年限的内部报告方可予以销毁。对影响重大的内部报告，应当永久保管，如公司章程及相应的修改、公司股东登记表等。有条件的企业应当建立内部报告电子保管库，分性质，按照类别、时间、保管年限、影响程度及保密要求等分门别类储存电子形式的内部报告； ④ 应当制定严格的内部报告保密制度，明确保密内容、保密措施、密级程度和传递范围，防止泄露商业秘密。有关公司商业秘密的重要文件要由企业较高级别的管理人员负责，至少由两人共同管理，放置在专用保险箱内。查阅保密文件，必须经该高层管理人员同意，由两人分别开启相应的锁具方可打开； ⑤ 其他控制措施

关键控制点	控制措施
内部报告的评估	① 建立并完善企业对内部报告的评估制度，严格按照评估制度对内部报告进行合理评估，考核内部报告在企业生产经营活动中所起的真实作用； ② 为保证信息传递的及时准确，企业必须执行奖惩机制。对经常不能及时或准确传递信息的相关人员应当进行批评和教育，并与绩效考核体系挂钩； ③ 其他控制措施

 案例 6-5

张丹峰的苦恼

张丹峰刚刚从名校管理学专业硕士毕业，出任某大型企业的制造部门经理。张丹峰一上任，就对制造部门进行了改造。张丹峰发现生产现场的数据很难及时反馈上来，于是决定从生产报表上开始改造。借鉴跨国公司的生产报表，张丹峰设计了一份非常完美的生产报表，从报表中可以看出生产中的任何一个细节。每天早上，所有的生产数据都会及时地放在张丹峰的桌子上，张丹峰很高兴，认为他拿到了生产的第一手数据。没过几天，出现了一次大的品质事故，但报表上根本没有反映出来，张丹峰这才知道，报表的数据都是随意填写上去的。为了这件事情，张丹峰多次开会强调，认真填写报表的重要性，但每次开会，在开始几天可以起到一定的效果。但过不了几天，又返回了原来的状态。张丹峰怎么也想不通。

张丹峰的苦恼是很多企业经理人的普遍烦恼。现场的操作工人，很难理解张丹峰的目的，因为数据分析距离他们太遥远了。大多数工人只知道好好干活，拿工资养家糊口。不同的人，他们所站的高度不一样，单纯地强调、开会，效果并不明显。站在工人的角度去理解，虽然张丹峰不断强调认真填写生产报表，可以有利于改善生产，但这距离工人们的认知比较远，而且大多数工人认为这和他们没有多少关系。后来，张丹峰将生产报表与业绩奖金挂钩，并要求干部经常检查，工人们才知道要认真填写报表。在沟通中，不要简单地认为所有人都和自己的认识、看法、高度是一致的。对待不同的人，要采取不同的模式，要用对方听得懂的"语言"与别人沟通！

资料来源：https://doc.mbalib.com/view/fe07414be16a82dd97fcd34d8ff4ad04.html [2021-01-07]

第三节 信息系统控制

一、信息系统控制目标

《企业内部控制基本规范》第四十一条提出，企业应当利用信息技术促进信息的集成与共享，充分发挥信息技术在信息与沟通中的作用。企业应当加强对信息系统开发与维护、访问与变更、数据输入与输出、文件储存与保管、网络安全等方面的控制，保证信息系统安全稳定运行。由此，信息系统控制目标主要包括如下三个方面：①促进企业有效实施内部控制，提高企业现代化管理水平，减少人为操纵因素；②增强信息系统的安全性、可靠性和合理性；③增强相关信息的保密性、完整性和可用性，为建立有效的信息与沟通机制提供支持。

二、信息系统的主要业务流程

（一）信息系统的设计开发流程

1. 信息系统的规划与准备

根据企业的整体目标和发展战略，明确企业总体信息需求，确定信息系统的发展战略，制订信息系统建设总计划，其中包括确定拟建信息系统的总体目标、功能、大致规模和粗略估计所需资源，并根据需求的轻重缓急程度及资源和环境的约束，把系统建设内容分解成若干开发项目，分期分批地进行系统开发。信息系统规划与准备阶段的主要工作包括IT战略规划、IT技术规划、投资管理、质量管理、项目管理、人力资源管理等。

2. 信息系统的设计与实施

这一阶段的主要工作是根据系统规划阶段确定的拟建系统总体方案和开发项目的安排，分期分批进行系统设计。信息系统开发是企业信息活动的重要基础，直接决定着企业的信息技术水平。首先进行需求分析，调查信息系统应具备的属性和功能，并将其用适当的形式表达出来；然后根据信息系统需求，对系统架构、内容、模块、界面和数据等进行定义和实施。系统设计与实施阶段的主要工作包括需求分析、应用系统设计、基础设施获取、运行准备、测试与发布等。

（二）信息系统的运行维护流程

1. 信息系统的运行管理

信息系统交付使用，开发工作即宣告结束，运行工作随即开始。信息系统的运行管理就是控制信息系统的运行，记录其运行状态，保证信息系统正常运行，并进行必要的修改与扩充，以便及时、准确地向企业提供必要的信息，以满足业务工作和管理决策的需要。信息系统运行管理的主要工作内容包括日常运行管理（如数据记录与加工、设备管理、安全管理等）、运行情况的记录及对信息系统的运行情况进行检查和评价。

2. 信息系统的维护管理

为保证信息系统正常而可靠地运行，并使信息系统不断得到改善和提高，对应用系统、数据、代码和硬件的维护管理，可以分为纠错性维护、适应性维护、完善性维护和预防性维护。纠错性维护是指对信息系统进行定期或不定期的检修，更新易损部件、排除故障、消除隐患等工作。适应性维护是指由于管理或技术环境发生变化，信息系统中某些部分已不能满足需求，对这些部分进行适当调整的维护工作。完善性维护是指用户对信息系统提出了某些新的信息需求，因而在原有信息系统的基础上进行适当的修改，完善信息系统的功能。预防性维护是对预防信息系统可能发生的变化或受到的冲突而采取的维护措施。

一般来说，信息系统运行维护是系统生命周期中历时最久的阶段，也是信息系统实现功能及发挥效益的阶段，科学地组织与管理是信息系统正常运行、充分发挥效益的必要条件，而及时完善的系统维护是信息系统正常运行的基本保证。据统计，有些信息系统在运行和维护阶段的开支占整个系统成本的三分之二左右，而这一阶段系统需用的专业技术人员占信息系统专业技术人员的50%～70%。信息系统维护管理的主要工作包括运行管理、事件管理、问题管理、配置管理、连续性管理、可用性管理和能力管理等。

三、信息系统的主要风险

根据《企业内部控制应用指引第18号——信息系统》的要求，企业利用信息系统实施内部控制至少应当关注下列风险：①信息系统缺乏或规划不合理，可能造成信息孤岛或重复建设，导致企业经营管理效率低下；②系统开发不符合内部控制要求，授权管理不当，可能导致无法利用信息技术实施有效控制；③系统运行维护和安全措施不到位，可能导致信息泄漏或毁损，系统无法正常运行。因此，企业在设计信息系统控制制度时，应识别表6-4所示的信息系统开发的主要风险、表6-5所示的信息系统运行与维护的主要风险和表6-6所示的信息系统应用控制的主要风险。

表6-4 信息系统开发的主要风险

业务环节		主要风险
制定信息系统开发的战略规划		① 缺乏战略规划或规划不合理，可能造成信息孤岛或重复建设，导致企业经营管理效率低下； ② 没有将信息化与企业业务需求结合，降低了信息系统的应用价值，如信息孤岛现象； ③ 其他风险
自行开发方式	项目计划环节	① 信息系统建设缺乏项目计划或者计划不当，导致项目进度滞后、费用超支、质量低下； ② 其他风险
	需求分析环节	① 需求本身不合理，对信息系统提出的功能、性能、安全性等方面的要求不符合业务处理和控制的需要； ② 技术上不可行、经济上成本效益倒挂，或与国家有关法规制度存在冲突； ③ 需求文档表述不准确、不完整，未能真实全面地表达企业的需求，存在表述缺失、表述不一致甚至表述错误等问题； ④ 其他风险
	系统设计环节	① 设计方案不能完全满足用户需求，不能实现需求文档规定的目标； ② 设计方案未能有效控制建设开发成本，不能保证建设质量和进度； ③ 设计方案不全面，导致后续变更频繁； ④ 设计方案没有考虑信息系统建成后对企业内部控制的影响，导致系统运行后衍生新的风险； ⑤ 其他风险

续表

业务环节		主要风险
自行开发方式	编程和测试环节	① 编程结果与设计不符； ② 各程序员编程风格差异大，程序可读性差，导致后期维护困难，维护成本高； ③ 缺乏有效的程序版本控制，导致重复修改或修改不一致等问题； ④ 测试不充分； ⑤ 其他风险
	上线环节	① 缺乏完整可行的上线计划，导致系统上线混乱无序； ② 人员培训不足，不能正确使用系统，导致业务处理错误，或者未能充分利用系统功能，导致开发成本浪费； ③ 初始数据准备设置不合格导致新旧系统数据不一致、业务处理错误； ④ 其他风险
业务外包方式	选择外包服务商	① 由于企业与外包服务商之间本质上是一种委托-代理关系，合作双方的信息不对称容易诱发道德风险，外包服务商可能会实施损害企业利益的自利行为，如偷工减料、放松管理、信息泄密等； ② 其他风险
	签订外包合同	① 由于合同条款不准确、不完善，可能导致企业的正当权益无法得到有效保障； ② 其他风险
	持续跟踪评价外包服务商的服务过程	① 企业缺乏外包服务跟踪评价机制或跟踪评价不到位，可能导致外包服务质量水平不能满足企业信息系统开发需求； ② 其他风险
外购调试方式	软件产品选型和供应商选择	① 软件产品选型不当，产品在功能、性能、易用性等方面无法满足企业需求； ② 软件供应商选择不当，产品的支持服务能力不足，产品的后续升级缺乏保障； ③ 其他风险
	服务提供商选择	① 服务提供商选择不当，削弱了外购软件产品的功能发挥，导致无法有效满足用户需求； ② 其他风险

表 6-5　信息系统运行与维护的主要风险

业务环节	主要风险
日常运行维护	① 没有建立规范的信息系统日常运行管理规范，计算机软硬件的内在隐患容易爆发，可能导致企业信息系统出错； ② 没有执行例行检查，导致一些人为恶意攻击会长期隐藏在系统中，可能造成严重损失； ③ 企业信息系统数据未能定期备份，可能导致损坏后无法恢复，从而造成重大损失； ④ 其他风险
系统变更	① 企业没有建立严格的变更申请、审批、执行及测试流程，导致系统随意变更； ② 系统变更后的效果达不到预期目标； ③ 其他风险
安全管理	① 硬件设备分布物理范围广，设备种类繁多，安全管理难度大，可能导致设备生命周期短； ② 业务部门信息安全意识薄弱，对系统和信息安全缺乏有效的监管手段； ③ 对系统程序的缺陷或漏洞安全防护不够，遭受黑客攻击时会造成信息泄露； ④ 对各种计算机病毒防范清理不力，导致系统运行不稳定甚至瘫痪； ⑤ 缺乏对信息系统操作人员的严密监控，可能导致舞弊和利用计算机犯罪； ⑥ 其他风险
系统终结	① 因经营条件发生剧变，数据可能泄露； ② 信息档案的保管期限不够长； ③ 其他风险

表 6-6　信息系统应用控制的主要风险

业务环节	主要风险
输入控制	① 进入系统的数据不准确、不完整、不及时，导致输出结果错误； ② 其他风险
处理控制	① 未经授权非法处理业务； ② 信息系统处理不正确，导致业务无法运行； ③ 信息系统处理过程未留下详细轨迹，导致出现错误时无法追踪； ④ 其他风险

业务环节	主要风险
输出控制	① 敏感信息被非授权用户获取； ② 输出的信息内容存在质量问题，无法满足用户需求； ③ 输出的信息被篡改； ④ 其他风险

案例 6-6

企业实施 ERP（企业资源计划）成功和失败的故事

故事一：广州市某知名面粉厂的原料库存管理

该厂一贯非常重视原料采购管理，早年已引入了 ERP 管理系统，每个月都召开销-产-购联席会议，制订销售、生产和原料采购计划。采购部门则"照单抓药"，努力满足生产部门的需要，并把库存控制在两个月的生产用量之下，明显地降低了原料占用成本。

但是，2000 年下半年开始，国内外的小麦价格大幅度上涨，一年内涨幅接近 30%，而由于市场竞争激烈，面粉产品的价格不能同步提高，为了维持经营和市场占有率，该厂不得不一边买较高价的原料，另一边生产销售相对低价的产品，产销越多，亏损越厉害，结果当年严重亏损。

故事二：佛山市白燕粮油实业公司（以下简称白燕公司）的原料库存管理

同是粮食行业的白燕公司，也非常重视原料的采购库存管理，但他们没有生硬地按照 ERP 的原理去做。他们也有类似的月度联席会议，讨论销-产-购计划，但会议最重要的内容是分析小麦原料价格走势，并根据分析结论做出采购决策（请注意：白燕公司不是根据生产计划来做采购计划！）。当判断原料要涨价，他们就会加大采购量，增加库存；相反，就逐渐减少库存。

白燕公司有 3 万吨的原料仓库容量，满仓可以满足 6 个月的生产用量，在 1994 年、2000 年等几个小麦大涨价的年份，白燕公司都是超满仓库存，仓库不够用，就想方设法在仓库之间和车间过道设临时的"帐篷仓"，有时候还让几十艘运粮船长时间在码头附近排队等候卸货，无形中充当了临时仓库。正是通过这种"低价吸纳，待价而沽"的原料管理绝招，白燕公司在过去的十多年里，不但能够平安度过原料波动所带来的冲击，而且从中获得了丰厚的价差利润。这才是白燕公司基于经营战略的 ERP 管理的胜利，这肯定是单纯实施 ERP 管理所不能够做到的。

这两个故事都是基于经营战略的 ERP 管理的，它们的成败告诉我们：ERP 并不是包治百病的神丹妙药，ERP 仅仅是一种基于统计技术之上的管理思路和方法而已，通过准确、及时地将企业实际运作过程中产生的一些数据录入系统，得到企业运转过程中的各项统计报告；运用科学的方法对这些数据、报告进行分析，为决策提供参考和依据，这才是 ERP 的价值和使命所在。

资料来源：https://www.oh100.com/ahsrst/a/201509/56317.html［2021-01-07］

四、信息系统的关键控制点及控制措施

围绕表6-4、表6-5和表6-6的信息系统主要风险,企业应建立健全信息系统内部控制措施。表6-7、表6-8和表6-9列示了信息系统开发、运行与维护以及应用控制的关键控制点及控制措施。

表6-7　信息系统开发的关键控制点及控制措施

关键控制点		控制措施
制定信息系统 开发的战略规划		① 企业必须制定信息系统开发的战略规划和中长期发展计划,并在每年制订经营计划的同时制订年度信息系统建设计划,促进经营管理活动与信息系统的协调统一; ② 企业在制定信息化战略过程中,要充分调动和发挥信息系统归口管理部门与业务部门的积极性,使各部门广泛参与,充分沟通,提高战略规划的科学性、前瞻性和适应性; ③ 信息系统战略规划要与企业的组织架构、业务范围、地域分布、技术能力等相匹配,避免相互脱节; ④ 其他控制措施
自行开 发方式	项目计划环节	① 企业应当根据信息系统建设整体规划提出分阶段项目的建设方案,明确建设目标、人员配备、职责分工、经费保障和进度安排等相关内容,按照规定的权限和程序审批后实施; ② 企业可以采用标准的项目管理软件制订项目计划,并加以跟踪; ③ 项目关键环节文档的编制应参照《GB/T 8567-2006 计算机软件文档编制规范》等相关国家标准和行业标准进行,以提高项目计划编制水平; ④ 其他控制措施
	需求分析环节	① 信息系统归口管理部门应当组织企业内部各有关部门提出开发需求,加强系统分析人员和有关部门的管理人员、业务人员的交流,经综合分析提炼后形成合理的需求; ② 编制表述清晰、表达准确的需求文档; ③ 企业应当建立健全需求评审和需求变更控制流程; ④ 其他控制措施
	系统设计环节	① 系统设计负责部门应当就总体设计方案与业务部门进行沟通和讨论,说明方案对用户需求的覆盖情况;存在备选方案的,应当详细说明各方案在成本、建设时间和用户需求响应上的差异;信息系统归口管理部门和业务部门应当对选定的设计方案予以书面确认; ② 企业应当参照《GB/T 8567-2006 计算机软件文档编制规范》等相关国家标准和行业标准,提高系统设计说明书的编写质量; ③ 企业应当建立设计评审制度和设计变更控制流程; ④ 在系统设计时应当充分考虑信息系统建成后的控制环境,将生产经营管理业务流程、关键控制点和处理规程嵌入系统程序,实现

续表

关键控制点		控制措施
自行开发方式	系统设计环节	手工环境下难以实现的控制功能； ⑤ 应充分考虑信息系统环境下的新的控制风险； ⑥ 应当针对不同的数据输入方式，强化对进入系统数据的检查和校验功能； ⑦ 系统设计时应当考虑在信息系统中设置操作日志功能，确保操作的可审计性； ⑧ 预留必要的后台操作通道，对于必需的后台操作，应当加强管理，建立规范的操作流程，确保足够的日志记录，保证对后台操作的可监控性； ⑨ 其他控制措施
	编程和测试环节	① 项目组应建立并执行严格的代码复查评审制度； ② 项目组应建立并执行统一的编程规范，在标识符命名、程序注释等方面统一风格； ③ 应使用版本控制软件系统保证所有开发人员基于相同的组件环境开展项目工作，协调开发人员对程序的修改； ④ 应区分单元测试、组装测试（集成测试）、系统测试、验收测试等不同测试类型，建立严格的测试工作流程，提高最终用户在测试工作中的参与程度，改进测试用例的编写质量、加强测试分析，尽量采用自动化测试工具提高测试工作的质量和效率； ⑤ 其他控制措施
	上线环节	① 企业应当制订信息系统上线计划，并经归口管理部门和用户部门审核批准。上线计划一般包括人员培训、数据准备、进度安排、应急预案等内容； ② 系统上线涉及新旧系统切换的，企业应当在上线计划中明确应急预案，保证新系统失效时能够顺利切换回旧系统； ③ 系统上线涉及数据迁移的，企业应当制订详细的数据迁移计划，并对迁移结果进行测试。用户部门应当参与数据迁移过程，对迁移前后的数据予以书面确认； ④ 其他控制措施
业务外包方式	选择外包服务商	① 企业在选择外包服务商时要充分考虑服务商的市场信誉、资质条件、财务状况、服务能力、对本企业业务的熟悉程度、既往承包服务成功案例等因素，对外包服务商进行严格筛选； ② 企业可以借助外包业绩基准来判断外包服务商的综合实力； ③ 企业要严格执行外包服务审批及管控流程，对信息系统外包业务，原则上应采用公开招标等形式选择外包服务商，并实行集体决策审批； ④ 其他控制措施

续表

关键控制点		控制措施
业务外包方式	签订外包合同	① 企业在与外包服务商签约之前，应针对外包可能出现的各种风险损失，恰当拟定合同条款，对涉及的工作目标、合作范畴、责任划分、所有权归属、付款方式、违约赔偿及合约期限等问题做出详细说明，并由法律部门或法律顾问审查把关； ② 开发过程中涉及商业机密、敏感数据的，企业应当与外包服务商签订详细的"保密协定"，以保证数据安全； ③ 在合同中约定付款事宜时，应当选择分期付款方式，尾款应当在系统运行一段时间并经评估验收后再支付； ④ 应在合同条款中明确要求外包服务商保持专业技术服务团队的稳定性； ⑤ 其他控制措施
	持续跟踪评价外包服务商的服务过程	① 企业应当规范外包服务评价工作流程，明确相关部门的职责权限，建立外包服务质量考核评价指标体系，定期对外包服务商进行考评，并公布服务周期的评估结果，实现外包服务水平的跟踪评价； ② 可引入监理机制，降低外包服务风险； ③ 其他控制措施
外购调试方式	软件产品选型和供应商选择	① 企业应当明确自身需求，对比分析市场上的成熟软件产品，合理选择软件产品的模块组合和版本； ② 在软件产品选型时应广泛听取行业专家的意见； ③ 在选择软件产品和服务供应商时，不仅要评价其现有产品的功能和性能，还要考察其服务支持能力和后续产品的升级能力； ④ 其他控制措施
	服务提供商选择	① 在选择服务提供商时，不仅要考核其对软件产品的熟悉、理解程度，也要考核其是否深刻理解企业所处行业的特点、是否理解企业的个性化需求、是否有过相同或相近的成功案例； ② 其他控制措施

表6-8 信息系统运行与维护的关键控制点及控制措施

关键控制点	控制措施
日常运行维护	① 企业应当制定信息系统使用操作程序、信息管理制度及各模块子系统的具体操作规范，及时跟踪、发现和解决系统运行中存在的问题，确保信息系统按照规定的程序、制度和操作规范持续稳定运行； ② 切实做好系统运行记录，尤其是对于系统运行不正常或无法运行的情况，应详细记录异常现象、异常发生的时间和可能原因； ③ 企业要重视系统运行的日常维护； ④ 配备专业人员负责处理信息系统运行中的突发事件，必要时应会同系统开发人员或软硬件供应商共同解决； ⑤ 其他控制措施

续表

关键控制点	控制措施
系统变更	① 企业应当建立标准流程来实施和记录系统变更，保证变更过程得到适当的授权与管理层的批准，并对变更进行测试； ② 系统变更程序（如软件升级）需要遵循与新系统开发项目同样的验证和测试程序，必要时还应当进行额外测试； ③ 企业应当加强紧急变更的控制管理； ④ 企业应当加强对将移植到生产环境中变更系统的控制管理，包括系统访问授权控制、数据转换控制、用户培训等； ⑤ 其他控制措施
安全管理	① 建立信息系统相关资产的管理制度，保证电子设备的安全； ② 应成立专门的信息系统安全管理机构，由企业的主要领导负责，加强企业信息安全管理； ③ 企业应当按照国家相关法律法规及信息安全技术标准，制定信息系统安全实施细则； ④ 应当有效利用信息技术手段，对硬件配置调整、软件参数修改严加控制； ⑤ 企业委托专业机构进行系统运行与维护管理的，应当严格审查其资质条件、市场声誉和信用状况等，并与其签订正式的服务合同和保密协议； ⑥ 企业应当采取安装安全软件等措施防范信息系统受到病毒等恶意软件的感染和破坏； ⑦ 企业应当建立数据定期备份制度，明确备份范围、频度、方法、责任人、存放地点、有效性检查等内容； ⑧ 企业应当建立信息系统开发、运行与维护等环节的岗位责任制度和不相容职务分离制度（系统开发建设人员、系统管理和维护人员、系统操作使用人员），用以防范利用计算机舞弊和犯罪； ⑨ 企业应积极开展信息系统风险评估工作，定期对信息系统进行安全评估，及时发现系统安全问题并加以整改； ⑩ 其他控制措施
系统终结	① 要做好善后工作，将废弃系统中有价值或涉密的信息进行销毁、转移； ② 严格按照国家有关法律制度和对电子档案的管理规定，妥善保管相关信息档案； ③ 其他控制措施

表 6-9　信息系统应用控制的关键控制点及控制措施

关键控制点	控制措施
输入控制	① 针对手工录入、批量导入、接受其他系统数据等不同数据输入方式，分别考虑对进入系统数据的检查和校验功能，确保数据的准确性、有效性和完整性； ② 尽量避免通过后台操作修改和删除数据； ③ 对于经常性的数据删除和修改，应当在系统功能中予以考虑，并通过审批、复核等程序加以控制； ④ 在重要的信息系统中设置操作日志功能，详细记录每个账户的登录时间、重要的操作内容，以确保操作的可审计性； ⑤ 对异常的或违背内部控制要求的交易或数据，企业应当在系统中设计自动报告功能； ⑥ 其他控制措施
处理控制	① 建立健全用户管理制度，确保不同权限用户在授权范围内运用信息系统进行业务处理； ② 系统自动记载各个用户的操作日志，详细记录各用户执行的操作，留下审计线索； ③ 定期对信息系统进行检测维护，及时发现并修正错误； ④ 其他控制措施
输出控制	① 使用数据钩稽关系校验和数字指纹来保证有关数据的正确性； ② 综合使用功能权限和数据权限，确保经授权的用户才能得到相关输出信息； ③ 强化输出资料分发控制，确保资料只能分发给具有相应权限的用户； ④ 其他控制措施

案例 6-7

汕尾电厂生产经营管理辅助决策系统

广东红海湾发电有限公司（以下简称红海湾公司）是由广东省粤电集团有限公司、广东电力发展股份有限公司、广州发展电力投资有限公司和汕尾市资产经营管理公司四方共同出资组建的大型发电企业，于 2004 年 3 月 30 日注册成立，注册资本 25 亿元，负责汕尾电厂的建设和运营。

汕尾电厂生产经营管理辅助决策系统的实施所采用的产品具备可以将关系型数据模型转化为多维数据模型的 ROLAP（Relational Online Analytical Processing）技术，同时以电厂各个业务部门的管理核心为基础点，打破各业务系统的信息壁垒，以建立统一的电厂级数据中心、经营决策辅助中心为目标，形成覆盖电厂生产、经营和管理等方面管理决策辅助平台。

例如，在设备运维、故障消除分析层面，在保证数据及时准确的基础上，该系统不仅可实现对设备进行即时的监控和结构分析、历史对比分析和专业对比分析等，还可建立故障消除分析、监控故障消除情况及相关预警指标和体系，为设备运维和故障消除提供管理分析手段。

而对于生产运行、生产经营及库存分析方面的价值，该系统突出体现在为生产运行建立了发电指标体系并进行专业管理分类方面。不同的专业分类提供不同分析，并允许专业人员对月度生产运行情况编写专业分析说明，使人脑与计算机结合，形成专业生产运行分析报告。该系统不仅为生产经营、库存、项目及预算管理等提供系统化的分析结果，而且通过建立业务间的信息整合，使分析不再集中于单一业务而是集成多项业务，为生产管理提供更有价值的信息，对实际业务管理有更大的决策参考价值。

尤为值得一提的是，通过对汕尾电厂经营管理指标的提炼，红海湾公司项目组开发出了汕尾电厂发电量、利润、保利煤价敏感性三方面的分析模块，对汕尾电厂经营的关键指标进行生产经营预测，以辅助管理决策。

在大数据时代，高效的信息整合、智能分析与传递已经成为企业信息化发展的必然趋势。通过生产经营管理辅助决策系统项目的建设，红海湾公司在生产经营、财务管理、设备管理和生产运行管理方面实现了大幅跨越，企业管理思想和先进技术手段的完美结合，也将企业引入了一个全新的发展里程。

资料来源：https://wenku.baidu.com/view/db68b8df3069a45177232f60ddccda38366be17d.htm［2021-01-07］

第四节　反　舞　弊

一、反舞弊目标

企业反舞弊是对企业内部舞弊现象或缺陷，通过相关渠道向企业管理层进行传达的过程，确保对企业内部控制实施有效的监控。由此，反舞弊的主要目标是：为管理层建立预防、识别企业舞弊风险的内部控制措施与程序，对舞弊或违法行为采取必要的措施。

二、反舞弊的主要风险

反舞弊的主要风险至少应当包括如下几个方面：①员工的道德素质低；②内部审计不严；③财务会计报告等信息披露方面存在错误、遗漏等问题；④高管人员滥用职权，相关人员串通舞弊；⑤企业对举报人保护不到位，信访事物处理不及时，缺乏舞弊风险评估机制；⑥其他与舞弊相关的主要风险。

案例 6-8

奥的斯电梯公司的反舞弊策略

奥的斯电梯公司（以下简称奥的斯电梯）是由电梯发明者伊莱沙·格雷夫斯·奥的斯于 1853 年在美国创立的。10 多年来，奥的斯电梯保持着电梯业界的领先地位，是全球最大的电梯、扶梯及人行走道的供应商和服务商，其产品占全球市场份额的 27%。世界各国 20 座著名地标性建筑中，有 12 座使用了奥的斯电梯。

奥的斯电梯根据美国注册舞弊审核师协会的创始人、现任美国会计学会会长史蒂文·阿伯雷齐特提出的"舞弊三角理论"采取以下应对舞弊行为的措施。

（1）凝练、推广并践行企业的核心价值观。核心价值观是企业文化的核心，优秀的企业文化会对员工的思想意识产生潜移默化的正面影响。奥的斯电梯提出了"三大绝对准则"作为自己的核心价值观，即绝对的商业道德、绝对的内部控制、绝对的安全。奥的斯电梯认为，如果其核心价值观能深入人心，那么员工从心理上就不认同舞弊，也就从主观上消除了进行舞弊的借口。

（2）加强内部控制建设，减少员工舞弊的机会。奥的斯电梯按照美国《萨班斯法案》的要求，不但在总部建立了专门的内部控制团队，而且要求各子公司及孙公司也必须建立自己的内部控制团队。内部控制团队在行政上向当地的首席财务官汇报，业务上向奥的斯电梯的控股公司——美国联合技术公司（UTC）的内审部汇报。各公司的内部控制团队按照《萨班斯法案》的要求对公司的营运控制、财务控制、合规控制进行全面测试，根据业务发生的频率（每天、每月、每季度或每年）抽取样本进行测试，对发现的内控问题要求各部门定期整改。

UTC总部内控团队会定期跟踪系统内各子公司及孙公司的内部控制问题的整改情况。每个问题的整改都要以修改或出台新的流程或政策作为整改依据，并且有书面的整改效果，经集团总部内控专家认可后才能将该内控问题关闭。每年年底，UTC根据各子公司及孙公司内控团队的表现对其业务能力进行评分，评分结果直接与其年度绩效考核和奖金发放挂钩。除了自己的内部控制团队日常审核之外，奥的斯电梯各子公司及孙公司每年或每两年必须接受一次UTC集团的内部审计。

此外，奥的斯电梯总部还聘请了四大国际会计师事务所之一的普华永道会计师事务所对公司遵守《萨班斯法案》的情况进行外部审计，并对内部控制的有效性做出评价。

资料来源：黄辉，2015.美国五百强企业的反舞弊策略：以美国奥的斯电梯为例[J].财会月刊，(07)：80-82.

三、反舞弊的主要措施

围绕上述反舞弊的主要风险，企业应建立健全如下控制措施：第一，企业应当重视和加强反舞弊机制建设，对员工进行道德准则培训，通过设立员工信箱、投诉热线等方式，鼓励员工及其他企业利益相关方举报和投诉企业内部的违法违规、舞弊和其他有损企业形象的行为；第二，企业应通过审计委员会对在信访、内部审计、监察及接受举报过程中搜集的信息进行复查，监督管理层对财务报告施加不当影响的行为、管理层进行的重大不寻常交易，以及企业各管理层级的批准、授权、认证等防止企业资产侵占、资金挪用、虚假财务报告、滥用职权等现象的发生；第三，企业应当建立反舞弊情况通报制度，应定期召开反舞弊情况通报会，由审计部门通报反舞弊工作情况，分析反舞弊形势，评价现有的反舞弊措施和程序；第四，企业应当建立举报人保护制度，设立举报责任主体，明确举报投诉处理程序，并做好投诉记录的保存。切实落实举报人保护制度是举报投诉制度有效运行的关键。结合企业的实际情况，企业需要明确举报人应向谁举报、以何种方式进行举报，以及如何对举报内容进行界定等；确定举报责任主体接到投诉报告后进行调查的程序、办理时限、办结要求及将调查结论提交董事会处理的程序等。

 **案例 6-9**

小米科技——构筑强大坚实的反舞弊体系 为企业发展插上有力之翼

小米管理层认为建立并不断完善风险管理及内部控制系统对企业的发展至关重要。为此,小米遵循国际业内公认的COSO框架,建立"三道防线"模型。

第一道防线是管理及经营,主要由业务职能部门组成,负责日常运营和设计,实施解决风险的具体控制措施;第二道防线是内部控制、合规等管理,由内部控制团队负责制定政策、设计及实施综合风险管理及内部控制系统,本系统亦协助并监督第一道防线的制定及改善控制措施,由合规团队负责合规体系搭建、合规文化建设等;第三道防线是内部审计及监察,主要由内部审计及监察团队实施。内部审计团队及监察团队高度独立。内部审计团队负责评价公司风险管理及内部控制系统的成效,并监督管理层不断完善风险管理及内部控制。监察团队负责接收举报人的报告,并负责调查指称的欺诈活动,并直接向审计委员会报告。

依据以上模型,小米现已成立内控内审监察部,分为内控、内审、合规及监察4个团队。各个团队相互分工,高效协作,共同为小米的持续健康发展保驾护航。在搭建了具体的运作模型后,反舞弊工作具体应该如何开展?如何做才能更加有实效?在实际工作中,作为公司反舞弊体系的执行者和实施者,小米监察团队有一套具体操作准则和实施方法。在操作准则上,内控根据业务全面铺开,合规体系化建立赋能内控、内审和监察,以点、线、面、体贯穿连接的四位一体联动机制,确保公司在满足内外部合规要求的同时,有效应对外部环境的变化,增强公司的防范风险能力,助力公司业务保持长期稳健发展。

资料来源:小米科技有限责任公司,2019.小米科技:构筑强大坚实的反舞弊体系 为企业发展插上有力之翼[J].大社会,(09):68-69.

复习思考题

1. 什么是信息与沟通?信息与沟通的类型包括哪些?
2. 内部信息传递的主要控制目标包括哪些?
3. 内部信息传递有几个阶段?各个阶段分别包括什么内容?
4. 信息系统内部控制的风险点包括哪些内容?
5. 信息与沟通在企业内部控制中的作用有哪些?

第七章

内 部 监 督

学习目标

1. 掌握内部监督的定义、内部监督体系的构成、各内部监督机构的职责、内部监督的基本要求;
2. 掌握内部监督的程序;
3. 掌握内部监督的方法。

内部监督是企业内部控制得以有效实施的机制保障。内部控制是由企业各层级员工共同参与实施的完整系统,是一个不断调整、逐步完善、持续优化的动态过程。在此过程中,不论是内部控制制度的建立和实施,还是评价与报告,都离不开恰当的监督。内部监督能帮助董事会和经理层预防、发现、整改内部控制设计和运行中存在的问题或薄弱环节,以便及时加以改进,确保内部控制体系得以有效运行。

  案例 7-1

内部控制三道防线监督体系防范企业腐败、增加企业价值

2016年12月1日,华为董事长任正非在公司监督体系座谈会上发表讲话。他说,华为建立起这支监管队伍不容易。一个组织要有铁的纪律,没有铁的纪律就没有持续发展的力量。华为最优秀的一点,就是将十七万员工团结在一起,形成了一股力量。公司发展这么快,腐败这么少,得益于我们在管理和控制领域做出的努力。华为不因为腐败而不发展,也不因为发展而宽容腐败。华为发展得越快,管理覆盖就越不足,暂时的漏洞也会越多,因此,我们设置了内部控制的三道防线。

第一道防线,业务主管。业务主管作为内部控制的第一责任人,在流程中要加强内部控制意识和能力,不仅要做到流程的环节遵从,还要做到流程的实质遵从。流程的实质遵从就是行权质量。落实流程责任制,流程管理者要真正承担内部控制和风险监管的责任,95%的风险要在流程化作业中解决。业务主管必须具备两个能力,一个是创造价值的能力,另一个是做好内部控制的能力。

第二道防线,内部控制及风险监管的行业部门。第二道防线针对跨流程、跨领域的高风险事项进行拉通管理,既要负责方法论的建设及推广,也要做好各个层级的赋能。稽查体系聚焦事中,是业务主管的帮手,不能越俎代庖。业务主管仍是管理的责任人,稽查体

系是要帮助业务主管成功地管理好自己的业务，发现问题、推动问题改进、有效地闭环问题。稽查和内部控制的作用是在帮助业务完成流程化作业的过程中实现监管。内部控制的责任不在稽查部，也不在内部控制部，这点一定要明确。

第三道防线，内部审计部。内部审计部是司法部队，通过独立评估和事后调查建立冷威慑。审计抓住一个缝子，不依不饶地深查到底，旁边碰到有大问题也暂时不管，沿着这个小问题把风险查清、查透。一个是纵向的，一个是横向的，没有规律，不按大小来排队，抓住什么就查什么，这样建立冷威慑。冷威慑，就是让大家都不要做坏事，也不敢做坏事。

内部控制、监管并不是减慢流程速度，而是让流程在顺畅后速度更快。

监督体系本身是公司很重要的支柱之一，没有这个支柱，华为怎么会有明天？而且，明天的情况会更复杂、更艰难，做好监管更不容易。你们也要传帮带，让更多新人一代代涌入，华为不能在我们的手里终结。华为最宝贵、最伟大的财富就是管理平台，如果华为的生命终结，那么这个平台也就一文不值了。所以我们一定要维持生存，维持生存的根本就是不能腐败！

资料来源：https://www.sohu.com/a/125437276_394074［2021-01-07］

第一节 内部监督的定义、机构与职责

《企业内部控制基本规范》第四十四条规定，企业应当制定内部控制监督制度，明确内部审计机构（或经授权的其他监督机构）和其他内部机构在内部监督中的职责权限，规范内部监督的程序、方法和要求。

根据《企业内部控制基本规范》的规定，企业在健全内部控制时，首先应健全内部审计机构，这一机构一般来说是企业的内部审计部门，也可以由审计委员会委托有关部门或外部机构承担审计监督任务；其次，要明确内部审计机构的职责权限，根据《企业内部控制基本规范》的精神，内部审计机构的权力应该高于内部控制执行层，应直属内部控制规划决策层；最后，要规范相应的程序、内部审计方法和标准等，防止内部审计形式化。

一、内部监督的定义

按照《企业内部控制基本规范》的定义，内部监督是指企业对内部控制建立与实施情况进行监督检查，评价内部控制的有效性，发现内部控制缺陷，应当及时加以改进。因此，内部监督的实质就是对内部控制的运行有效性情况进行检查评价，促使内部控制不断改进，以帮助企业实现内部控制目标。

内部监督是企业内部控制的组成要素，而非附加到现有的内部控制体系之上。

二、内部监督体系的构成及其各机构的职责

（一）内部监督体系的构成

1. 专职的内部监督机构

为保证内部监督的客观性，应由独立于内部控制执行的机构进行内部监督。一般情况下，企业可以授权内部审计机构具体承担内部控制监督检查的职能。当企业内部审计因人

手不足、力量薄弱等原因无法有效对内部控制履行监督职责时,企业可以成立专门的内部监督机构,或授权其他监督机构(如纪委监察部门等)履行相应的职责。专职内部监督机构根据需要开展日常监督和专项监督,对内部控制有效性做出整体评价,提出整改计划和意见,督促其他有关机构整改。

2. 其他机构

内部监督不仅仅只是内部审计机构或经授权的其他监督机构(专职的内部监督机构)的职责,企业内部任何一个机构甚至个人在控制运行过程中,都应当在内部控制建立与实施过程中承担相应的监督职责。例如,财务会计部门对销售部门的赊销行为负有财务方面的监督职能;财务会计部门负责人对本部门的资产、业务、财务和人事具有监督职责;财务会计部门内部的会计岗和出纳岗也具有相互监督的职责。内部各机构监督应当在其职责范围内,承担内部控制相关具体业务操作规程及权限设计的责任,并在日常工作中严格执行。

我国现行的企业内部监督体系主要体现在《公司法》《上市公司治理准则》《会计法》和《企业内部控制基本规范》之中,据此,我国企业内部监督体系主要由审计委员会、监事会、内部审计机构和会计机构共同组成。

(二)主要内部监督机构的具体职责

1. 审计委员会的监督职责

《上市公司治理准则》《企业内部控制基本规范》和《企业内部控制应用指引》确立了董事会中的审计委员会在企业内部监督体系中的重要地位。《上市公司治理准则》第三十九条规定,审计委员会的主要职责包括:(一)监督及评估外部审计工作,提议聘请或者更换外部审计机构;(二)监督及评估内部审计工作,负责内部审计与外部审计的协调;(三)审核公司的财务信息及其披露;(四)监督及评估公司的内部控制;(五)负责法律法规、公司章程和董事会授权的其他事项。

《企业内部控制基本规范》第十三条规定,企业应当在董事会下设立审计委员会。审计委员会负责审查企业内部控制,监督内部控制的有效实施和内部控制自我评价情况,协调内部控制审计及其他相关事宜等。审计委员会在企业内部控制建立和实施中承担的职责一般包括:审核企业内部控制及其实施情况,并向董事会做出报告;指导企业内部审计机构的工作,监督检查企业的内部审计制度及其实施情况;处理有关投诉与举报,督促企业建立畅通的投诉与举报途径;审核企业的财务报告及其有关信息披露内容;负责内部审计与外部审计之间的沟通协调。

2. 监事会的监督职责

加强监事会建设,不仅能加强和完善公司治理三角制衡关系,而且能加强董事会和高级管理人员对于内部控制运行有效性的责任并促进执行。

《公司法》《上市公司治理准则》和《企业内部控制基本规范》对监事会的监督职能均有明确规定。

2018年修正后的《公司法》第五十一条规定,有限责任公司设监事会,其成员不得少于三人。股东人数较少或者规模较小的有限责任公司,可以设一至二名监事,不设监事会。第五十三条规定，监事会有权"对董事、高级管理人员执行公司职务的行为进行监督，对违反法律、行政法规、公司章程或者股东会决议的董事、高级管理人员提出罢免的建议""当董事、高级管理人员的行为损害公司的利益时，要求董事、高级管理人员予以纠正""对董事、高级管理人员提起诉讼"。第五十四条规定，监事可以列席董事会会议，并对董事会决议事项提出质询或者建议。监事会、不设监事会的公司的监事发现公司经营情况异常，可以进行调查；必要时，可以聘请会计师事务所等协助其工作，费用由公司承担。

2018年修订的《上市公司治理准则》根据上市公司的特殊性，对《公司法》中有关监事会的条款进行了细化和补充。《上市公司治理准则》第四十七条明确规定，监事会依法检查公司财务，监督董事、高级管理人员履职的合法合规性，行使公司章程规定的其他职权，维护上市公司及股东的合法权益。监事会可以独立聘请中介机构提供专业意见。第五十条规定，监事会发现董事、高级管理人员违反法律法规或者公司章程的，应当履行监督职责，并向董事会通报或者向股东大会报告，也可以直接向中国证监会及其派出机构、证券交易所或者其他部门报告。

《企业内部控制基本规范》从内部控制的角度，在第十二条中对《公司法》中有关监事会的职能做了补充规定，监事会对董事会建立与实施内部控制进行监督。

3. 内部审计机构的监督职责

内部审计机构是企业各项经济业务和管理活动的检察官，对各项活动进行监督检查，从而有效地防范风险。《企业内部控制基本规范》第十五条规定，企业应当加强内部审计工作，保证内部审计机构设置、人员配备和工作的独立性；规定了内部审计在内部控制中的职能；规定内部审计机构应当对内部控制的有效性进行监督检查，对监督检查中发现的重大缺陷，有权直接向审计委员会、监事会报告。

《企业内部控制基本规范》第四十四条规定，企业应当根据本规范及其配套办法，制定内部审计机构，明确内部审计机构（或经授权的其他监督机构）和其他内部机构在内部监督中的职责权限，规范内部监督的程序、方法和要求。内部审计机构应该直接向董事会或者高级管理人员汇报工作，理想的内部审计组织结构应该是在业务上向审计委员会（监事会）报告工作，而在行政上向CEO汇报工作，即实行双重报告的组织结构系统。

2018年修订的《审计署关于内部审计工作的规定》第六条规定，国家机关、事业单位、社会团体等单位的内部审计机构或者履行内部审计职责的内设机构，应当在本单位党组织、主要负责人的直接领导下开展内部审计工作，向其负责并报告工作。国有企业内部审计机构或者履行内部审计职责的内设机构应当在企业党组织、董事会（或者主要负责人）直接领导下开展内部审计工作，向其负责并报告工作。国有企业应当按照有关规定建立总审计师制度。总审计师协助党组织、董事会（或者主要负责人）管理内部审计工作。

4. 会计机构的监督职责

会计监督是会计的基本职能之一，会计监督是企业内部监督体系的重要组成部分。1999年修订的《会计法》确立了我国会计监督的基本框架。

会计监督是会计机构和会计人员依照《会计法》、会计准则（会计制度）和组织有关管理规定，对组织的经济活动及其资金运动过程和结果进行日常监督、定期检查，以确保经济活动和会计活动的合法合规性、保障会计信息的相关性和可靠性等,以实现组织目标。会计人员应该具有相关专业胜任能力和职业道德水平,依法依规履行有关监督职责。而组织的中高级管理人员应该重视和支持会计监督工作,促进会计工作水平不断提高,为组织创造价值。

案例 7-2

中航油新加坡公司破产案

2003 年,中航油新加坡公司和三井住友银行等三家外国银行进行场外期权交易,卖出看涨期权,执行价为 36 美元,仓位是空头 200 万桶,于年底石油价为 20 多美元时卖出,获得 200 多万美元的期权费。可以看出,当价格低于 36 美元时,收益是有限的佣金收入。

到了 2004 年的第一季度,中航油新加坡公司继续看跌,然而石油价格却一路上涨,2004 年 3 月 28 日,已出现 580 万美元的账面亏损。按照公司风险管理规定,亏损 50 万美元即应止损,且向集团上报。但中航油新加坡公司不仅没有及时止损,也未向集团汇报,而是决定对合约进行展期,并放大交易仓位,以此期望油价能够回跌。此时中航油新加坡公司的账面亏损已扩大至 3 500 万美元,然而公司的管理层却觉得原油现货并未短缺,再多等一段时间便能等到油价下跌。于是,中航油新加坡公司不仅没有止损,反而将期权合约展期至 2005 年、2006 年,并在新价位上继续卖空,交易量再次增加。而此时纽约原油期货一举突破 43 美元,创 21 年历史最高。

2004 年 10 月,中航油新加坡公司先后两次将行权价格提高到 45 美元/桶和 48 美元/桶,同时将头寸 200 多万桶放大到最后的 5 200 万桶,翻了将近 25 倍,这时的原油期权交易不是套期保值,因为中航油新加坡公司每年实际进口的原油数量为 1 700 多万桶。此时,公司账面亏损已达 1.8 亿美元,公司现金已全部消耗殆尽。由于国际油价的猛涨,公司必须加大保证金,为此中航油新加坡公司不得不向母公司中航油集团请求援助。而中航油集团不仅没有责令新加坡公司迅速斩仓,反而决定对其实施救助。2004 年 10 月 20 日,中航油集团以私募方式卖出手中所持 15% 的股份,获资 1.08 亿美元,立即交给中航油新加坡公司补仓。然而油价还是令人绝望地一路上升,中航油集团并不能无穷无尽地为中航油新加坡公司提供庞大的资金。2004 年 10 月 26 日和 28 日,中航油新加坡公司因无法补加一些合约的保证金而强行平仓,从而蒙受 1.32 亿美元实际亏损。2004 年 11 月 8 日到 25 日,中航油新加坡公司的期权合约继续遭逼仓,虽然中航油集团再向中航油新加坡公司提供 1 亿美元贷款,但此时却是螳臂当车。截至 2004 年 11 月 25 日中航油新加坡公司的实际亏损达 3.81 亿美元。2004 年 12 月 1 日,在亏损 5.5 亿美元后,中航油新加坡公司宣布向法庭申请破产保护令。

从监督角度看,首先,因中航油新加坡公司治理失效,致风险管理委员会、审计委员会和监事会监督失效。由于公司董事长和总裁由陈久霖一人兼任,加之作为中航油新加坡公司的创始人,使公司形成了一人说了算的"家"文化,致董事会相关监督机构的监督作用失效。其次,内部控制失效。中航油新加坡公司并未按规定向中航油集团报告和及时止损,致风险管理制度成为一纸空文。在这种内部环境下,内部常设的监督机构——内部审计无法也不可能发挥任何监督作用。最后,中航油集团未履行监督之责。在中航油新加坡公司求助时,中航油集团不仅没有制止该投机行为,反而加以救助,说明中航油集团未能履行必要的监督之责。

可见,一旦失去有效的制约和监督,企业很可能限于险境,乃至破产倒闭。

资料来源:张绿茵,郭真真,2014. 中航油巨亏探析金融衍生品的风险[J]. 福建师大福清分校学报(S1):21-25.

第二节 内部监督的方法

《企业内部控制基本规范》第四十四条规定,内部监督分为日常监督和专项监督。这两种监督既有联系又有区别。

一、日常监督的定义

日常监督是指企业对建立与实施内部控制的情况进行常规、持续性的监督检查。日常监督通常存在于组织基层管理活动之中,能够较全面地发现问题。专项监督的范围和频率应当根据风险评估结果及日常监督的有效性等予以确定。日常监督的力度和有效性越大,则专项监督的频率和范围就越小。

案例 7-3

三鹿集团的覆灭与产品质量控制的失效

三鹿集团曾经获得"中国食品工业百强""中国企业500强""农业产业化国家重点龙头企业"称号,奶粉产销量连续14年居全国第一、酸牛奶产销量居全国第二、液体奶产销量进入全国前四名,且拥有"国家免检产品""中国名牌产品"等许多荣誉称号。经权威机构评估,三鹿集团的品牌价值将近150亿元。是什么原因使如此强大的三鹿集团倒下呢?是产品质量控制的失效与内部监督的缺位。奶站驻站员的监督检查,是三鹿集团内部控制日常监督中把握产品质量的关键环节,对于从源头上保证产品质量意义重大。三鹿集团在养殖区建立奶站,并派出驻站员监督检查养殖区的饲养环境及挤奶设施的卫生情况、挤奶是否遵循工艺程序等。然而,该项作业的内部控制并未得到有效落实,也没有相关人员和机构对此项内部控制进行日常监督,导致不合格的奶源进入后续加工环节。此外,三鹿集团的加工生产环节监督不到位。为了适应企业高速扩张的需要,三鹿集团先后兼并了多个中小企业。这些企业设备落后、管理松弛,但是三鹿集团没有针对这种情况的专项监督措施,仅是简单地进行贴牌生产,导致先后发生了"早产奶""大头奶"等事件。最终,不合格的"毒奶"将三鹿集团送上了破产倒闭的不归路。由此可见,内部控制及对内部控制有效执行予以监督的重要性。

资料来源:李珣,2011. 三鹿集团企业内部控制制度评析[J]. 新会计(04):25,30.

二、日常监督的内容

按照监督的主体，日常监督分为企业所属单位监督、内部控制机构监督、管理层监督、内部审计监督等四种方式。

（一）企业所属单位监督

企业所属单位及内部各机构定期对职权范围内的经济活动实施自我监督，向经理层直接负责，包括但不限于以下措施。

企业所属单位内部各机构召开部门例会或运营分析会等，汇集来自本单位（机构）内外部的有关信息，分析并报告存在的问题，对日常经营管理活动进行监控。

企业所属单位及内部各机构对内部控制设计与运行情况开展自我测评，至少每年检查一次。企业所属单位及内部各机构对与本单位（机构）环境变化、相关的新增业务单元以及业务性质变化、业务变更导致重要性改变的业务活动进行跟进确认，评估并进一步完善相关的内部控制。

（二）内部控制机构监督

有条件的企业应当设置专门的内控机构。内部控制机构结合单位（机构）监督、内外部审计、政府监管部门的意见等情况，根据风险评估结果，对企业认定的重大风险管控情况及成效开展持续性监督。

内部控制机构还可以通过控制自我评估的方法，召集有关管理层和员工就企业内控制度设计和执行中存在的特定问题进行面谈和讨论，同时可以通过开展问卷调查和管理结果分析等方式进行监督测试。

(1) 外部反映信息对内部信息的印证

与外界的沟通能够印证内部生成的信息或揭示内部问题，主要包括来自监管部门的信息和来自客户的信息。来自监管部门的信息，是指企业接受监管部门的监督，汇总、分析监管反馈的信息；来自客户的信息，是指企业通过各种方式与客户进行沟通所搜集的信息。企业内部控制部门要根据外部反映的信息，与内部信息进行印证，发现并分析与内部信息不一致的地方，揭示可能存在的内部控制问题。

(2) 定期核对财务系统数据与实物资产

将信息系统所记录的数据与实物资产相比较，对二者产生的差额进行分析，做到账账相符、账实相符。

（三）管理层监督

在日常管理活动中，获取内部控制运行有效的证据十分重要，有利于管理层及时发现内部控制有关问题、纠正内部控制缺陷，进而防范可能发生的风险。

(1) 审计委员（监事会）会接收、保留、处理各种投诉及举报，并保证其保密性；管理层在培训、会议等活动中了解内部控制的执行情况；管理层审核员工提出的各项合理建议等。

(2) 董事会和经理层充分利用内部信息与沟通机制，获取适当的、足够的相关信息来验证内部控制是否有效设计和运行，并对日常经营管理活动进行持续监督，包括但不限于以下措施。

董事会召开董事会议或专业委员会会议，获取来自经理层的风险评估与控制活动信息。可以利用内部审计师、外聘专家及外部审计师、政府监管的力量，也可以通过询问非管理层员工、客户（供应商）等方式，持续监督经理层权力行使情况。

经理层召开经理办公会、生产例会、经济活动分析例会等，搜集汇总内部各机构的经营管理信息，持续监督内部各机构的工作进展、风险评估和控制情况。经理层听取员工的合理化建议，不断完善员工合理化建议机制，明确相应的责任部门、单位、征集方式、评审办法、奖励措施等内容，对员工提出的问题予以及时解决。

董事会（或授权审计委员会）、经理层组织实施内部控制评价，听取内部控制评价报告，获取内部控制设计和运行中的缺陷，积极采取整改措施并督促整改，促进实现内部控制目标。

定期询问员工是否理解并执行了公司的道德准则，员工是否执行了内控活动；定期要求企业员工明确说明他们是否理解并遵守企业的员工行为守则。同样，也应当要求经营及财务人员说明某些内部控制程序是否正常地实施。管理层可以对这些说明加以核实。

（四）内部审计监督

适当的组织结构和监督活动可监督内部控制的执行并识别内部控制的缺陷。因此，内部审计活动的独立性和有效性为此提供了保障。确保内部审计活动的独立性和有效性具有重大意义。

内部审计机构接受董事会或经理层委托，对日常生产经营活动实施审计检查，包括但不限于以下措施。

（1）制定内部审计计划，定期组织生产经营审计、内部控制专项审计和专项调查等，主要对企业董事、高级管理人员和下属单位负责人的廉洁从业状况、管理制度的落实情况、内部控制的实际效果等进行监督检查，并向董事会或经理层提出管理建议。

（2）内部审计机构对审计中发现的违反国家法律法规和企业章程规定的事项提出审计建议，做出审计决定，并对审计建议和审计决定的落实情况进行跟踪监督。

（3）内部审计机构应当接受审计委员会的监督指导，定期或应要求向董事会及其审计委员会、监事会、经理层报告工作。

（4）内部审计机构和外部审计师定期为进一步完善内部控制提供建议。一般来说，内部审计人员的关注点主要集中在评估内部控制的设计及其执行的有效性，识别潜在的缺陷并向管理层提出改进的建议，提出符合成本效益并对决策有用的信息。在监督企业内部控制运行的活动中，内部审计人员或实施类似审计职能的人员能够发挥更为有效的作用。外部审计师关注的焦点是财务报告内部控制活动，内部审计机构与外部审计师的有效沟通更加有利于完善企业的内部控制活动。

三、专项监督的定义

专项监督是指在企业发展战略、组织结构、经营活动、业务流程、关键岗位员工等发生较大调整或变化的情况下，对内部控制的某一或者某些方面进行有针对性的监督检查。专项监督的范围和频率应当根据风险评估结果及日常监督的有效性等予以确定。日常监督的力度和有效性越大,则专项监督的频率和范围就越小。

 案例 7-4

上海家化内部控制被否的启示

普华永道中天会计师事务所在审计了上海家化 2013 年的财务报表以后,出具了无保留意见的标准财务报表审计意见,但是对内部控制的审计却出具了否定意见。根据《企业内部控制审计指引》第三十条规定,出具否定意见内部控制的条件是注册会计师认为财务报告内部控制存在一项或多项重大缺陷,除非审计范围受到限制,否则应当对财务报告内部控制发表否定意见。重大缺陷的认定是发表否定意见的关键所在。导致上海家化内部控制否定意见最主要的因素就是隐瞒关联交易。2008—2012 年,上海家化与其关联方沪江日化累计发生关联交易 24.15 亿元。其中,上海家化的累计采购金额为 14.35 亿元,累计销售金额为 9.80 亿元。此外,上海家化还曾向沪江日化提供过 3 000 万元的低息借款。如果算上这 3 000 万元,上海家化和沪江日化之间的关联交易金额约 24.45 亿元。如此巨大的关联交易未披露,说明相关内部控制存在重大缺陷。试想,如果上海家化对有关关联交易及其披露进行了专项监督或评估,内部控制被否的结果是可以避免的。

资料来源:王若诗,2014. 上海家化内部控制否定审计意见的思考与启示 [J]. 商业会计 (21):112-114.

四、专项监督的内容

专项监督的实质就是独立评估和专项检查。美国 COSO 委员会认为,独立评估工作是内部审计、监察等部门从独立性角度出发,对内部控制系统进行审核的过程,主要关注的是控制系统的设计和运行的有效性。

(一) 专项监督的范围和频率

专项监督的范围和频率取决于以下因素。

1. 风险评估的结果

重要业务事项和高风险领域所需的专项监督频率通常较高;对于风险发生可能性较低但影响程度大的业务事项,如突发事项,进行日常监督的成本很高,应更多地依赖专项监督。

2. 变化发生的性质和程度

当内部控制要素发生变化,可能对内部控制的有效性产生较大影响,如业务流程的改变和关键员工发生变化时,企业应当组织实施独立的专项监督,专门就该变化的影响程度进行分析研究。例如有重大策略改变、管理层变动、重大收购或处分、重大的营运方法改变或财务信息处理方式改变等,往往需要对整体内部控制进行评估。

3. 日常监督的有效性

日常监督是对企业日常、反复发生的经营活动进行的监督。如果日常监督有效,可以迅速应对环境发生的变化，对专项监督的需要程度就低。反之，对专项监督的需要程度就高。

（二）专项监督的主体

监督评估通常是以自我评估的形式进行，即由特定部门或职能部门的负责人来进行评估，最后，再由组织的管理层来监督、考核各个部门的评估结果。

内部审计机构由于其独立性和专业胜任能力，成为组织进行控制评估的主要力量。此外，管理层在考核内部控制是否有效时，还可以借用外部审计的力量。

（三）专项监督的阶段

1. 计划阶段

计划阶段的主要任务包括：确定监督的目标和范围；确定具有该项监督权力的主管部门和人员；确定监督小组、辅助人员和主要业务单元联系人；规定监督方法、时间和实施步骤；就监督计划达成一致意见。

2. 执行阶段

执行阶段的主要任务包括：了解业务单元或业务流程活动；了解业务单元或流程的内部控制程序是如何设计运作的；应用可比一致的方法评价内部控制程序；通过与企业内部审计标准的比较来分析结果，并在必要时采取后续措施；记录内部控制缺陷和拟定的纠正措施；与适当的人员复核和验证调查结果。

3. 报告和纠正措施阶段

报告和纠正措施阶段的主要任务包括：与业务单元或业务流程的管理人员及其他适当的管理人员复核结果；从业务单元或业务流程的管理人员处获得情况说明和纠正措施；将管理反馈写入最终的评价报告。

第三节　内部监督的要求及其与其他控制要素之间的关系

一、内部监督的要求

1. 对监督人员的要求

负责监督的人员应具有胜任能力和客观性。胜任能力是监督人员在内部控制和相关流程方面的知识、技能和经验。客观性是指在不考虑可能的个人后果，且不会为了追求个人利益或者自我保护而操纵结果时，负责监督的人员执行监督和提供信息的公允程度。一般而言，客观性依自我监督、同级监督、上级监督和完全独立监督而逐级增强。

2. 监督应当考虑到控制和信息的适当、充足程度

企业应根据风险评估，识别内部控制中的关键控制，收集判断内部控制有效性的有说服力的信息，从而进一步明确监督程序，以及需要执行的频率。关键控制应考虑以下因素：复杂程度较高的控制；需要高度判断力的控制；已知的控制失效；相关人员缺少实施

某一控制所必需的资质或经验;管理层凌驾于某一控制活动之上;某一项控制失效是重大的,且无法补充、及时识别并整改。适当的信息必须是相关的、可靠的、及时的和充分的。

信息按照相关性,可以分为两种。一种是直接信息:可以证实控制的运行情况,一般可通过观察执行中的控制、重新执行控制或直接评估控制执行等方式获得。另一种是间接信息:是指在控制执行中可以表明其发生改变或无效的其他所有信息。这些信息包括但不限于:控制运行的统计数据,关键风险指标,关键绩效指标,行业同比数据。例如,企业运营分析的结果属于监督的间接信息。一般地,间接信息需要推理后才能得出控制有效性的结论,因此,识别控制缺陷的能力相对直接信息较弱,包括已存在的控制缺陷可能因为不够重大而无法被作为异常情况识别出来,或者间接信息可能已经随着时间的推移失去识别异常的能力。

信息的可靠性是指信息应当是准确、客观、可验证的(即无偏见信息的程序)。

信息的及时性是指信息必须在一定的时间范围内生成并使用,从而能够预防控制缺陷,或者在这些控制缺陷产生不利影响之前,就及时发现并予以整改。

信息的充分性是指对某一控制点的业务记录中,有多少样本(例如,从1 000张会计凭证中选择30张)纳入了监督测试的范围。企业至少应在以下情况下考虑增加监督样本量:近期频繁出现偏差的控制;发生频率不固定的控制;执行监督的人员不熟悉控制程序,或因惯性执行控制可能弱化控制效果;较为复杂的控制;需要运用重大判断的控制;涉及舞弊或管理层凌驾于某一控制活动之上;等等。

二、内部监督与内部控制其他要素的关系

内部监督与内部控制其他要素相互联系、互为补充,共同促进企业实现控制目标。其关系体现在以下方面。

第一,内部监督以内部环境为基础,并与内部环境有极强的互动关系。管理层就内部控制及监督的重要性传达积极的基调,要求定期沟通、对于发现的控制问题积极采取措施等,将直接有益于内部监督的开展。反过来,加大内部监督力度,又有利于进一步优化企业的内部环境,为实现控制目标提供充分保障。

第二,内部监督与风险评估、控制活动形成了三位一体的闭环控制系统。企业根据风险评估结果和风险应对策略,制定并实施控制活动,再通过事前、事中和事后的内部监督,对风险评估的适当性和控制活动的有效性进行检查评价和优化调整,进而形成了一套严密、高效的闭环控制系统。

第三,内部监督离不开信息与沟通的支持。通过适当的信息收集、传递和反馈渠道,获取足够的相关信息来验证内部控制的有效性,并将发现的问题及时报告给有关方面以促进其整改。所有这些监督活动,均需要良好的信息与沟通机制予以保障。

明确内部监督机构与企业内部其他机构之间的关系。《企业内部控制基本规范》第四十四条规定,企业应当根据本规范及其配套方法,制定内部控制监督制度,明确内部审计机构(或经授权的其他监督机构)和其他内部机构在内部监督中的职责权限,规范内部监督的程序、方法和要求。

 案例 7-5

中信泰富巨亏 186 亿，内部监督形同虚设

暴跌的澳元，犹如面目狰狞的魔鬼一步一步把中信泰富（00267.HK）逼向万劫不复的地狱。2008 年 12 月 2 日，中信泰富公开披露的股东通函显示，过去两年中，中信泰富分别与花旗银行中国香港分行、渣打银行、汇丰银行、法国东方汇理银行、德意志银行等 13 家银行共签下 24 款外汇累计期权合约。

2008 年 10 月 20 日，中信泰富首告因澳元贬值跌破锁定汇价——澳元累计认购期权合约公允价值损失约 147 亿港元，至今，巨额亏损已扩大到 186 亿港元。在短短 30 多个交易日内，中信泰富以每天 1.1 亿港元的惊人亏损快速冲刺。

尽管实力雄厚的中信集团紧急出手救援，以认购可转债形式向中信泰富注资约 116 亿港元并重组外汇衍生品合同，中信泰富因此迎来生存转机。但中信泰富外汇累计期权高达 186 亿港元巨亏的沉重现实，让人无法释怀。究竟是什么原因导致一家优秀的企业，差点"命归黄泉"？

公开披露信息显示，中信泰富在 2008 年 7 月密集签署了 16 份每月累计外汇远期合约。合约杠杆倍数绝大多数为 2.5 倍。而中信泰富签署的这些外汇远期合约实质上就是累计期权（Accumulator），其谐音在香港被称为"I kill you later"（"我早晚灭了你"）。这种合约具有很大的欺骗性，尤其是在牛市中，很多投资者认为，只要价格不会大幅下跌，就可包赚不赔。在牛市末期，投资者通常比较亢奋，防范风险的意识弱，容易上当。而这种合约时间跨度长，为市场反转预留了足够的空间和时间，这就是为什么这种产品被称为"I kill you later"。而中信泰富与国际银行签订的合约已经不是"我早晚灭了你"，而是"我现在就杀死你"（I am killing you right now）。事实充分说明，中信泰富掉进了国际银行所设计的合约定价陷阱而不能自拔，最终导致了悲剧的发生。累计期权的风险与收益严重不匹配，收益固定但风险却是无限的。中信泰富在选择澳元作为交易标的时，该合同并未考虑货币贬值而设定止损金额以防范可能无限放大的风险，从而为日后巨额亏损埋下隐患。

早在 2008 年 9 月 7 日，中信泰富董事会即已获悉公司因投资外汇交易致百亿亏损，却在 9 月 9 日的公函中称，"公司的财务或交易状况没有出现重大不利改变"，直到 10 月 20 日才不得不对外承认巨额损失。此举涉嫌延迟披露、非法陈述、违反香港证监会法规。10 月 22 日，香港证监会对中信泰富展开调查。而中信泰富董事局主席，事发后竟然声称自己对交易合同不知情，是财务董事未遵守集团对冲风险政策，且在交易前未按规定取得董事局主席批准，超越了其权限范围。这些事实说明，中信泰富的内部控制及其监督机制出现了重大缺陷。由此我们亦可看出，中信泰富审计委员会和监事会包括风险管理委员会等类似监督机构因未能履行对董事和高管的监督之责，未能及时发现、防范和纠正重大内部控制违规行为，致使公司遭受巨额损失。

事实上，在中信泰富事件之前，累计期权因为高风险在业内已经声名狼藉，并获得了"I kill you later"的绰号。面对该衍生品所具有的众所周知的巨大风险，作为日常监督的内部审计等监督机构居然毫无察觉，反映了内部审计等日常监督部门对于内部控制监督的失职失效。

中信泰富有关内部控制制度包括金融衍生工具交易的程序也是有的，监督机构更是堂堂正正地设立且无一缺漏。然而，这些内部控制制度并没有被执行。中信泰富巨额亏损发生之前及发生之后，这些监督机构和监督人员在哪里？衍生品的交易程序和监督程序又在哪里？著名评级机构标准普尔指出，中信泰富巨额的外汇交易亏损揭示了该公司缺乏适当的内部监督机制、透明度不足。中信泰富巨额亏损事件再一次说明，再好的内部控制制度，必须要有配套的监督体系来加以考核、评估和监督，才能促使内部控制得以长期有效运行。无数血泪事实证明了一个真理：没有监督和制衡的权力是危险和可怕的。企业要想长期稳定发展，防范经营管理风险，就必须建立适合自身的内部控制，并坚决地切实加以执行。而内部控制要有效执行并且能够适应新情况，就必须对内部控制进行再控制，即建立健全有效的内部监督体系，对内部控制的设立、执行与适应情况进行评估、反馈和监督。没有对内部控制实施恰当的监督，内部控制很难发挥其应有的作用，从而难以为实现相关目标提供合理保证。

资料来源：上海国家会计学院，2012. 企业风险管理 [M]. 北京：经济科学出版社.

复习思考题

1. 什么是内部监督？内部监督与内部控制的联系与区别有哪些？
2. 内部监督的机构及其职责都有哪些？
3. 内部监督的基本要求有哪些？
4. 内部监督的程序如何？
5. 内部监督的方式有哪几种？
6. 专项监督主要关注哪些方面？
7. 请选择你知道的案例，运用本章的知识，从内部监督的角度加以分析。

第八章

内部控制评价

学习目标

1. 理解内部控制评价的定义，明确内部控制评价的主体和对象；
2. 了解内部控制评价的原则和组织形式；
3. 理解内部控制缺陷的定义和分类；
4. 了解内部控制评价的内容、程序和方法；
5. 理解内部控制评价报告的编制和使用。

对内部控制进行评价，是企业优化内部控制自我监督机制的一项重要的制度安排，是企业建立和实施内部控制的重要工作环节。对企业而言，内部控制评价是自我发现问题、整改问题、持续优化内部控制的重要手段。企业董事会或类似权力机构应授权内部审计部门或专门机构，根据《企业内部控制基本规范》《企业内部控制评价指引》及本企业的内部控制制度，围绕内部控制五要素全面开展内部控制评价工作。

第一节 内部控制评价概述

一、内部控制评价的概念

（一）内部控制评价的定义

《企业内部控制评价指引》第二条规定，企业内部控制评价是指企业董事会或类似权力机构对内部控制的有效性进行全面评价、形成评价结论、出具评价报告的过程。

企业通过内部控制评价，查找、分析内部控制设计和运行中存在的缺陷并有针对性地督促落实整改，可以优化管控措施，堵塞管理漏洞，防范各种偏离控制目标的风险，从而促进内部控制体系不断完善。

 案例 8-1

有控则强，无控则乱

企业舞弊是一个经久不衰的话题。2018 年 8 月，京东发布内部反腐公告，列举了 16 个典型的集团内部贪腐案例；11 月，58 同城高管因贪腐被警方拘留；12 月，阿里大文娱集团原总裁杨伟东因涉嫌重大经济案被警方调查；2019年1月，大疆公司对外承认公司内部出现重大舞弊情形，保守估计已经导致了至少10亿元人民币的损失……虽然舞弊形式各不相同，但都反映了这些企业的内部控制存在问题。

企业发生舞弊事件，不但会造成一定程度的经济损失，而且会给企业的外部声誉和内部文化带来负面影响。内部控制是企业防范舞弊的重要手段，内部控制评价是完善企业内部控制的重要环节。企业通过建立和完善内部控制，可以有效激活自身的"免疫系统"，将舞弊抑制在萌芽状态。

对企业而言，做好内部控制建设，才能未雨绸缪，防微杜渐，稳步发展。企业在内部控制的建立和完善过程中，应以人为本、以制度为纲、以道德为导向，引导员工树立正确的价值观和道德理念，自觉遵守各项规章制度，以降低舞弊发生的可能性。

资料来源：公众号"内审之友"2019-12-11《有控则强，无控则乱——从大数据看企业内控和舞弊问题》

（二）内部控制评价的对象

内部控制评价的对象是内部控制的有效性。

内部控制的有效性是指企业建立与实施内部控制对实现控制目标提供合理保证的程度，包括内部控制设计的有效性和内部控制运行的有效性。

设计的有效性是指为实现控制目标所必需的内部控制要素都存在并且设计恰当。评价内部控制设计的有效性时应考虑以下几个方面：①是否为防止、发现并纠正财务报告重大错报而设计了相应的控制；②是否为合理保障资产安全而设计了相应的控制；③相关控制的设计是否能够保证企业遵循适用的法律、法规；④相关控制的设计是否有助于企业提高经营效率和效果，实现发展战略。

运行的有效性是指现有内部控制按照规定程序得到了正确执行。评价内部控制运行的有效性时应考虑以下几个方面：①相关控制在评价期内是如何运行的；②相关控制是否得到了持续一致的运行；③实施控制的人员是否具备必要的权限和能力；④相关控制是以什么方式运行的，是人工控制还是自动控制。

二、内部控制评价的原则

内部控制评价的原则是开展评价工作时应遵循的基本要求，与内部控制建设的原则不完全相同。企业对内部控制设计与运行的有效性实施评价，应当遵循下列原则。

（1）全面性原则。全面性原则要求内部控制评价的涵盖范围应当全面，具体指内部控制评价工作应当包括内部控制的设计与运行，涵盖企业及其所属单位的各种业务和事项。

（2）重要性原则。重要性原则要求内部控制评价应当在全面评价的基础之上，以风险为导向，着重关注那些影响内部控制目标实现的高风险领域和风险点，确定需要评价的重要业务单位、重大业务事项和关键控制环节。

（3）客观性原则。客观性原则要求内部控制评价工作应当结合企业的行业环境、发展阶段、经营规模、业务特点等经营实际，准确地揭示经营管理的风险状况，如实反映内部控制设计与运行的有效性，确保评价结果有充足且适当的证据支持。

三、内部控制评价的组织

内部控制评价工作能否有效实施，在很大程度上取决于企业是否具备强有力的组织领导体制。

（一）内部控制评价的组织形式

企业可以根据自身特点，单独设置专门的机构或者授权内部审计机构作为内部控制评价机构，负责内部控制评价的具体组织实施工作。为了保证评价的独立性，负责内部控制设计的部门和内部控制评价部门应适当分离。

内部控制评价机构必须具备一定的设置条件，即独立性、专业性、协调性和权威性。

（1）独立性。独立性要求内部控制评价机构能够独立行使对内部控制系统的建立过程、运行过程及结果进行监督的权力。

（2）专业性。专业性要求内部控制评价机构必须具备与监督和评价内部控制系统相适应的专业胜任能力和职业道德素养。

（3）协调性。协调性要求内部控制评价机构能够与企业其他职能机构就监督与评价内部控制系统方面保持协调一致，在工作中相互配合、相互制约，在效率和效果上满足企业对内部控制系统进行监督与评价所提出的有关要求。

（4）权威性。权威性要求内部控制评价机构能够得到企业董事会和经理层的支持，直接接受董事会及其审计委员会的领导和监事会的监督，有足够高的地位来保证内部控制评价工作的顺利开展。

企业也可以委托会计师事务所等中介机构实施内部控制评价，但内部控制评价报告的责任仍然由企业董事会承担，董事会（审计委员会）应加强对内部控制评价工作的监督与指导。为企业提供内部控制审计的会计师事务所，不得同时为同一家企业提供内部控制评价服务。

（二）内部控制评价的职责安排

（1）董事会对内部控制评价承担最终的责任。董事会应当对内部控制评价报告的真实性负责。董事会可以通过审计委员会来承担对内部控制评价的组织、领导和监督职责。

（2）经理层负责组织实施内部控制评价工作。实际操作中，经理层通常授权内部控制评价机构组织实施内部控制评价工作，并创造良好的环境和条件，给予其积极支持和配合。

（3）监事会通过审议内部控制评价报告，对董事会建立与实施内部控制的效果进行监督。

（4）内部控制评价部门根据授权承担内部控制评价的具体组织实施任务。

（5）各业务部门应负责组织本部门内部控制的自查、测试和评价工作，对发现的设计和运行缺陷提出整改方案并积极整改。

（6）企业所属单位应逐级落实内部控制评价的责任，配合内部控制评价部门开展内部控制的自查、测试和评价，发现问题并拟订整改方案，报本级管理层审定后，积极整改。

四、内部控制评价的内容

企业应当根据《企业内部控制基本规范》《企业内部控制应用指引》及企业自身的内部控制制度，对内部控制设计的有效性和运行的有效性进行评价，具体围绕内部环境、风险评估、控制活动、信息与沟通、内部监督等要素，对内部控制的有效性进行全面评价，即对企业财务报告内部控制的有效性和非财务报告内部控制的有效性均进行评价。

（一）评价内部环境

对内部环境的评价应当包括组织架构、发展战略、人力资源、企业文化、社会责任等方面。组织架构评价可以从法人治理结构的健全性和有效性、组织结构设置的整体控制力、管理层权限的集中程度、各部门（岗位）权责分配的合理性及透明度等方面进行。发展战略评价可以从发展战略制定的合理性、发展战略实施的有效性及发展战略调整的及时性和科学性三方面进行。人力资源评价可以从企业人力资源引进结构的合理性、员工聘任程序及培训制度的健全性、重要岗位人员的胜任能力、员工业绩考核及激励约束机制等方面进行。企业文化评价可以从企业文化建设和员工对企业文化的认同与遵行两方面进行。社会责任评价可以从企业安全生产、产品质量、环境保护与资源节约、促进就业、员工权益保护等方面进行。

（二）评价风险评估

对风险评估的评价应当从企业日常经营管理过程中的目标设定、风险识别、风险分析、风险应对等方面进行，重点评价企业的抗风险能力和实施风险管理的措施及效果。

（三）评价控制活动

对控制活动的评价应当从对企业各类业务控制措施的适当性、流程设计的有效性及业务运行的有效性等方面进行。

（四）评价信息与沟通

对信息与沟通的评价应当从财务信息和非财务信息的收集、处理和传递的及时性，反舞弊机制的健全性，财务报告的真实性，管理信息系统的安全性等方面进行。

（五）评价内部监督

对内部监督的评价应当从管理层对内部监督的态度、日常监督和专项监督的有效性、内部控制缺陷认定的科学性、内部控制缺陷报送机制的健全性等方面进行，重点关注监事会、审计委员会、内部审计机构等在企业内部控制建设中是否有效发挥作用。

第二节 内部控制缺陷的认定

一、内部控制缺陷的概念

（一）内部控制缺陷的定义

内部控制缺陷，是指企业内部控制设计和运行中存在漏洞，这些漏洞导致内部控制不能有效预防或及时发现并纠正企业经营活动中的错误或舞弊的情形。

内部控制缺陷，是描述内部控制有效性的一个负向的维度。企业开展内部控制评价，主要工作内容之一就是要找出内部控制缺陷并有针对性地进行整改。

（二）内部控制缺陷的分类

内部控制缺陷按照不同的标准可以分为不同的类别。

1. 按照缺陷的成因分类

按照缺陷的成因不同，内部控制缺陷可分为设计缺陷和运行缺陷。

设计缺陷，是指企业缺少为实现控制目标所必需的控制，或因现存控制设计不适当，即使正常运行也难以实现控制目标的情形。

运行缺陷，是指现存设计合理且适当的内部控制由于未按设计的方式运行，或由不恰当的人员执行，或运行的时间、频率不当，或没有得到一贯有效运行等而形成的内部控制失效的情形。

2. 按照缺陷对企业影响的严重程度分类

按照缺陷对企业内部控制目标实现的影响的严重程度，内部控制缺陷可分为重大缺陷、重要缺陷和一般缺陷。

重大缺陷，是指一个或多个控制缺陷的组合，可能导致企业严重偏离控制目标。当存在一个或多个内部控制重大缺陷时，在内部控制评价报告中应当作出内部控制无效的结论。

重要缺陷，是指一个或多个控制缺陷的组合，其严重程度低于重大缺陷，但仍有可能导致企业偏离控制目标。重要缺陷不会严重危及内部控制的整体有效性，但也应当引起董事会、经理层的充分关注。

一般缺陷，是指除重大缺陷、重要缺陷以外的其他控制缺陷。

3. 按照缺陷的具体表现形式分类

按照缺陷影响内部控制目标的具体表现形式，可以将内部控制缺陷分为财务报告内部控制缺陷和非财务报告内部控制缺陷。

财务报告内部控制缺陷，是指在会计确认、计量、记录和报告过程中出现的，对财务报告的可靠性和资产的安全性产生直接影响的控制缺陷。

非财务报告内部控制缺陷，是指虽不直接影响财务报告的真实性和完整性，但对企业经营管理的合法合规、运营的效率和效果、发展战略的实现等控制目标的达成存在不利影响的其他控制缺陷。

 案例 8 - 2

A 公司的内部控制存在的缺陷

（1）A 公司未设立风险管理部门，对于部分重大投资事项，A 公司没有进行事前的风险评估程序，无可行性研究报告，无各层级的审批流程和投资方案。上述重大缺陷影响了财务报表中长期股权投资的计价和分摊，与之相关的财务报告内部控制失效。

（2）A 公司没有对供应商和客户的引入建立审批制度，没有对供应商和客户的资信等级进行评估的制度，没有对合同预先进行连续编号，没有严格执行每月与客户对账的制度。上述重大缺陷影响了应收账款及应付账款计价、资产减值的准确性，与之相关的财务报告内部控制失效。

思考：A 公司的内部控制呈现出哪些类别的缺陷？

资料来源：根据 2016 年 4 月亚太集团会计师事务所对 A 公司出具的否定意见的内部控制审计报告内容整理而得。

二、内部控制缺陷的认定标准

通过内部控制评价工作查找并纠正内部控制缺陷是企业完善内部控制的重要手段。企业可以根据《企业内部控制基本规范》及其配套指引，结合企业的行业特点、经营规模、发展阶段、风险管理需求等因素，确定适合企业的重大缺陷、重要缺陷和一般缺陷的具体认定标准。企业通常按照内部控制缺陷对财务报告目标和其他内部控制目标实现影响的具体表现形式，分别制定缺陷认定标准。

（一）财务报告内部控制缺陷的认定标准

财务报告内部控制缺陷的认定标准由该缺陷可能导致财务报告错报的重要程度来确定，这种重要程度主要取决于两方面因素：第一，该缺陷是否具备合理的可能性导致内部控制不能及时防止、发现并纠正财务报告错报；第二，该缺陷单独或连同其他缺陷可能导致的潜在错报金额的大小。财务报告内部控制缺陷可以通过定量或定性的方式予以确定。

一般而言，如果一项内部控制缺陷单独或连同其他缺陷具备合理的可能性导致不能及时防止、发现并纠正财务报告中的重大错报，就应将该缺陷认定为重大缺陷。企业通常采用绝对金额法或相对比例法来确定财务报告的重要性水平。

一项内部控制缺陷单独或连同其他缺陷具备合理的可能性导致不能及时防止、发现并纠正财务报告中虽然未达到和超过重要性水平但仍应引起董事会和管理层重视的错报，就应将该缺陷认定为重要缺陷。

不构成重大缺陷和重要缺陷的内部控制缺陷，应认定为一般缺陷。

如果企业的财务报告内部控制存在一项或多项重大缺陷，就不能得出该企业的财务报告内部控制有效的结论。

在内部控制评价过程中，出现以下迹象之一时，通常表明财务报告内部控制可能存在重大缺陷：①董事、监事和高级管理人员舞弊；②企业更正已公布的财务报告；③注册会计师发现当期财务报告存在重大错报，而内部控制在运行过程中未能发现该错报；④企业审计委员会和内部审计机构对内部控制的监督无效。

 案例 8-3

表 8-1 T公司财务报告内部控制缺陷的认定标准

缺陷种类		认定标准
重大缺陷	定量标准	当一个或一组内部控制缺陷的存在，有合理的可能性导致无法及时地预防或发现财务报告中出现大于、等于公司合并财务报表资产总额的1%或收入总额的4%的错报时，被认定为重大缺陷
	定性标准	① 企业财务报表已经或者很可能被注册会计师出具否定意见或者拒绝表示意见； ② 企业董事、监事和高级管理人员涉嫌或者已经舞弊，或者企业员工存在串谋舞弊情形并给企业造成严重损失和不利影响； ③ 审计委员会和内审部门对公司未能有效发挥监督职能； ④ 当期财务报表存在重大错报，而内部控制在运行过程中未能发现该错报； ⑤ 对已经公告的财务报告出现的重大差错进行错报更正； ⑥ 因会计差错导致证券监管机构的行政处罚，造成严重不良影响

续表

缺陷种类		认定标准
重要缺陷	定量标准	当一个或一组内部控制缺陷的存在，有合理的可能性导致无法及时地预防或发现财务报告中出现小于合并财务报表资产总额的1%或收入总额的4%，但大于、等于公司合并财务报表资产总额的0.5%或收入总额的2%的错报时，被认定为重要缺陷
	定性标准	① 未依照公认会计准则选择和应用会计政策； ② 未建立反舞弊程序和控制措施； ③ 对于非常规或特殊交易的账务处理没有建立或没有实施相应的控制机制且没有相应的补偿性控制； ④ 对于期末财务报告过程的控制存在一项或多项缺陷且不能合理保证编制的财务报表达到真实、完整的目标
一般缺陷	定量标准	对不构成重大缺陷和重要缺陷之外的其他缺陷，可能导致的错报小于公司合并财务报表资产总额的0.5%或收入总额的2%的错报时，被认定为一般缺陷
	定性标准	除上述重大缺陷、重要缺陷之外的其他控制缺陷

要求：比较T公司财务报告内部控制缺陷中重大缺陷和重要缺陷的区别。

资料来源：根据2016年4月20日西安××股份有限公司第二届董事会第二十九次会议审议通过的《公司内部控制缺陷认定标准》整理而得。

（二）非财务报告内部控制缺陷的认定标准

非财务报告内部控制缺陷是指除财务报告目标之外的与战略目标、经营目标、合规目标等相关的内部控制缺陷。

非财务报告内部控制缺陷认定具有涉及面广、认定难度大的特点。相对而言，非财务报告内部控制缺陷的认定很难形成统一的标准，企业可以参照财务报告内部控制缺陷的认定标准，结合自身的实际情况、管理现状和发展要求，合理制定非财务报告内部控制缺陷的定量和定性认定标准。

定量标准主要考虑缺陷涉及的金额大小，既可以根据缺陷造成的直接财产损失的绝对金额制定，也可以根据缺陷造成的直接损失占企业资产或销售收入或利润等因素的百分比确定；定性标准主要考虑缺陷涉及业务性质的严重程度，可根据缺陷造成的直接或潜在的负面影响的性质、范围等因素确定。

为避免企业操纵内部控制评价报告，非财务报告内部控制缺陷认定标准一经确定，必须在不同评价期间保持一致，不得随意变更。

在内部控制评价过程中，出现以下迹象之一时，通常表明非财务报告内部控制可能存在重大缺陷：①国有企业缺乏民主决策程序，如缺乏"三重一大"决策程序；②企业决策程序不科学，如决策失误，导致并购不成功；③违反国家法律、法规，如环境污染；④管理人员或技术人员纷纷流失；⑤媒体负面新闻频现；⑥内部控制评价的结果（特别是重大缺陷或重要缺陷）未得到整改；⑦重要业务缺乏制度控制或制度系统性失效。

案例 8-4

表 8-2　T 公司非财务报告内部控制缺陷的认定标准

缺陷种类		认定标准
重大缺陷	定量标准	当一个或一组内部控制缺陷的存在，有合理的可能性导致造成公司直接财产损失大于或等于 500 万元时，被认定为重大缺陷
	定性标准	具有以下特征的缺陷，被认定为重大缺陷： ① 公司经营活动严重违规并被处以重罚或承担刑事责任及违规操作受到政府、税务、环保、证监会等部门的处罚，造成严重不良影响； ② 重要业务缺乏制度控制或制度体系失效； ③ 缺乏民主决策程序或决策程序不科学，如重大决策失误，给公司造成重大财产损失； ④ 中高级管理人员和高级技术人员流失严重，超过 12%； ⑤ 在经营管理工作中违法行为特别严重，造成公司日常经营管理活动中断或停止； ⑥ 严重违反公司规章制度，造成重大失误或财产损失及严重影响公司生产经营活动； ⑦ 内部控制评价的重大缺陷未得到整改
重要缺陷	定量标准	当一个或一组内部控制缺陷的存在，有合理的可能性导致造成公司直接财产损失大于或等于 100 万元，但小于 500 万元时，被认定为重要缺陷
	定性标准	具有以下特征的缺陷，被认定为重要缺陷： ① 经营活动中存在违规操作并受到政府、税务、环保、证监会等部门处罚，造成不良影响； ② 重要业务制度或系统存在缺陷； ③ 民主决策程序存在但不够完善或公司决策程序导致出现一般失误； ④ 关键岗位业务人员流失严重，超过 12%； ⑤ 漠视公司经营管理各项制度和法律、法规的要求，工作中存在利用职权谋取非法利益的违法行为，严重影响日常经营管理活动的效率和效果； ⑥ 违反公司规章制度，形成较大损失； ⑦ 内部控制评价的重要缺陷未得到整改
一般缺陷	定量标准	对不构成重大缺陷和重要缺陷之外的其他缺陷，可能导致的直接财产损失小于 100 万元时，会被视为一般缺陷
	定性标准	具有以下特征的缺陷，被认定为一般缺陷： ① 经营活动中存在轻微违规并已整改； ② 一般业务制度或系统存在缺陷； ③ 决策程序效率不高； ④ 一般岗位业务人员流失严重，超过 12%；

续表

缺陷种类		认定标准
一般缺陷	定性标准	⑤ 依法合规经营意识薄弱，在工作中存在急于行使管理职责、消极不作为及制度执行不力等现象，影响到日常管理活动效率和效果，并对公司经营管理目标造成较小影响； ⑥ 违反公司内部规章，但未造成损失； ⑦ 负面消息在公司内部传播，公司的外部声誉没有受较大影响； ⑧ 内部控制评价的一般缺陷未得到整改

要求：比较 T 公司财务报告内部控制缺陷和非财务报告内部控制缺陷中重大缺陷的区别。

资料来源：根据 2016 年 4 月 20 日西安××股份有限公司第二届董事会第二十九次会议审议通过的《公司内部控制缺陷认定标准》整理而得。

三、内部控制缺陷报告和整改

《企业内部控制评价指引》第十九条规定，企业内部控制评价部门应当编制内部控制缺陷认定汇总表，结合日常监督和专项监督发现的内部控制缺陷及其持续改进情况，对内部控制缺陷及其成因、表现形式和影响程度进行综合分析和全面复核，提出认定意见，并以适当的形式向董事会、监事会和经理层报告。重大缺陷应当由董事会予以最终认定。

（一）内部控制缺陷报告

企业应根据内部控制缺陷的影响程度合理确定内部控制缺陷报告的时限，一般缺陷、重要缺陷应定期报告，重大缺陷即时报告。

内部控制缺陷报告应当采取书面形式。对于一般缺陷和重要缺陷，通常向企业经理层报告，并视情况考虑是否需要向董事会及其审计委员会、监事会报告；对于重大缺陷，应当及时向董事会及其审计委员会、监事会和经理层报告。如果出现不适合向经理层报告的情形，如存在与经理层舞弊相关的内部控制缺陷，或存在经理层凌驾于内部控制之上的情形等，应当直接向董事会及其审计委员会、监事会报告。

（二）内部控制缺陷整改

企业对于认定的内部控制缺陷，应当制订内部控制缺陷整改方案，按规定权限和程序审批后执行；对于认定的重大缺陷，还应及时采取应对策略，切实将风险控制在可承受范围之内，并追究有关机构或相关人员的责任。内部控制缺陷整改方案一般包括整改目标、内容、步骤、措施、方法和期限等，整改期限超过一年的，还应在整改方案中明确近期目标和远期目标及对应的整改工作任务等。

第三节 内部控制评价程序和方法

一、内部控制评价程序

内部控制评价的程序主要包括制订评价工作方案、成立评价工作组、实施现场测试、认定控制缺陷、汇总评价结果、编报评价报告等环节，通常由经企业授权的内部控制评价部门（内部审计部门或专门设置的评价机构）负责组织实施内部控制评价的具体工作。

（一）制订评价工作方案

评价工作方案中一般会明确评价的目的、依据、范围、人员组织、时间安排和费用预算等相关内容。评价工作方案既可以以全面评价为主进行设计，也可以根据需要采用重点评价的方式设计。内部控制评价部门通常根据企业的管理要求和实际情况，分析企业经营管理过程中的高风险领域和重要业务事项，制订评价工作方案，报经董事会或其授权的机构审批后实施。

（二）成立评价工作组

内部控制评价部门根据经批准的评价方案，挑选具备独立性、业务胜任能力强且职业道德素养高的人员组成若干评价工作组，具体承担内部控制评价工作。评价工作组通常吸收企业内部相关机构参与日常监控的负责人或熟悉情况的业务骨干参加。评价工作组成员应当回避本部门的内部控制评价工作。

企业也可以委托会计师事务所等中介机构实施内部控制评价。为企业提供内部控制审计服务的会计师事务所，不得同时为其提供内部控制评价服务。

实施评价工作前，评价人员需要接受相关培训，培训内容一般包括内部控制专业知识及相关规章制度，评价的工作流程，检查评价的方法，工作底稿的填写要求，缺陷的认定标准，评价人员的权利义务、纪律要求，以及评价中需重点关注的问题等。

（三）实施现场测试

评价工作组根据评价工作方案确定的内部控制评价范围，入驻被评价单位，实施现场测试。现场测试的一般步骤如下。

(1) 了解被评价单位的基本情况。评价工作组与被评价单位进行充分沟通，了解被评价单位的经营业务范围、被评价期间的生产经营计划和预算完成情况、组织机构设置及职责分工、领导层成员构成及分工、财务管理及会计核算体制、内部控制工作概况、最近一次内部控制评价（或审计）发现问题的整改情况等。

(2) 确定检查评价范围和重点。评价工作组根据掌握的情况确定评价范围、检查重点和抽样数量，并结合评价人员的专业背景进行合理分工。

(3) 开展现场检查测试。评价工作组根据评价人员分工，综合运用各种评价方法对内部控制设计与运行的有效性进行现场检查测试，充分收集被评价单位内部控制设计与运行是否有效的证据；同时按要求填写评价工作底稿，记录相关测试的过程和结果。

（四）认定控制缺陷

各内部控制评价工作组根据现场测试获得的证据，对发现的被评价单位的内部控制缺陷进行初步认定，并按缺陷的严重程度分为重大缺陷、重要缺陷和一般缺陷。

各内部控制评价工作组负责人负责组织评价人员对评价工作底稿进行交叉审核，对本组所认定的评价结果进行签字确认，同时形成现场评价报告并向被评价单位进行通报，由被评价单位相关责任人签字确认后，将现场报告提交企业内部控制评价部门。

（五）汇总评价结果

企业内部控制评价部门负责编制内部控制缺陷认定汇总表，汇总各评价工作组的评价结果，对工作组现场初步认定的内部控制缺陷进行全面复核；同时对汇总的内部控制缺陷的成因、表现形式及影响程度进行综合分析，提出缺陷认定意见，并以适当的形式向董事会、监事会或经理层报告。重大缺陷应当由董事会最终确定。

（六）编制评价报告

内部控制评价部门根据评价实施情况，编制内部控制评价报告。对于认定的内部控制缺陷，内部控制评价部门应当结合董事会和审计委员会的要求，提出整改建议，要求责任单位及时整改并跟踪整改落实情况。

二、内部控制评价方法

《企业内部控制评价指引》第十五条规定，内部控制评价工作组应当对被评价单位进行现场测试，综合运用个别访谈、调查问卷、专题讨论、穿行测试、实地查验、抽样和比较分析等方法，充分收集被评价单位内部控制设计和运行是否有效的证据。

（一）个别访谈法

个别访谈法是指评价人员根据检查与评价的需要，对被评价单位员工进行单独访谈，以获取有关信息的方法。个别访谈法主要用于了解企业内部控制的现状，在企业层面评价及业务层面评价阶段经常被使用。评价人员在访谈前应根据内部控制评价的需要形成访谈提纲；访谈中应撰写访谈纪要，记录访谈内容。评价人员针对同一问题应注意不同访谈对象给予的回答是否一致。例如，评价人员可以分别访谈人力资源经理和相关核心岗位员工，以了解是否存在薪酬结构不合理的情况。

（二）调查问卷法

调查问卷法是评价人员分别针对不同岗位、不同层次的员工事先设置问卷调查表进行问卷调查，并根据调查结果对内部控制项目做出评价的方法。调查问卷法主要用于企业层面的评价。调查问卷法是评价工作中运用最广泛、最基础的一种内部控制评价方法。评价人员在设计调查问卷时，题目应尽量简单易答，通常以客观题为主，同时应注意保密；在发放调查问卷时，应尽量扩大调查对象范围，覆盖企业各层级员工。

（三）专题讨论法

专题讨论法是指评价人员通过召集与业务流程相关的管理人员或专业人员就内部控制存在的控制缺陷或执行情况进行分析讨论的方法。专题讨论既是内部控制评价的手段，也是制订缺陷整改方案的有效途径。例如，对于同时涉及企业多个业务部门的控制缺陷，就需要由内部控制管理部门出面组织召开专题会议，综合各部门意见，确定内部控制整改方案。

（四）穿行测试法

穿行测试法是指评价人员在内部控制流程中任意选取一笔交易作为样本，追踪该交易从最初起源直到最终在财务报表或其他经营管理报告中的反映，即追踪该流程从起点到终点的全过程，以此来评价该业务内部控制设计和执行的有效性，并识别出关键控制点的方法。穿行测试法主要应用于对业务流程和具体业务的测试与评价，是一种直观有效的评价方法。

（五）实地查验法

实地查验法是指评价人员通过使用统一的测试工作表，针对业务流程中的各个控制环节进行现场查验，以评价该业务内部控制设计和执行的有效性的方法。实地查验法主要针对业务层面的控制展开证据的收集工作，如现场查验存货出、入库环节，实地盘点某种存货等，并与实际的业务及财务单证进行核对。

（六）抽样法

抽样法是指评价人员针对具体的内部控制业务流程，按照业务发生频率及固有风险的高低，从确定的范围中抽取一定比例的业务样本，对业务样本的符合性进行判断，进而对内部控制执行的有效性做出评价。抽样法分为随机抽样和非随机抽样。随机抽样是指按机会均等原则从样本库中选取一定数量的样本，其特点是总体中每个单位被抽中的概率是相同的。非随机抽样是指抽样时不遵循随机原则，而是人工选取或按某一特定标准选取。评价人员使用抽样法时需要注意以下事项：一是样本库要包含符合测试要求的所有样本，测试人员应首先对样本库的完整性进行确认；二是要确定选取的样本应充分和适当，"充分"要求测试的样本的数量能合理保证相关控制的有效性；"适当"要求获取的样本应当与相关控制的设计与运行有关，并能真实反映控制的实际运行状况。

（七）比较分析法

比较分析法是指通过分析企业经营中的各类数据，比较数据间的关系、趋势或比率来取得评价证据的方法。在比较分析中，选择合适的对比标准是十分关键的步骤。若对比标准选择不合适，评价可能得出错误的结论。评价人员运用比较分析法时可以与历史数据、行业标准数据或最优数据等进行比较。比较分析法具体可分为两类：一是绝对数比较，即利用绝对数直接进行对比从而寻找差异以判断内部控制有效性；二是相对数比较，即通过相关联的指标的对比计算寻找差异以判断内部控制有效性。

需要指出的是，以上列举的内部控制评价方法在企业内部控制评价工作中通常不会单独使用。评价人员在开展内部控制评价工作时，应结合企业的具体情况，综合运用多种方法收集内部控制有效性的证据，以得到更为可靠的评价结果。

第四节　内部控制评价报告

一、内部控制评价报告的内容

内部控制评价报告是内部控制评价的最终体现。《企业内部控制评价指引》第二十一条和二十二条规定，企业在内部控制评价报告中至少应当披露下列内容。

（1）董事会声明。声明董事会及全体董事对报告内容的真实性、准确性、完整性承担个别及连带责任，保证报告内容不存在任何虚假记载、误导性陈述或重大遗漏。

（2）内部控制有效性的结论。对不存在重大缺陷的情形，出具评价期末内部控制有效的结论;对存在重大缺陷的情形,不得作出内部控制有效的结论,并需描述该重大缺陷的性质及其对实现相关控制目标的影响程度,以及可能给公司未来生产经营带来相关风险。

(3) 内部控制评价工作的总体情况。明确企业内部控制评价工作的组织、领导体制、评价范围、进度安排,以及是否聘请会计师事务所对内部控制有效性进行独立审计,等等。

(4) 内部控制评价的依据。说明企业开展内部控制评价工作所依据的法律、法规和规章制度,通常指《企业内部控制基本规范》《企业内部控制评价指引》及企业在此基础上制定的内部控制评价办法。

(5) 内部控制评价的范围。描述内部控制评价所涵盖的被评价单位、纳入评价范围的业务事项及重点关注的高风险领域等。

(6) 内部控制评价的程序和方法。描述内部控制评价工作遵循的基本流程,以及评价过程中采用的主要方法。

(7) 内部控制缺陷及其认定情况。主要描述适用本企业的内部控制缺陷具体认定标准,并声明与以前年度保持一致,认定标准若有调整还应说明具体调整及调整原因;根据内部控制缺陷认定标准,确定评价期末存在的重大缺陷、重要缺陷和一般缺陷。

(8) 内部控制缺陷的整改情况及重大缺陷拟采取的整改措施。对于评价期间发现并于评价期末已完成整改的重大缺陷,列示与该重大缺陷相关的内部控制设计且运行有效的充分的测试证据;针对评价期末存在的内部控制重大缺陷,说明公司拟采取的整改措施及预期效果。

内部控制评价报告基准日至内部控制评价报告报出日之间发生重大缺陷的,企业须责成内部控制评价机构予以核实,并根据核查结果对评价结论进行相应调整,同时说明董事会拟采取的措施。

 案例 8-5

银亿股份:2018 年度内部控制自我评价报告

公告日期:2019-04-30

根据《企业内部控制基本规范》及其配套指引的规定和其他内部控制监管要求(以下简称企业内部控制规范体系),结合银亿股份有限公司(以下简称公司)内部控制制度和评价办法,在内部控制日常监督和专项监督的基础上,我们对公司 2018 年 12 月 31 日(内部控制评价报告基准日)的内部控制有效性进行了评价。

一、重要声明

按照企业内部控制规范体系的规定,建立健全和有效实施内部控制,评价其有效性,并如实披露内部控制评价报告是公司董事会的责任。监事会对董事会建立和实施内部控制进行监督。管理层负责组织领导企业内部控制的日常运行。公司董事会、监事会及董事、监事、高级管理人员保证本报告内容不存在任何虚假记载、误导性陈述或重大遗漏,并对报告内容的真实性、准确性和完整性承担个别及连带法律责任。

公司内部控制的目标是合理保证经营管理合法合规、资产安全、财务报告及相关信息真实完整,提高经营效率和效果,促进实现发展战略。由于内部控制存在的固有局限性,内部环境、宏观经济及政策法规持续变化,可能导致原有控制活动不适用或出现偏差,对此公司将及时进行内部控制体系的补充和完善,为财务报告的真实性、完整性,以及公司战略、经营目标的实现提供合理保障。

二、内部控制评价结论

公司存在重大缺陷及其对实现控制目标的影响,公司于2018年12月31日未能按照《企业内部控制基本规范》和相关规定在所有重大方面保持有效的财务报告内部控制。

三、内部控制评价工作情况

(一)内部控制评价范围

目前,公司虽已建立起一套完整的内部控制管理体系,并按照风险导向原则确定纳入评价范围的主要单位、业务和事项以及高风险领域,但内部控制监督不到位,存在内部控制重大缺陷。公司纳入评价范围的事项包括内部环境、风险评估、控制活动、信息与沟通、内部监督;纳入评价范围的单位包括公司总部、全资及控股子公司;重点关注的高风险领域主要包括资金活动、采购业务、资产管理、销售业务、研究与开发、募集资金的管理和使用情况、对外投资和重大资产购置业务、对外担保、关联方及关联交易情况、信息披露等。同时公司持续组织各管理中心通过风险检查、内部审计等方式对公司内部控制的设计及运行的效率、效果进行自我评价和风险防范。具体评价结果如下:

1. 内部环境

(1)治理结构

公司按照《中华人民共和国公司法》《中华人民共和国证券法》等法律、法规要求,制定了符合公司发展的各项制度和管理办法。股东大会、董事会、监事会分别按其职责行使决策权、执行权和监督权。股东大会享有法律、法规和公司章程规定的合法权利,依法行使公司经营方针、筹资、投资、利润分配等重大事项的决定权。董事会对股东大会负责,依法行使企业的经营决策权。董事会下设有战略、审计、提名、薪酬与考核4个专业委员会,各委员会专业化运作。董事会9名董事中,有3名独立董事。独立董事担任各个专业委员会的召集人,涉及专业的事项首先要经过专业委员会通过后才提交董事会审议,以利于独立董事更好地发挥作用。监事会对股东大会负责,对公司财务和高管履职情况进行检查监督。管理层负责组织实施股东大会、董事会决议事项,主持公司日常经营管理工作。

(2)机构设置及权责分工

公司根据自身业务特点和内部控制要求设置内部机构,明确职责权限。董事会负责内部控制的建立健全和有效实施,监事会对董事会建立与实施内部控制进行监督,管理层负责组织领导公司内部控制的日常运行。董事会下设审计委员会,监督内部控制的有效实施和内部控制的自我评价情况,指导及协调内部审计及其他相关事宜等。

(3)内部审计

公司审计部负责内部审计工作,通过开展综合审计、专项审计或专项调查等业务,评价内部控制设计和执行的效率与效果,对公司内部控制设计及运行的有效性进行监督检查,促进公司内部控制工作质量的持续改善与提高。对在审计或调查中发现的内部控制缺陷,依据问题的严重程度向管理层和审计委员会报告,并督促相关部门采取积极措施予以整改。

(4)人力资源政策

公司制定和实施有利于企业可持续发展的人力资源政策,建立健全了完善的人力资源管理政策,完善了员工培训体系。将职业道德和专业能力作为选拔和聘用员工的重要标准，公司大力进行了人才优化和储备工作，稳定员工队伍及加大人才培养力度。公司的人力资源政策能够保证人力资源的稳定和公司各部门对人力资源的需求。

（5）社会责任

公司重视履行社会责任，在生产经营和业务发展的过程中，在为股东创造价值的同时，努力保护自然环境和资源节约，积极履行对股东、债权人、职工、客户、供应商、消费者等利益相关方所应承担的责任；公司重视产品质量，努力为社会提供优质产品和服务；公司注重对员工合法权益的保护，积极促进充分就业和安全生产，建立有竞争和活力的激励机制，工会组织及职工代表大会有效运行。公司为员工办理五险一金；在环境保护、节能环保方面制定了相关管理措施，有效履行各项社会责任。总体而言，社会责任的内控建设和执行有效。

（6）企业文化

公司重视培育积极向上的企业文化，以"聚一流人才，创一流业绩"为宗旨，努力增强企业的凝聚力和向心力，使得员工综合满意度和骨干员工保有率始终保持较高的水平。其中房产公司秉持"创亿生活，筑就梦想"的品牌理念，致力于为亿万客户打造创意无限的人居生活，筑就精彩无限、梦想人生的品牌目标。公司管理层在企业文化中积极发挥模范作用，以脚踏实地的工作作风，带动并影响公司团队，共同营造文化氛围。

2. 风险评估

公司的风险分别来自企业外部与企业内部，其中外部风险主要来源于经济形势、产业政策、市场竞争、资源供给等因素；内部风险主要来源于公司法人治理结构及日常经营管理活动等因素。

公司从重大经济活动风险防控、关键风险指标管理和关键风险岗位管理入手，逐步建立健全内部控制风险监管体系和风险预警机制，强化风险监测手段，建立风险管理重大突发事件应急处理机制，最大限度地降低风险，将风险控制在与公司生产经营总体目标相适应并可承受的范围内，确保公司不因灾害性风险或人为失误而遭受重大损失。

3. 控制活动

公司在业务活动中综合运用内部控制措施，并重点关注资金、采购、成本、销售、投资、募集资金管理等高风险领域，同时对各类业务及事项进行有效控制，促进内部控制有效运行。

（1）资金管理

公司制定了《财务管理制度》《财务基础工作规范实施细则》等制度，对融资、投资和经营环节的职责权限和岗位设置进行了明确规定，对各子公司资金变动实行动态监控。

（2）采购管理

公司全面梳理采购业务流程、完善采购相关制度，明确采购询价、供应商选择、申请、审批、购买、验收入库及付款等环节的职责和审批权限。重要采购项目采用招标方式，建立健全采购招标流程，有效地降低了采购成本，进一步完善了供应链的管理和控制。

（3）成本管理

公司不断优化成本管理体系，提高全成本综合意识，通过专项巡查跟踪、监督，保障管理体系的落地。不断推进成本标准化及成本分析的研究管理工作，强化成本前置管控的主动意识。通过定期、不定期专项巡查，加强过程管控，提升动态成本规范性和准确性。

（4）资产管理

公司制定了《固定资产管理制度》《存货管理制度》《设备管理控制程序》《物料控制

管理程序》，对资产的技术选型、采购、合同订立、验收、调拨、盘点、报废处理、抵押、担保等相关控制环节进行了明确规范。公司通过实物资产管理岗位责任制度，对实物资产的验收入库、领用发出、保管及处置等关键环节进行控制，并采取职责分工、实物定期盘点、财产记录、账实核对、财产保险等措施，防范资产流失。公司定期进行耗用分析并跟进，保证安全生产，有效提高了存货的周转率，降低了产品制造成本。

(5) 销售管理

公司制定了《销售管理程序》《售后服务管理程序》，对销售业务主要环节进行规范和控制，明确了接收客户订单、与客户签订合同、发送货物、收取款项、客户信用管理、销售退回与折让等环节的职责与审批权限，并能够按照规定的权限和程序开展销售业务，保证销售目标的实现。

(6) 研究与开发

公司制定了《新产品导入控制程序》《技术文件控制程序》，根据实际需要，结合研发计划，提出研究项目立项申请，开展可行性研究，编制可行性研究报告，且按照规定的权限和程序进行审批。审批过程中，公司重点关注研究项目促进企业发展的必要性、技术的先进性及成果转化的可行性。

(7) 运营管理

公司以稳健运营为导向，优化了运营管理制度、标准和模板工具，进一步规范了运营业务流程和标准作业程序；加强对计划、会议执行过程的动态跟踪，并及时识别和分析内外部风险因素，拟定和调整相应风险应对策略，加大运营业务整合力度，降低运营风险、提高运营效率；持续组织召开公司层面的月度经营工作会议，从多维度综合分析公司的经营绩效；基于信息化工具和运营信息上报机制，及时把控子公司的整体经营状况。

(8) 重大投资管理

为管理公司重大投资行为，公司通过制定《对外投资管理办法》进一步规范了对外投资的基本原则、审批权限、决策程序等，已建立起科学的投资决策体系和机制。

(9) 担保业务

为规范对外担保行为，公司按照证监会《关于规范上市公司对外担保行为的通知》《深圳证券交易所股票上市规则》等相关规定，制定了《对外担保管理办法》，明确了股东大会和董事会关于对外担保的审批权限，规定了担保业务评审、批准、执行等环节的控制要求。

(10) 财务报告

公司建立了一套完整的会计核算和财务报告体系，不断完善财务管理工作。在会计核算方面，公司遵照国家统一的会计准则和会计法规，结合公司自身经营特点，建立会计工作秩序，制定各项业务会计核算制度。在财务报告方面，公司按照法规规定的格式和内容进行财务报告的编制，并制定统一模板明确月报、季报、年报、财务分析和资金计划等财务相关报表的编制要求，使财务相关信息能够及时有效地汇总。

(11) 关联交易

按照《中华人民共和国公司法》《深圳证券交易所股票上市规则》《深圳证券交易所主板上市公司规范运作指引》等法律、法规及《公司章程》的有关规定，公司制定了《关联交易管理办法》《关联方资金往来管理制度》，规定了关联交易的审议决策、披露等各项程序，明确了股东大会、董事会对关联交易事项的审批权限。报告期内，公司未能严格按照

《关联交易管理办法》《关联方资金往来管理制度》等内部控制制度履行相应决策审批程序和信息披露义务，内部监督存在缺失。

（12）募集资金使用

根据《中华人民共和国公司法》《中华人民共和国证券法》《上市公司证券发行管理办法》等法律、法规及相关规定，公司制定了《募集资金管理办法》，严格规范募集资金管理，对募集资金的存储、使用、变更、监督等进行了明确规定。

（13）信息披露

根据《中华人民共和国证券法》《深圳证券交易所股票上市规则》《公司章程》等法律、法规及有关规定，公司制定了《信息披露管理制度》《重大事项内部报告制度》《敏感信息管理制度》，规定了信息披露的基本原则、披露内容及标准，明确了信息的内部传递、审核、披露流程，以及信息披露事务相关各方的职责。

4. 信息与沟通

在日常经营活动中，公司建立定期和不定期业务与管理快报、每周经营与销售情况报告等信息沟通制度，以全面、及时了解公司经营管理信息。公司持续加强信息化体系建设，通过深化数据应用、开展数据核查工作，提升信息数据集成能力，通过建立完善的数据集成和信息共享机制，优化业务流程。以信息整合技术为支撑，形成了信息共享、流程管理、沟通协作的集团化体系，为高层经营决策提供信息基础。

5. 内部监督

公司按照监管部门对内部控制制度的要求和经营发展的实际需要，逐步完善公司内部控制制度，以保证公司发展规划和经营目标的实现。在董事会的领导下，从风险管理和内部控制两个维度组织开展内部审计工作，建立了以内部控制管理体系为评价基础的常态化内部审计机制。

报告期内，公司未能严格按照《关联交易管理办法》《关联方资金往来管理制度》等内部控制制度履行相应决策审批程序和信息披露义务，内部监督存在缺失，违反《关于规范上市公司与关联方资金往来及上市公司对外担保若干问题的通知》相关规定。

上述纳入评价范围的单位、业务和事项以及高风险领域涵盖了公司经营管理的主要方面，不存在重大遗漏。

（二）内部控制评价工作依据及内部控制缺陷认定标准

公司依据《企业内部控制基本规范》《企业内部控制配套指引》《银亿股份内控评价管理办法》及《银亿股份内部控制手册》组织开展内部控制评价工作。

公司董事会根据《企业内部控制基本规范》及其应用指引对重大缺陷、重要缺陷和一般缺陷的认定要求，结合公司规模、行业特征、风险偏好和风险承受度等因素，区分财务报告内部控制和非财务报告内部控制，研究确定了适用于公司的内部控制缺陷具体认定标准。公司确定的内部控制缺陷认定标准如下。

1. 财务报告内部控制缺陷认定标准

（1）定量标准

公司确定的财务报告内部控制缺陷评价的定量标准如下。

定量标准	利润总额	营业收入	净资产	资产总额
重大缺陷	利润总额的5%≤潜在错报金额	营业收入的1%≤潜在错报金额	净资产的5%≤潜在错报金额	资产总额的0.5%≤潜在错报金额
重要缺陷	利润总额的2.5%≤潜在错报金额＜利润总额的5%	营业收入的0.5%≤潜在错报金额＜营业收入的1%	净资产的1%≤潜在错报金额＜净资产的5%	资产总额的0.25%≤潜在错报金额＜资产总额的0.5%
一般缺陷	潜在错报金额＜利润总额的2.5%	潜在错报金额＜营业收入的0.5%	潜在错报金额＜净资产的1%	潜在错报金额＜资产总额的0.25%

本年度，按照公司业务特点和行业动态，以2018年度利润总额标准进行定量判断。

(2) 定性标准

公司确定的财务报告内部控制缺陷评价的定性标准如下。

重大缺陷：①公司财务报表、财务报告及财务相关信息披露等方面发生重大违规事件；②公司审计委员会和内部审计机构未能有效发挥监督职能；③发现当期财务报表存在重大错报，而内部控制在运行过程中未能发现该错报；④注册会计师对公司财务报告出具无保留意见之外的其他意见类型的审计报告。

重要缺陷：①公司财务报表、财务报告的编制不完全符合企业会计准则和披露要求，导致财务报告出现重要错报；②公司以前年度公告的财务报告出现重要错报需要进行追溯调整。

一般缺陷：未构成重大缺陷、重要缺陷标准的其他内部控制缺陷。

2. 非财务报告内部控制缺陷认定标准

(1) 定量标准

公司非财务报告内部控制缺陷认定的标准主要依据业务性质、直接或潜在负面影响、影响的范围以及补偿性控制措施和实际偏差率等因素确定，公司确定的非财务报告内部控制缺陷评价的定量标准如下。

定量标准	直接财产损失金额
重大缺陷	合并财务报表资产总额的0.5%≤直接财产损失金额
重要缺陷	合并财务报表资产总额的0.25%≤直接财产损失金额＜合并财务报表资产总额的0.5%
一般缺陷	直接财产损失金额＜合并财务报表资产总额的0.25%

(2) 定性标准

公司确定的非财务报告内部控制缺陷评价的定性标准如下。

定性标准	法规	运营	声誉	安全	环境
重大缺陷	严重违规并被处以重罚或承担刑事责任	项目开发非正常原因长期停止	负面消息在全国各地传播，政府或监管机构进行调查，对企业声誉造成无法弥补的损害	导致一位以上职工或公民死亡	对周围环境造成永久污染或无法弥补的破坏

续表

定性标准	法规	运营	声誉	安全	环境
重要缺陷	违规并被处罚	项目开发非正常原因停止一个月以内	负面消息在某区域流传，对企业声誉造成较大损害	长期影响多位职工或公民健康	对周围环境造成较重污染，需高额恢复成本
一般缺陷	轻微违规并已整改	项目开发非正常原因短暂停止并在十个工作日内得以恢复	负面消息在企业内部流传，对企业声誉造成轻微损害	长期影响一位职工或公民健康	污染和破坏在可控范围内，未造成永久影响

同时，以下迹象通常表明非财务报告内部控制可能存在重大缺陷：①企业决策程序不科学，导致决策失误；②违反国家法律、法规；③管理人员或技术人员大量流失；④媒体负面新闻频现；⑤内部控制评价的结果特别是重大缺陷或重要缺陷未得到整改；⑥重要业务缺乏制度控制或制度系统性失效。

（三）内部控制缺陷认定及整改情况

1. 财务报告内部控制缺陷认定及整改情况

重大缺陷是内部控制中存在的、可能导致不能及时防止或发现并纠正财务报表出现重大错报的一项控制缺陷或多项控制缺陷的组合，公司财务报告内部控制存在以下重大缺陷。

（1）子公司宁波银亿房产于2018年8月、9月以支付不动产转让款形式通过关联方宁波卓越圣龙工业技术有限公司支付银亿股份公司实际控制人及其关联方资金137 249万元，账列预付账款，截至报告日尚未归还。

（2）子公司宁波银亿房产于2018年5月、7月以支付不动产转让款形式通过宁波盈日金属制品有限公司支付银亿股份公司实际控制人及其关联方资金58 700万元，账列其他应收款（计提坏账准备2 935.00万元）。截至报告日尚未归还。

（3）子公司银亿新城置业于2018年9月销售房产，并于2018年12月办妥产权过户手续，售房款28 828.586万元已被银亿股份公司实际控制人及关联方（宁波保税区亿旺贸易有限公司、宁波旭邦进出口贸易有限公司、宁波祥博国际贸易有限公司、宁波合恒进出口有限公司）占用。

（4）子公司宁波银亿房产于2018年8月根据签订的《不动产转让意向协议》支付关联方宁波港通凯邦智能科技有限公司不动产转让款14 500万元，于2018年10月8日终止协议，并于2018年10月10日收回该资金。

（5）子公司宁波银亿房产于2018年6月以支付股权转让款形式通过宁波奉化新世纪溪口大酒店有限公司支付银亿股份公司实际控制人及其关联方资金80 000万元，于2018年8月收回。

上述事项公司未按照《关联交易管理办法》《关联方资金往来管理制度》等内部控制制度履行决策审批程序和信息披露义务，内部监督无效，违反《关于规范上市公司与关联方资金往来及上市公司对外担保若干问题的通知》相关规定。有效的内部控制能够为财务报告及相关信息的真实完整提供合理保证，而上述重大缺陷使公司内部控制丧失这一功能。

公司深刻反思、认真梳理，积极整改上述内部控制存在的问题，继续强化内部控制监督检查机制，加强对重点风险领域的内部控制检查，切实保证内部控制制度的有效执行，不断提升公司规范运作水平。

2. 非财务报告内部控制缺陷认定及整改情况

根据上述非财务报告内部控制缺陷的认定标准，报告期内未发现公司非财务报告内部控制重大缺陷和重要缺陷。

四、其他内部控制相关重大事项说明

无其他内部控制相关重大事项说明。

银亿股份有限公司
二〇一九年四月三十日

要求：

1. 对照银亿股份2018年度的内部控制评价报告，梳理内部控制评价报告应由哪些部分构成？
2. 银亿股份的内部控制评价范围包括哪些内容？
3. 银亿股份的内部控制缺陷表现在哪些方面？
4. 银亿股份2018年度的内部控制评价报告有哪些方面需要进一步完善？

资料来源：http://vip.stock.finance.sina.com.cn/corp/view/vCB_AllBulletinDetail.php?id=5335788

二、内部控制评价报告的编制

《企业内部控制评价指引》第二十三条规定，企业应当根据年度内部控制评价结果，结合内部控制评价工作底稿和内部控制缺陷汇总表等资料，按照规定的程序和要求，及时编制内部控制评价报告。

（一）内部控制评价报告的编制时间

企业应当根据内部控制的评价结果和整改情况，编制内部控制评价报告。内部控制评价报告分为定期报告和不定期报告两种。

定期报告是指企业至少每年进行一次内部控制评价并由董事会对外发布的内部控制评价报告。定期的年度内部控制评价报告应当以12月31日作为基准日。

不定期报告是指企业针对特殊事项或基于特定目的而临时安排的内部控制评价工作完成后对外发布的内部控制评价报告。不定期报告的编制时间由企业根据实际情况确定。

（二）内部控制评价报告的编制主体

内部控制评价报告的编制主体包括单个企业和企业集团母公司。单个企业内部控制评价报告指某一企业以自身经营业务和管理活动为基础编制的内部控制评价报告。企业集团母公司内部控制评价报告是企业集团的母公司以母公司及下属公司的经营业务和管理活动为基础编制的内部控制评价报告。

三、内部控制评价报告的披露、报送和使用

（一）内部控制评价报告的对外披露与报送

根据《企业内部控制评价指引》第二十四条至二十六条的要求，内部控制评价报告应

当报经董事会或类似权力机构批准后对外披露或报送相关部门。上市公司的年度内部控制评价报告必须在基准日后4个月内向社会公众公开披露；非上市公司的内部控制评价报告须按规定在基准日后4个月内报送有关监管部门，如国有控股企业应按要求报送国有资产监督管理部门和财政部门、金融企业应按规定报送银行和保险监督管理部门、公开发行证券的企业应报送证券监督管理部门。

（二）内部控制评价报告的使用

企业内部控制评价报告的使用者对外包括政府有关监管部门、投资者以及其他利益相关者、中介机构和研究机构等；对内包括企业董事会、各层级管理者以及内部监督机构。

内部控制评价是企业董事会对本企业内部控制有效性的自我评价，具有一定的主观性，在此基础上形成的内部控制评价报告只能作为了解企业内部控制设计与运行情况的途径之一。

复习思考题

1. 试述内部控制评价的主体和对象。
2. 企业内部控制评价的原则有哪些？
3. 什么是内部控制缺陷？内部控制缺陷有哪些类型？
4. 试述企业内部控制评价的程序。
5. 内部控制评价报告的编制、报送和使用环节应注意哪些事项？

第九章

内部控制审计

学习目标

1. 了解内部控制审计产生的制度背景；
2. 理解内部控制审计的定义和性质；
3. 理解内部控制审计的主体、目标和对象；
4. 理解内部控制审计与财务报表审计的关系；
5. 了解内部控制审计的基本程序；
6. 理解内部控制审计报告的意见类型。

安然、世通等一系列公司财务报表舞弊事件发生后，人们深刻意识到健全有效的内部控制对企业的健康发展的重要性。各国政府监管部门、企业界和会计职业界对内部控制的重视程度进一步提升，从原来注重财务报告本身的可靠性转向了注重确保财务报告可靠性的机制建设这方面，即通过注重过程的有效，来确保结果的有效。

内部控制审计是对企业内部控制进行外部评价的重要手段。实施企业内部控制审计，是促进企业尤其是上市公司扎实贯彻《企业内部控制基本规范》和《企业内部控制配套指引》的重要制度安排，同时也是注册会计师行业开拓执业领域的契机。

第一节 内部控制审计概述

一、内部控制审计的背景

2001年，美国发生了以安然事件为代表的一连串大型公众公司财务造假的事件，重创了美国资本市场和全球投资者的信心。为了挽回全球投资者对美国资本市场的信心，2002年7月，美国国会参议院和众议院以最快的速度联合出台了《萨班斯-奥克斯利法案》(Sarbanes-Oxley Act)。

而《萨班斯-奥克斯利法案》中的404条款，对公众公司内部控制信息披露提出了强制性要求。404条款规定公众公司的管理层必须对其内部控制进行自我评估并且以书面形式对外披露内部控制评价报告；同时要求出具财务报表审计报告的会计师事务所对公众公司的内部控制进行独立鉴证并出具内部控制审计报告。

2008年5月22日，我国财政部会同证监会、审计署、银监会、保监会制定《企业内部控制基本规范》，自2009年7月1日起在上市公司范围内施行。2010年4月26日，财政部会同证监会、审计署、银监会、保监会制定《企业内部控制应用指引第1号——组织架构》等18项应用指引、《企业内部控制评价指引》和《企业内部控制审计指引》（以下简称企业内部控制配套指引）。企业内部控制配套指引与2008年发布的《企业内部控制基本规范》共同构成了我国企业内部控制规范体系。

上述企业内部控制配套指引自2011年1月1日起在境内外同时上市的公司施行，自2012年1月1日起在上海证券交易所、深圳证券交易所主板上市公司施行；在此基础上，择机在中小板和创业板上市公司施行。鼓励非上市大中型企业提前执行。

要求执行企业内部控制规范体系的企业，必须对本企业内部控制的有效性进行自我评价，披露年度自我评价报告，同时聘请会计师事务所对其财务报告内部控制的有效性进行审计，出具审计报告。

 案例9-1

风险防控是新时代治国理政的基本要义

习近平总书记在十八届中共中央政治局第一次集体学习时的讲话《紧紧围绕坚持和发展中国特色社会主义 学习宣传贯彻党的十八大精神》中指出："反对腐败、建设廉洁政治，保持党的肌体健康，始终是我们党一贯坚持的鲜明政治立场。党风廉政建设，是广大干部群众始终关注的重大政治。'物必先腐，而后虫生。'""大量事实告诉我们，腐败问题越演越烈，最终必然会亡党亡国！"

腐败是社会毒瘤，是影响经济社会发展、国家长治久安的致命风险。新时代对风险防控提出了新要求，习近平总书记对此展开了系列论述，核心要义是对一切违反党纪国法的行为严惩不贷，对企业（或单位）潜在的各类风险进行预判，对风险进行有效管控。

内部控制是防范风险、遏制贪污腐败的有效手段。内部控制审计是对企业（或单位）内部控制设计和运行有效性的外部评价，是促进企业（或单位）内部控制进一步完善的利器。

中国注册会计师协会发布的上市公司2019年年报审计情况快报（第十期）数据显示，截至2020年7月1日，共有40家事务所为1 989家上市公司出具了内部控制审计报告。其中，沪市主板1 429家，深市主板462家，中小板85家，创业板9家，科创板4家。在披露的内部控制审计报告中，从审计报告意见类型看，1 921家上市公司被出具了无保留意见审计报告，占比98.68%（其中，43家被出具带强调事项段的无保留意见，占比2.16%）；66家被出具否定意见，占比3.32%；2家被出具无法表示意见，占比0.10%。

在2011—2019年纳入实施范围上市公司内部控制审计意见中，否定意见的内部控制审计报告2011年只有1家，2012年有3家，2013年有9家，2014年增加到20家，2015年有16家，2017年有37家，到2018年和2019年分别飙升到52家和66家。从以上数据可以看出，我国上市公司内部控制建设的质量还有很大的提升空间。

思考：近年来导致我国上市公司否定意见的内部控制审计报告数量逐年上升的因素有哪些？

资料来源：http://www.cicpa.org.cn/news/202007/t20200722_52841.html

http://www.gov.cn/ldhd/2012-11/19/content_2269332.htm

二、内部控制审计的概念

(一) 内部控制审计的定义

内部控制审计,是指会计师事务所接受委托,对特定基准日内部控制设计与运行的有效性进行审计。

内部控制审计是企业内部控制规范体系实施中引入的强制性要求,既有利于促进企业健全和完善内部控制体系,又有利于增强企业财务报告的可靠性。

理解内部控制审计的定义时应注意以下几点。

(1) 内部控制审计的目标。《企业内部控制审计指引》指出内部控制审计的目标是对企业财务报告内部控制设计与运行的有效性发表审计意见。

(2) 内部控制审计的责任。建立健全和有效实施内部控制是企业董事会的责任;按照《企业内部控制审计指引》的要求,在实施审计工作的基础上对企业内部控制的有效性发表审计意见是注册会计师的责任。换言之,内部控制本身是否有效是企业董事会的管理责任;注册会计师是否遵循内部控制审计指引开展审计并发表恰当的审计意见是审计人员的审计责任。

(3) 内部控制审计的范围。注册会计师审计的范围应当覆盖企业内部控制整体,但是考虑到注册会计师在内部控制审计过程中的风险责任承担能力限制,《企业内部控制审计指引》要求注册会计师应当对企业财务报告内部控制的有效性发表审计意见,并对内部控制审计过程中注意到的非财务报告内部控制的重大缺陷,在内部控制审计报告中增加"非财务报告内部控制重大缺陷描述段"予以披露。

(4) 内部控制审计的方法。《企业内部控制审计指引》要求注册会计师按照自上而下的方法实施审计工作,并将方法作为识别风险、选择拟测试控制的基本思路。同时强调注册会计师在实施审计工作时,可以将企业层面控制和业务层面控制的测试结合进行。

(5) 内部控制审计的基准日。《企业内部控制审计指引》要求注册会计师基于特定基准日(如年末12月31日)内部控制的有效性发表意见,而不是对财务报表涵盖的整个期间(如一年)的内部控制的有效性发表意见。

(二) 内部控制审计与财务报表审计的关系

1. 二者的区别

内部控制审计与财务报表审计是两种不同的审计业务,存在着如下区别。

(1) 审计目标不同。内部控制审计的目标是对被审计单位内部控制设计与运行的有效性进行审计,并重点就财务报告内部控制的有效性发表审计意见。财务报表审计的目标是对财务报表是否按照国家统一的会计准则和会计制度的规定编制以及是否在所有重大方面公允反映被审计单位的财务状况、经营成果和现金流量发表审计意见。

(2) 审计程序不同。内部控制审计中,注册会计师了解和测试内部控制的目的是收集充分、适当的审计证据对内部控制设计和运行的有效性发表审计意见。因此,注册会计师对所有重要账户、各类交易和列报的相关认定,都要了解和测试相关的内部控制。财务报表审计中,注册会计师了解内部控制是为了评估重大错报风险,测试内部控制是为了进一步证明了解内部控制时得出的初步结论是否恰当,了解和测试内部控制的最终目的是服务于注册会计师对财务报表发表审计意见。因此,注册会计师只在拟信赖内部控制运行有效性并作出实质性程序的性质、时间和范围等安排时,或者仅实施实质性程序而不能提供认定层次充分、适当的审计证据的情况下,才开展内部控制测试工作。

(3) 审计结果不同。内部控制审计结束时,注册会计师必须对财务报告内部控制的有效性发表审计意见。财务报表审计结束时,注册会计师通常不对外披露企业的内部控制情况,而是以管理建议书的方式向管理层或治理层报告财务报表审计中发现的内部控制重大缺陷。

2. 二者的整合

注册会计师在内部控制审计与财务报表审计中都要关注财务报告质量和审计风险,审计过程中形成的很多审计证据可以相互支持、相互利用。因此,注册会计师在计划和执行内部控制审计工作时,可以根据实际情况将内部控制审计与财务报表审计进行整合,以降低审计成本、提高审计质量。

在整合审计中,注册会计师可以利用在其中一种审计中获得的结果为另一种审计中的判断和拟实施的程序提供信息。实施财务报表审计时,注册会计师可以利用内部控制审计识别出的控制缺陷来修改实质性程序的性质、时间安排和范围,并且可以利用该结果来支持分析程序中所使用的信息的完整性和准确性;实施内部控制审计时,注册会计师需要重点考虑财务报表审计中发现的财务报表错报,考虑这些错报对评价内控有效性的影响。

第二节 内部控制审计程序

内部控制审计的程序主要包括计划审计工作、实施审计工作和完成审计工作等环节。

一、计划审计工作

(一) 总体要求

注册会计师需恰当地计划内部控制审计工作,配备挑选相关领域的、具有专业胜任能力的人员组建项目组,并对项目组成员进行培训和督导,以合理安排审计工作。

在计划审计工作时,注册会计师应当评价下列事项对内部控制及其审计工作的影响:①与企业相关的风险;②相关法律法规和行业概况;③企业组织结构、经营特点和资本结构等相关重要事项;④企业内部控制最近发生变化的程度;⑤与企业沟通过的内部控制缺陷;⑥重要性、风险等与确定内部控制重大缺陷相关的因素;⑦对内部控制有效性的初步判断;⑧可获取的、与内部控制有效性相关的证据的类型和范围。

此外,注册会计师还需要关注与评价财务报表发生重大错报的可能性和内部控制有效性相关的公开信息,以及企业经营活动的相对复杂程度。

(二) 重视风险评估的作用

在内部控制审计中,风险评估的理念及思路应当贯穿于审计过程的始终。注册会计师应当以风险评估为基础,确定重要账户、列报及其相关认定,选择拟测试的控制,确定测试所需收集的证据。内部控制的特定领域存在重大缺陷的风险越高,给予该领域的审计关注就越多。

在进行风险评估及确定审计程序时,企业的组织结构、业务流程或业务单元的复杂程度可能产生的重要影响均是注册会计师需要考虑的因素。

（三）利用相关人员的工作

在计划审计工作时，注册会计师应当考虑是否需要利用企业的内部审计人员、内部控制评价人员和其他人员的工作以及可利用的程度，以提高内部控制审计工作的效率。需要强调的是，注册会计师应当对自己发表的审计意见独立承担责任，其责任不因为利用企业相关人员的工作而减轻。

注册会计师如果打算利用他人的工作来获取内部控制有效性的证据，则需要评价这些人员的专业胜任能力和客观性。如果企业的相关人员拥有更高的专业胜任能力和客观性，那么注册会计师就可以考虑更多地利用这些人员的相关工作。

在内部控制审计中，注册会计师利用他人工作的程度还会受到与被测试控制相关的风险的影响，如与某项控制相关的风险越高，可利用他人工作的程度就越低，注册会计师就需要更多地对该项控制亲自进行测试。

二、实施审计工作

（一）选择拟测试的内部控制

注册会计师应当根据审计计划，按照自上而下的方法实施审计工作，对企业层面控制和业务层面控制的有效性进行测试。自上而下的方法是注册会计师识别风险、选择拟测试内部控制的基本思路。

注册会计师运用自上而下的方法选择拟测试的内部控制时，通常首先对财务报告内部控制整体风险进行了解；其次对企业层面控制进行了解和测试；然后将审计关注点下移至重要账户、列报及其相关认定；之后了解潜在错报的来源并识别相应的控制；最后选出拟测试的内部控制。

1. 企业层面控制的测试

注册会计师通过了解企业与财务报告相关的整体风险，可以识别出为保持有效的财务报告内部控制而必需的企业层面内部控制。

注册会计师在对企业层面控制进行测试时，通常需要关注以下方面：①与内部环境相关的控制；②针对董事会、经理层凌驾于控制之上的风险而设计的控制；③企业的风险评估过程；④对内部信息传递和财务报告流程的控制；⑤对控制有效性的内部监督和自我评价。

2. 业务层面控制的测试

注册会计师测试业务层面控制时，在把握重要性原则的基础上，结合企业实际、企业内部控制各项应用指引的要求以及企业层面控制的测试情况，重点对企业生产经营活动中的重要业务与事项的控制进行测试，测试步骤如下。①注册会计师通常通过检查企业的诸如内控手册、业务流程图、职责描述等各种文件以及其他书面指引，获得关于企业经营活动和业务流程的相关信息；还可以通过询问和观察对企业经营活动和业务流程做进一步的了解。②注册会计师需要识别企业重要交易流程中可能发生错报的环节，并考虑这些环节的控制目标。③注册会计师需要收集各种控制由谁执行、如何执行及执行的方式等证据；还需要收集控制执行之后所形成的实物证据以及该控制能否及时防止或发现并纠正重大错报的相关证据。④注册会计师应当把控制测试的过程和结果记录于审计工作底稿中。

(二) 测试内部控制的有效性

1. 控制测试的核心内容

控制测试的核心内容是测试内部控制设计与运行的有效性。

在测试内部控制设计的有效性时,注册会计师应当确定企业所设计的内部控制如果由拥有必要的授权且具有专业胜任能力的人员执行,能否实现控制目标。如果企业的某项控制由拥有必要授权且具有专业胜任能力的人员按照规定的程序与要求执行,能够实现控制目标,就表明该项控制的设计是有效的。注册会计师在评价内部控制设计的有效性时,不应孤立地考虑特定的内部控制是否有效,而应从整体上考虑内部控制是否能实现控制目标。

在测试内部控制运行的有效性时,注册会计师应当确定企业的各项控制是否正按照设计要求运行,执行人员是否拥有必要的授权并且具有专业胜任能力。如果企业的某项控制正在按照设计运行,执行人员拥有必要的授权和专业胜任能力,能够实现控制目标,表明该项控制的运行是有效的。注册会计师在测试某项内部控制运行的有效性时,应当关注该项内部控制是否得到执行、如何执行、是否得到一贯执行以及是否是人工执行等因素。

2. 控制测试的证据获取

在测试所选定的内部控制的有效性时,注册会计师应当根据与控制相关的风险,确定实施程序的性质、时间安排和范围,以获取充分、适当的审计证据。通常情况下,与拟测试控制相关的风险越高,注册会计师需要获取的审计证据就越多。

注册会计师在测试内部控制设计与运行的有效性时,可综合运用询问相关人员、观察实物状态或经营活动、检查相关记录和文件、重新执行等方法,获取充分、适当的证据以发表审计意见。

3. 控制测试的时间安排

对控制有效性的测试涵盖的期间越长,可供收集的控制有效性的证据就越多。注册会计师需要获取内部控制在企业内部控制自我评价基准日之前足够长的期间内有效运行的证据。

为确保证据的充分性和适当性,注册会计师通常需对控制测试的时间安排进行权衡,应尽量安排在接近企业内部控制自我评价基准日实施测试,同时要保证实施的测试能够涵盖足够长的期间。

(三) 评价内部控制缺陷

注册会计师对内部控制缺陷的分类和认定标准与企业内部控制自我评价中对缺陷的分类和认定标准相似,审计中注册会计师更关注财务报告内部控制缺陷的认定。

注册会计师在对内部控制设计与运行的有效性进行测试的基础上,应当评价其注意到的各项内部控制缺陷的严重程度,以确定这些缺陷单独或组合起来是否构成重大缺陷以及是否影响审计意见类型。在确定一项控制缺陷或多项控制缺陷的组合是否构成重大缺陷时,注册会计师还应留意补偿性控制或替代性控制对实现控制目标的影响。

三、完成审计工作

(一) 获取管理层书面声明

注册会计师完成审计工作后,应当获取经企业管理层签署的书面声明,书面声明通常包括下列内容。

(1) 企业董事会认可其对建立健全和有效实施内部控制负责。

(2) 企业已对内部控制的有效性做出自我评价,并说明评价时采用的标准及得出的结论。

(3) 企业没有利用注册会计师执行的审计程序及其结果作为自我评价的基础。

(4) 企业已向注册会计师披露识别出的所有内部控制缺陷,并单独披露其中的重大缺陷和重要缺陷。

(5) 企业对于注册会计师在以前年度审计中识别的、已与审计委员会沟通的重大缺陷和重要缺陷,是否已经采取措施予以解决。

(6) 企业在内部控制自我评价基准日后,内部控制是否发生重大变化,或存在对内部控制具有重要影响的其他因素。

如果企业拒绝提供或以其他不当理由回避书面声明,注册会计师应将其视为审计范围受到限制,进而解除业务约定或出具无法表示意见的内部控制审计报告。同时,注册会计师需要评价由于企业拒绝提供书面声明而对其他声明(包括在财务报表审计中获取的声明)的可靠性产生的影响。

(二) 沟通控制缺陷

虽然并不要求注册会计师执行足以识别所有控制缺陷的程序,但是,注册会计师需要与企业沟通审计过程中识别的所有控制缺陷。如果认为审计委员会和内部审计机构对财务报告和内部控制的监督无效,注册会计师应当就此事项以书面形式直接与董事会和经理层沟通。

重大缺陷和重要缺陷通常需要以书面形式与董事会和经理层沟通,书面沟通应当在注册会计师出具内部控制审计报告之前进行;一般缺陷应当与企业进行口头沟通,提醒企业加以改进。

(三) 形成审计意见

注册会计师应当对从各种来源获取的审计证据进行评价,包括对控制的测试结果、财务报表审计中发现的错报以及已识别的所有控制缺陷进行评价,以形成对内部控制有效性的意见并出具审计报告。

在对审计证据进行评价时,注册会计师应当查阅被审计年度与内部控制相关的内部审计报告或类似报告,并评价这些报告中提到的内部控制缺陷。只有在审计范围没有受到限制时,注册会计师才能对内部控制的有效性发表审计意见。如果审计范围受到限制,注册会计师应当解除业务约定或出具无法表示意见的内部控制审计报告。

案例 9-2

W 会计师事务所对 X 公司的内部控制审计

X 公司于 2000 年成立,注册资本为 7 亿元,主要业务为生产及销售热轧产品、冷轧产品、中厚板及其他钢铁产品。X公司拥有炼钢、轧钢等生产线及设备，综合产能可以达到年200万吨以上。2019年度，X公司实现利润总额55亿元；2019年年末，X公司的资产总额为89亿元，净资产为51亿元。

一、计划审计工作

W会计师事务所在和X公司签订2019年度内部控制审计的业务约定书后，组建了审计项目组。初步拟定审计项目组成员名单后，会计师事务所对每个项目组成员的独立性进行了审查，没有发现问题，之后又要求每个项目组成员签署了独立性声明。

在计划审计工作阶段，项目组按照审计业务约定书中约定的时间进驻X公司，召开审计进点会，向X公司强调了审计的目标和任务，提出具体要求，并听取公司管理层有关情况汇报。

X公司按项目组的要求提供了包括公司营业执照、公司章程、公司基本情况、公司开户许可证、企业法人代码证书、公司在银行和非银行金融机构开设的全部账户、公司内部管理制度汇编、公司内部控制手册、公司内部组织结构图、公司内部各部门和岗位职责权限资料、公司内部各部门各项业务流程资料、公司重大决策会议纪要、公司发展战略有关资料、公司近3年的财务报表和审计报告、公司近3年的预算报告及执行情况、公司近3年的绩效考核指标情况等相关资料。

首先，项目组对X公司的环境进行初步了解，包括了解与X公司相关的法律、法规和行业情况；了解与X公司组织架构、经营特点和资本结构等相关的重要事项；识别X公司可能面临的风险；了解X公司的内部控制体系建设情况及公司内部控制最近发生变化的程度；了解前任注册会计师与企业沟通过的内部控制缺陷的整改情况；了解重要性、风险等与内部控制重大缺陷相关的因素。

其次，设定重要性水平。注册会计师根据X公司的经营状况，确定报表层次的重要性水平为营业收入的0.5%，将实际执行的重要性水平确定为报表层次重要性水平的50%。对X公司的诸如销售与收款、采购与付款、资产管理等高风险领域安排经验丰富的审计人员，并分配更充裕的审计时间。

再次，项目组着重对X公司的关键账户、列报和相关认定，以及与X公司重大业务流程相关的信息系统进行识别。

最后，项目组对X公司内部控制的有效性做出初步判断。项目组在对X公司内部控制各方面进行综合考虑后，初步判断X公司财务报告内部控制不存在重大缺陷，并基于此进一步安排审计程序的性质、时间和范围，形成审计计划。

二、实施审计工作

在实施审计工作阶段，项目组根据审计计划，按照自上而下的方法实施审计工作，对X公司企业层面控制和业务层面控制的有效性进行测试。下面以项目组对部分业务层面控制的测试为例来呈现实施审计阶段的工作。

为了发现X公司产生错报风险的可能来源，审计人员对销售与收款、采购与付款、资产管理等重要环节实施了穿行测试。在充分了解X公司各业务流程的规章制度之后，审计人员随机抽取了各业务流程的样本。在穿行测试的实施过程中，审计人员对各业务流程负责人进行询问，亲自查看业务的执行过程，观察内部控制的运行状况，获取并复印X公司各业务在执行控制时使用或产生的文件记录，同时将该文件记录与规章制度、会计记录等进行比较，逐个留下详细的穿行测试记录与结论。

审计人员还针对X公司主营业务收入和成本、应收账款、应付账款、存货等内部控制环节进行了有效性测试。审计人员针对各重要业务流程抽取了多个样本，逐一翻阅会计凭证，追溯各个记账凭证和支持文件原始凭据，并根据审计工作底稿的要求完成了相关信息的填制。

在审计过程中，审计人员发现X公司上述业务层面的内部控制存在如下问题。

1. 销售与收款流程中存在的缺陷

X公司2018年版《销售管理制度》中要求公司各职能部门、职能中心、子公司管理层应在各自的职责范围内工作，按照制度规定承担责任，销售环节各个子流程的责任人必须严格执行签字审核程序。

审计人员发现X公司在执行此制度时存在执行不力的情况，如在《顾客投诉信息单》说明栏中呈现出部分责任人未执行手签程序，经查也没有补偿性控制。责任人未很好执行手签审核程序这一事项的存在可能导致责任归属产生争议。

2. 采购与付款流程中存在的缺陷

X公司2018年版《采购管理制度》中规定，采购申请、审批和审核等环节人员应分工合理，要由专门的负责人严格执行手签程序，不相容职务不能由一人身兼数职。

审计人员发现X公司原材料采购中心在组织相关单位对供方进行年度评审、排序时，填写的《2019年度原材料供方审核评估汇总表》中，批准人和审核人是同一人。不相容职务分离控制未能执行落地，可能会导致对供方审核的不公正、不客观，增加了舞弊的风险。

3. 资产管理流程中存在的缺陷

X公司2017年版《原材料管理制度》中规定，原材料实行月、季、年盘点制度，盘点方法、盘点时间及盘点结果定期上报。

审计人员发现X公司某作业区第四季度的盘点表上显示的钢锭盘点结果与实际情况不符，审计人员进而检查了该作业区截至2019年12月之前的所有盘点表，除了四个季度盘点表外，月份盘点表只有1月份和2月份的纸质盘点表，相关人员未签字，并且未看到其他月份的盘点表，说明X公司该作业区的盘点工作未严格按制度要求执行。未按规定实施定期盘点，可能导致资产流失、存货实际价值不准确等问题出现。

审计人员认为，X公司存在的上述内部控制缺陷对财务报表未造成重大影响，属于运行缺陷、重要缺陷。

三、完成审计工作

项目组在完成了上述审计程序后，取得了X公司管理层签署的书面申明书，并就审计中发现的控制缺陷与X公司的经理层和董事会进行了沟通。沟通过程中，管理层针对各缺陷情况进行了回复并提出了整改计划。经过讨论和分析，注册会计师根据缺陷的性质和影响程度，最终对X公司财务报告内部控制出具了标准无保留意见的内部控制审计报告。

思考：1. 结合案例资料梳理审计人员实施业务层面可控制测试的步骤。

2. 审计人员与被审计单位沟通控制缺陷时应注意哪些问题？

资料来源：https://wenku.baidu.com/view/064fa14e0029bd64793e2c8c.html［2021-01-07］

第三节 内部控制审计报告

一、内部控制审计报告的基本内容

内部控制审计报告一般包括下列要素。

(1) 标题。内部控制审计报告的标题统一规范为"内部控制审计报告"。

(2) 收件人。内部控制审计报告的收件人是指注册会计师按照审计业务约定书的要求致送内部控制审计报告的对象,通常为审计业务的委托人。

(3) 引言段。本段主要说明企业的名称和内部控制已经过审计。

(4) 企业对内部控制的责任段。本段主要说明按照《企业内部控制基本规范》《企业内部控制应用指引》《企业内部控制评价指引》的规定,建立健全和有效实施内部控制并评价其有效性是企业董事会的责任。

(5) 注册会计师的责任段。本段主要说明在实施审计工作的基础上,对财务报告内部控制的有效性发表审计意见,并对注意到的非财务报告内部控制的重大缺陷进行披露是注册会计师的责任。

(6) 内部控制固有局限性的说明段。本段主要说明内部控制具有固有局限性,存在不能防止和发现错报的可能性。此外,由于情况的变化可能导致内部控制变得不恰当,或对控制政策和程序遵循的程度降低,根据内部控制审计结果推测未来内部控制的有效性具有一定风险。

(7) 财务报告内部控制审计意见段。本段主要说明注册会计师应当依据所收集的审计证据对财务报告内部控制设计和运行的有效性发表审计意见。

(8) 非财务报告内部控制重大缺陷描述段。本段主要说明注册会计师在审计过程中注意到的对企业发展战略、法规遵循、经营的效率效果等控制目标的实现有重大不利影响的非财务报告内部控制缺陷的性质及其对实现相关控制目标的影响程度,提示内部控制审计报告使用者注意相关风险,但无须对其发表审计意见。

(9) 注册会计师的签名和盖章。

(10) 会计师事务所的名称、地址及盖章。

(11) 报告日期。

二、内部控制审计报告的类型

注册会计师在完成内部控制审计工作后出具的审计报告通常分为以下几种类型。

(一) 标准内部控制审计报告

出具无保留意见的内部控制审计报告必须同时符合以下两个条件:①企业按照《企业内部控制基本规范》《企业内部控制应用指引》《企业内部控制评价指引》以及企业内部控制制度的要求,在所有重大方面保持了有效的内部控制;②注册会计师已经按照《企业内部控制审计指引》的要求计划和实施审计工作,在审计过程中未受到限制。

当出具无保留意见的审计报告时,注册会计师通常以"我们认为"作为意见段的开头,并使用"在所有重大方面""保持了有效的内部控制"等专业术语。

当注册会计师出具的无保留意见的审计报告不附加任何说明段、强调事项段或任何修饰性用语时，该报告就是标准内部控制审计报告。

 案例 9-3

仁和药业公司 2019 年度标准内部控制审计报告

内部控制审计报告

大华内字 [2020] 第 000125 号

仁和药业股份有限公司全体股东：

按照《企业内部控制审计指引》及中国注册会计师执业准则的相关要求，我们审计了仁和药业股份有限公司（以下简称仁和药业公司）2019 年 12 月 31 日的财务报告内部控制的有效性。

一、企业对内部控制的责任

按照《企业内部控制基本规范》《企业内部控制应用指引》《企业内部控制评价指引》的规定，建立健全和有效实施内部控制，并评价其有效性是企业董事会的责任。

二、注册会计师的责任

我们的责任是在实施审计工作的基础上，对财务报告内部控制的有效性发表审计意见，并对注意到的非财务报告内部控制的重大缺陷进行披露。

三、内部控制的固有局限性

内部控制具有固有局限性，存在不能防止和发现错报的可能性。此外，由于情况的变化可能导致内部控制变得不恰当，或对控制政策和程序遵循的程度降低，根据内部控制审计结果推测未来内部控制的有效性具有一定风险。

四、财务报告内部控制审计意见

我们认为，仁和药业公司于 2019 年 12 月 31 日按照《企业内部控制基本规范》和相关规定在所有重大方面保持了有效的财务报告内部控制。

大华会计师事务所（特殊普通合伙）　　　　　中国注册会计师：丁　莉
　　　　　　　　　　　　　　　　　　　　　（项目合伙人）
　　　　中国·北京　　　　　　　　　　　　中国注册会计师：王继文

二〇二〇年四月二十三日

要求：1. 对照仁和药业公司 2019 年度的内部控制审计报告，简述标准无保留意见内部控制审计报告的基本内容包含哪些方面？

2. 对照仁和药业公司 2019 年度的内部控制审计报告，简述标准无保留意见内部控制审计报告的行文特点和通常使用的专业术语有哪些？

资料来源：http://data.eastmoney.com/notices/detail/000650/AN202004241378559909.html [2021-01-07]

（二）带强调事项段的无保留意见内部控制审计报告

在内部控制审计中，如果注册会计师认为财务报告内部控制虽不存在重大缺陷，但仍有一项或者多项重大事项需要提请内部控制审计报告使用者注意的，应在内部控制审计报告中增加强调事项段予以说明。该段内容仅用于提醒内部控制审计报告使用者关注，并不影响对财务报告内部控制发表的审计意见。

案例 9-4

ST 天首 2019 年度带强调事项段的无保留意见内部控制审计报告

内部控制审计报告

利安达专字〔2020〕第 2116 号

内蒙古天首科技发展股份有限公司全体股东：

按照《企业内部控制审计指引》及中国注册会计师执业准则的相关要求，我们审计了内蒙古天首科技发展股份有限公司（以下简称天首发展）2019 年 12 月 31 日的财务报告内部控制的有效性。

一、天首发展对内部控制的责任

按照《企业内部控制基本规范》《企业内部控制应用指引》《企业内部控制评价指引》的规定，建立健全和有效实施内部控制，并评价其有效性是天首发展董事会的责任。

二、注册会计师的责任

我们的责任是在实施审计工作的基础上，对财务报告内部控制的有效性发表审计意见，并对注意到的非财务报告内部控制的重大缺陷进行披露。

三、内部控制的固有局限性

内部控制具有固有局限性，存在不能防止和发现错报的可能性。此外，由于情况的变化可能导致内部控制变得不恰当，或对控制政策和程序遵循的程度降低，根据内部控制审计结果推测未来内部控制的有效性具有一定风险。

四、财务报告内部控制审计意见

我们认为，天首发展于 2019 年 12 月 31 日按照《企业内部控制基本规范》和相关规定在所有重大方面保持了有效的财务报告内部控制。

五、强调事项

我们提醒内部控制审计报告使用者关注：

公司法人治理结构

按照公司章程对公司董事会、监事会任期的约定，公司第八届董事会、第八届监事会任期于 2019 年 8 月 8 日届满，因候选人提名工作尚在进行中，董事会、监事会将延期换届，董事会各专门委员会及高级管理人员的任期亦相应顺延。截至本报告日，公司董事会、监事会换届仍未完成。按照《证券法》《公司法》等法规及深交所《股票上市规则》《主板上市公司规范运作指引》的规定，公司董事会、监事会为公司法人治理结构中的重要权力机构和监督机构，未能如期完成换届，对公司治理及公司经营管理工作造成诸多不利影响，报告期内公司治理方面存在缺陷。

深圳证券交易所因公司董事会、监事会任期届满未及时换届于 2020 年 1 月 8 日下发了《关于对内蒙古天首科技发展股份有限公司的关注函》（公司部关注函〔2020〕第 6 号）。2020 年 4 月 11 日，公司回复上述关注函：截至目前，公司未完成换届，是由于春节后受新冠肺炎疫情的影响。北京市五部门联合发布了《北京市城市管理综合行政执法局、北京市住房和建设委员会、北京市应急管理局、北京市卫生健康委员会、北京市市场监督管理局关于进一步明确在商务楼宇内办公单位防疫要求的通知》（京城管发〔2020〕13号）以及《关于企业到岗人数上限的通告》的要求，本公司严格遵照执行。截至目前，北京市仍为疫情严防严控重点地区，对进京的外来人员采用大数据追踪管理，公司无法对董监事会候选人进行见面沟通。当前，公司现任董监事会全体成员均能勤勉尽职，认真负责，公司经营平稳有序。本公司将密切关注防疫动态，随时启动董事会换届事宜。

2019年8月16日，公司副总经理、财务总监李波提出书面辞职，根据《公司法》《公司章程》等法律、法规的相关规定，李波先生的辞职申请自送达董事会时生效。公司董事长邱士杰先生将代理公司财务总监一职，直至公司董事会选聘新的财务总监时止。

截至本报告日，公司财务总监仍由公司董事长邱士杰兼任。公司在治理架构监督制衡方面存在控制缺陷，与证监会《上市公司治理准则》的相关要求存在差距，公司治理不够完善。

本段内容不影响已对财务报告内部控制发表的审计意见。

利安达会计师事务所（特殊普通合伙）　　　　　　　　中国注册会计师：王新宇
　　　　　　　　　　　　　　　　　　　　　　　　　　（项目合伙人）

　　　　中国·北京　　　　　　　　　　　　　　　　　中国注册会计师：陶　威

　　　　　　　　　　　　　　　　　　　　　　　　　　二〇二〇年四月二十八日

思考： 1. ST天首2019年度的内部控制审计报告中描述的"强调事项"属于内部控制哪方面的问题？

2. 该问题的存在对内部控制审计报告使用者判断公司内部控制的有效性是否产生影响？

资料来源：http：//data.eastmoney.com/notices/detail/000611/AN202004301379081583.html［2021-01-07］

（三）否定意见的内部控制审计报告

注册会计师认为财务报告内部控制存在一项或多项重大缺陷的，除非审计范围受到限制，应当对财务报告内部控制发表否定意见。

注册会计师出具否定意见的内部控制审计报告时，应当在报告中包括重大缺陷的定义、重大缺陷的性质及其对财务报告内部控制的影响程度等内容。如果在内部控制审计中发现的重大缺陷对财务报表发表的审计意见会产生影响，注册会计师应当在本段落中作出"在××公司××年财务报表审计中，我们已经考虑了上述重大缺陷对审计程序的性质、时间安排和范围的影响"的描述。如果发现的重大缺陷对财务报表发表的审计意见不产生影响，注册会计师则应在本段落中作出"在××公司××年财务报表审计中，我们已经考虑了上述重大缺陷对审计程序的性质、时间安排和范围影响。本报告并未对我们在××年××月××日对××公司××年财务报表出具的审计报告产生影响"的说明。

 **案例 9-5**

ST 康达尔 2018 年度否定意见内部控制审计报告

内部控制审计报告

中审亚太审字 [2019] 第 020046 号

深圳市康达尔（集团）股份有限公司全体股东：

按照《企业内部控制审计指引》及中国注册会计师执业准则的相关要求，我们审计了深圳市康达尔（集团）股份有限公司（以下简称康达尔公司）2018 年 12 月 31 日的财务报告内部控制的有效性。

一、康达尔公司对内部控制的责任

按照《企业内部控制基本规范》《企业内部控制应用指引》及《企业内部控制评价指引》的规定，建立健全和有效实施内部控制，并评价其有效性是康达尔公司董事会的责任。

二、注册会计师的责任

我们的责任是在实施审计工作的基础上，对财务报告内部控制的有效性发表审计意见，并对注意到的非财务报告内部控制的重大缺陷进行披露。

三、内部控制的固有局限性

内部控制具有固有局限性，存在不能防止和发现错报的可能性。此外，由于情况的变化可能导致内部控制变得不恰当，或对控制政策和程序遵循的程度降低，根据内部控制审计结果推测未来内部控制的有效性具有一定风险。

四、导致否定意见的事项

前管理层部分人员因涉嫌背信损害上市公司利益罪被采取刑事强制措施，以及部分预付投资款商业实质存疑。

康达尔公司于 2018 年 8 月收到深圳市公安局的信息，原董事长、总裁、董事会战略委员会委员、董事会审计委员会委员罗爱华女士，原财务总监、董事李力夫先生，原法务总监、监事会主席张明华先生因涉嫌背信损害上市公司利益罪被深圳市公安局刑事拘留。截至审计报告签发日尚未收到司法机关就上述案件的结论性意见或决定。

康达尔公司期末大额异常预付投资款包括深圳君合民汇股权投资基金管理有限公司 1 500.00 万元，深圳前海光信创新并购投资有限公司 3 650.00 万元以及深圳市启晖新能源投资有限公司 3 600.00 万元，合计 8 750.00 万元。

康达尔公司管理层已识别出上述重大缺陷，并将其包含在企业内部控制评价报告中。上述缺陷在所有重大方面得到公允反映。在康达尔公司 2018 年财务报表审计中，我们已经考虑了上述重大缺陷对审计程序的性质、时间安排和范围的影响。本报告并未对我们在 2018 年 12 月 31 日对康达尔公司 2018 年财务报表出具的审计报告产生影响。

五、财务报告内部控制审计意见

我们认为，由于存在上述重大缺陷及其对实现控制目标的影响，康达尔公司于 2018 年 12 月 31 日未能按照《企业内部控制基本规范》和相关规定在所有重大方面保持有效的财务报告内部控制。

中审亚太会计师事务所（特殊普通合伙）   中国注册会计师：陈 刚
                                                              （项目合伙人）

中国·北京　　　　　　　　　　　中国注册会计师：邹励川

二〇一九年四月一十二日

思考：1. ST 康达尔 2018 年度否定意见内部控制审计报告中"导致否定意见的事项"属于内部控制哪方面的问题？

2. 注册会计师在"导致否定意见的事项"的段落中关于该重大缺陷对康达尔公司 2018 年财务报表出具的审计报告的影响进行描述的用意是什么？

资料来源：http://data.eastmoney.com/notices/detail/000048/AN201904141319127500.html［2021-01-07］

（四）无法表示意见内部控制审计报告

注册会计师只有实施了必要的审计程序，才能对内部控制的有效性发表审计意见。如果审计范围受到严重限制，注册会计师应当解除业务约定或出具无法表示意见的内部控制审计报告，并就审计范围受到限制的情况，以书面形式与董事会进行沟通。

注册会计师在出具无法表示意见的内部控制审计报告时，应当在内部控制审计报告中指明审计范围受到限制，无法对内部控制的有效性发表意见，并单设段落说明无法表示意见的实质性理由。注册会计师不应在内部控制审计报告中描述所执行的程序，也不应描述内部控制审计的特征，以避免审计报告使用者对无法表示意见产生误解。

如果在已执行的有限程序中发现财务报告内部控制存在重大缺陷的，注册会计师应当在内部控制审计报告中对重大缺陷做出详细说明。

案例 9-6

ST 康达尔 2017 年度无法表示意见内部控制审计报告

内部控制审计报告

XYZH/2018CDA50194

深圳市康达尔（集团）股份有限公司全体股东：

我们接受委托，对深圳市康达尔（集团）股份有限公司（以下简称康达尔公司）2017 年 12 月 31 日的财务报告内部控制进行审计。

一、企业对内部控制的责任

按照《企业内部控制基本规范》《企业内部控制应用指引》《企业内部控制评价指引》的规定，建立健全和有效实施内部控制，并评价其有效性是康达尔公司董事会的责任。

二、内部控制的固有局限性

内部控制具有固有局限性，存在不能防止和发现错报的可能性。此外由于情况的变化可能导致内部控制变得不恰当，或对控制政策和程序遵循的程度降低，根据内部控制审计结果推测未来内部控制的有效性具有一定风险。

三、导致无法表示意见的事项

2018 年 8 月 13 日和 2018 年 8 月 15 日，康达尔公司分别收到深圳市公安局的信息，原董事长、总裁、董事会战略委员会委员、董事会审计委员会委员罗爱华女士，原财务总监、董事李力夫先生，原法务总监、监事会主席张明华先生因涉嫌背信损害上市公司利益罪被深圳市公安局刑事拘留。

该事项表明康达尔公司管理层涉嫌舞弊及与财务报告相关的内部控制环境可能失效，由于此事项的性质以及注册会计师审计的固有限制和审计手段的局限性，我们未能执行访谈上述涉嫌背信损害上市公司利益罪的管理层，虽然我们已按照内部控制审计指引的规定，恰当地计划和执行了审计工作，但是，我们仍然不能确定该期后事项对康达尔公司2017年12月31日财务报告内部控制有效性的影响程度。

四、财务报告内部控制审计意见

由于不能确定上述治理层、管理层、监事会的关键成员涉嫌背信损害上市公司利益罪、被公安局刑事拘留的期后事项，对康达尔公司2017年12月31日财务报告内部控制有效性的影响程度，因此我们无法对康达尔公司财务报告内部控制的有效性发表意见。

信永中和会计师事务所（特殊普通合伙）   中国注册会计师：罗东先
                                   （项目合伙人）
         中国·北京   中国注册会计师：唐松柏
                                             二〇一八年八月二十九日

思考：1. ST康达尔2017年度无法表示意见内部控制审计报告中"无法发表意见的事项"属于内部控制哪方面的问题？

2. 该问题与案例9-4的ST康达尔2018年度否定意见内部控制审计报告中"导致否定意见的事项"的问题存在什么联系？

资料来源：http://data.eastmoney.com/notices/detail/000048/AN201808301185407769.html［2021-01-07］

三、期后事项的处理

期后事项是指在企业内部控制评价基准日并不存在、但在该基准日之后至审计报告日之前内部控制可能发生重大变化，或出现其他可能对内部控制产生重要影响的因素。

注册会计师应当询问是否存在这类变化或影响因素，并获取企业关于这些情况的书面声明。

注册会计师如果知悉对企业内部控制自我评价基准日内部控制有效性有重大负面影响的期后事项的，应对财务报告内部控制发表否定意见。注册会计师不能确定期后事项对内部控制有效性的影响程度的，应当出具无法表示意见的内部控制审计报告。

复习思考题

1. 如何理解内部控制审计的定义？
2. 内部控制审计的目标是什么？
3. 如何理解内部控制审计与财务报表审计的关系？
4. 内部控制审计报告有哪几种意见类型？
5. 标准内部控制审计报告主要包括哪些内容？

第十章

内部控制咨询

> **学习目标**
>
> 掌握企业内部控制咨询的定义；
> 掌握企业内部控制建设的流程。

随着越来越多企业加快上市步伐、行政事业单位加强规范化管理和监管部门越来越严格的监督管理要求，内部控制咨询机构应运而生。本章内容概述了内部控制咨询的定义、提供内部控制咨询服务的机构、接受内部控制咨询服务的机构和内部控制体系建设的流程。内部控制咨询需要综合运用本书第一章到第八章的内容，并且根据被咨询单位的具体情况"量身定做"。

第一节 内部控制咨询概述

一、内部控制咨询的定义

内部控制咨询是由咨询公司、高等学校、注册会计师事务所提供的，针对内部控制设计提供的服务。内部控制咨询既可以提供整套的内部控制设计咨询服务，也可以提供内部控制体系中某个方面的服务。例如，财务会计内部控制设计、全面风险管理设计、人力资源管控体系设计、企业文化设计、战略型社会责任体系设计、社会责任报告编制等。接受内部控制咨询服务的既有国有企业、民营企业，也有医院、后勤集团、戒毒所、司法机关等事业单位或行政单位。

 案例 10-1

江西省赣西强制隔离戒毒所内部控制采购服务

受江西省赣西强制隔离戒毒所的委托，按江西省人民政府采购工作领导小组办公室下达的采购计划，就江西省赣西强制隔离戒毒所内部控制体系建设咨询服务项目（项目编号：赣购 2017F007248001）进行单一来源采购，采购活动于 2017 年 7 月 13 日 9:30（北京时间）进行。经单一来源采购小组评定，采购单位确认，成交结果如下：

确定成交供应商日期：2017年7月13日

采购计划编号	采购内容	数量	品牌型号	单价	成交金额
赣购2017F007248001	内部控制体系建设咨询服务项目	1套	天职	82 250.00元	捌万贰仟贰佰伍拾圆整（￥82 250.00）

成交供应商：天职国际会计师事务所（特殊普通合伙）江西分所

质保期：自验收合格之日起提供2年免费质保。

交货期：合同签订之日起7个工作日内交货。

成交供应商信息如下。
联系人：覃××
联系电话：0791-86727518
地址：南昌市红谷滩新区红谷中大道1402号

采购人名称：江西省赣西强制隔离戒毒所
采购人：熊××
采购人联系电话：0795-548290
联系地址：江西省高安市八景镇八景大道147号

资料来源：http：//www.ccgp.gov.cn/cggg/dfgg/zbgg/201707/t20170713_8517132.htm[2021-01-07］

二、单位自建内部控制体系

（一）单位自建内部控制体系

下文内容针对企业内部控制设计，行政事业单位内部控制设计可以参照企业内部控制设计。需要特别说明的是，涉密企业或行政事业单位应当自建内部控制体系，咨询活动可能造成泄密。如果企业内部控制人才储备充足，实力雄厚，也可以自建内部控制体系。

如果是企业自建内部控制体系，按照《企业内部控制基本规范》第六条的规定，企业应当根据有关法律法规、本规范及其配套办法，制定本企业的内部控制制度并组织实施。具体来说，企业主要负责人员成立工作组，组织专门人员，制订内部控制建设的工作方案，结合本企业的实际情况，对企业内部控制制度和管控流程进行全面梳理；把内部控制流程与信息系统有机结合，实现对业务和流程的自动控制，减少或消除人为操纵因素；把各个责任单位和全体员工实施内部控制的情况纳入绩效考评体系。

（二）内部审计部门对内部控制建设的监督

企业自建内部控制体系，内部审计部门对企业内部控制的建立和实施情况进行监督检查。

如果企业委托咨询公司、高等学校、注册会计师事务所进行内部控制建设，企业的内部审计部门同样要对咨询机构建立内部控制的过程和结果进行监督检查。

《企业内部控制基本规范》第十条规定，为企业内部控制提供咨询的会计师事务所，不得同时为同一企业提供内部控制审计服务。

三、国有企业内部控制建设咨询的特殊问题

对于民营企业来说，要做到董事会、监事会、经理层之间的权责配置清晰。对于国有企业来说，还要注意党委会的作用，使党委会、董事会、监事会、经理层之间的权责配置清晰。中共中央 2019 年 12 月发布的《中国共产党国有企业基层组织工作条例（试行）》规定，党委会通过重大问题讨论的前置程序负责"把方向、管大局、保落实"，严把经济责任、政治责任、社会责任的有机统一。董事会负责在上述三个责任的框架下进行战略管理、激励机制、风险管控等决策；经理层负责执行董事会的决策，监事会负责监督董事和经理，实现了国有企业党委会、董事会、监事会、经理层之间的权力和责任的有效配置和制衡，防止了党委会、董事会、监事会、经理层之间的权力混淆。而且，党委（党组）书记和董事长一人兼任解决了党委会和董事会"何者为大"的难题，进一步理顺了党组织和企业治理层之间关系。内部控制咨询小组在设计国有企业内部控制体系时，需要注意国有企业党委会、党的基层组织融入内部环境、风险评估、控制活动、沟通与交流、内部监督各个环节的具体措施。例如，党委会的纪检部门与内部审计部门的工作分工和配合。

第二节　内部控制体系建设的流程

无论是企业自建内部控制体系，还是委托咨询公司、高等学校、注册会计师事务所建立内部控制体系，其基本流程可分为如下八个步骤。

一、全面梳理企业内部控制建设的现有状况

（一）几乎没有内部控制

企业董事会、经理层不重视内部控制，不理解内部控制的内涵；没有标准化的内部控制流程图；仅有零星的内部控制措施，没有设计针对任何业务活动的内部控制措施；企业内部横向和纵向信息沟通、企业与外部利益相关者的沟通欠缺效率和效果；无法根据外部环境和内部环境的变化，及时调整公司总体战略和业务层面的战略。

（二）薄弱的内部控制

企业董事会、经理层重视部分业务的内部控制，已经设计了针对部分业务活动的内部控制体系。例如，建立了财务会计部门的内部控制体系，但忽视了其他部门和业务活动的内部控制制度建立和控制流程设计；多数员工抵触内部控制，认为内部控制降低了公司的运营效率；能够对财务风险或者运营风险进行分析，但还没有建立全面风险管理体系，忽视了不同风险之间的互动关系及可能带来的连锁反应；借助计算机系统，能够提高公司内部横向和纵向信息沟通的效率和效果，但是与外部利益相关者之间的沟通效率和效果欠佳。

（三）较为成熟的内部控制

企业董事会、经理层重视多数业务的内部控制；建立了针对多数业务的内部控制制度，设计了针对多数业务活动的内部控制流程；少数员工抵触内部控制，认为内部控制降低了公司的运营效率；设计了针对多数风险的风险管理体系；实现了内部控制与计算机系统的部分

结合，提高了企业内部横向和纵向沟通，以及与外部利益相关者之间的沟通效率和效果。

（四）成熟的内部控制

企业董事会、经理层重视所有业务的内部控制，理解内部控制的范围涵盖了企业内部所有部门、所有员工；董事会和管理层监控意识强；全体员工参与内部控制，理解内部控制不是降低企业运营效率，而是实现战略目标、运营目标、财务报告和其他信息真实完整目标、合规目标、资产安全目标五个内部控制目标的必经之路；建立了针对所有业务的内部控制制度，设计了针对所有业务活动的内部控制流程；设计了针对宏观环境风险、行业风险、企业内部风险的全面风险管理体系；实现了内部控制与计算机系统的全面结合，提高了企业内部横向沟通和纵向沟通，以及与外部利益相关者之间的沟通效率和效果。

一般来说，企业的内部控制体系越薄弱，其建设内部控制的难度越大，咨询费用越高。当然，内部控制咨询收费还受到企业规模、业务的复杂程度、分支机构多少、董事会和经理层是否重视等因素的影响。

二、全面收集企业内部控制建设所需要的资料

企业内部控制建设涉及企业内部所有部门、所有业务活动、所有员工，为保证所设计的内部控制体系是为被咨询单位量身定做，内部控制咨询小组必须全面收集企业资料，具体内容包括以下几项。

（1）全面了解公司的治理架构，包括股东大会、董事会、监事会、经理层；子公司、孙公司、合营机构、联营机构的董事会、监事会和经理层，考察上述机构和人员之间的独立性、权责分配、决策机制。

（2）全面了解集团公司的职能机构（采购部门、生产部门、销售部门、财务部门、投资部门、研发部门、工程部门、法务部门等），以及子公司、孙公司、合营机构、联营机构的职能机构的内部岗位设置、人员分工、职责分工等。

（3）全面了解公司董事会、经理层、子公司负责人、孙公司负责人、合营机构负责人、联营机构负责人、各层级职能机构负责人对内部控制是否了解、是否重视。

（4）全面了解集团公司和各分支机构的人力资源制度、绩效考核制度的建设和执行情况。

（5）全面了解集团公司和各分支机构的企业文化建设和执行情况。

（6）全面了解公司所处的宏观环境（政治因素、经济因素、社会因素、技术因素、法律因素），行业特点，内部运营特点，确定公司的总体战略、业务单位战略、职能层面战略是否存在重大风险。

（7）全面了解企业社会责任的履行现状，是否存在企业社会责任负面事件，是否发布企业社会责任报告，是否有企业社会责任方面的规章制度。

（8）全面了解集团公司和各分支机构的预算管理制度建设和执行情况。

（9）了解企业内部审计机构的隶属关系、职责分工、绩效考评等内容。

（10）全面了解企业的信息管理系统、内部报告流程、与企业外部沟通的方式。

（11）全面了解企业的资金活动、采购业务、资产管理、销售业务、研究与开发、工程项目、担保业务、业务外包、财务报告、合同管理等业务活动的内涵、规章制度与执行效果。

（12）全面了解企业现有的其他各项管理制度、员工守则。

通过上述过程，内部控制建设小组应当明确企业的内部环境（董事会、管理层的授权、分工情况，各个职能部门的岗位职责、考核指标，各个部门的任务来源和审批手续，各个职能部门之间的协作关系），各项业务的风险评估（目标设定、事项识别、风险评估、应对风险），各项业务的控制活动（所有业务活动的内部控制流程设计，实现流程管事、制度管人），信息与沟通情况，内部监督情况。根据上述内容，按照内部环境、风险评估、控制活动、沟通与交流、内部监督五要素的具体内容来考虑企业内部控制体系的建设问题。

三、内部环境

（一）组织架构

根据《企业内部控制基本规范》的规定，董事会负责内部控制的建立健全和有效实施。为便于董事会履行好企业内部控制规范体系的设计、建立、运行与改进方面的职责，董事会应当指定专门委员会负责指导内部控制建设与实施工作。对于少数企业受制于岗位编制、专业人员等条件限制，目前尚不具备成立专门的内部控制管理机构的，可暂将内部控制管理职能划归现有机构。例如，企业成立内部控制建设小组，与咨询机构对接；如果不能成立内部控制建设小组，可以使用战略规划部与咨询机构对接。内部审计部门对企业内部控制的建立和实施情况进行监督检查。如果是国有企业，除了内部审计部门之外，纪律检查或监察部门也应当对内部控制建设和实施情况进行监督。

董事会虽然是最终负责机构，但是，监事会、经理层、全体员工都需要纳入内部控制体系建设中来。

（1）培养董事会、监事会、经理层、全体员工的内部控制意识；可以对董事会、监事会、经理层、全体员工进行内部控制培训或者提交内部控制资料供董事会、监事会、经理层、全体员工自学。

（2）确定董事会、监事会、经理层、职能机构负责人、全体员工之间的职责分工；避免出现不当兼职。根据统计，我国个别上市公司的管理层兼职情况达到5个，如副总经理兼董事兼财务总监兼董事会秘书兼证券事务代表。过度兼职不利于职责履行。而且，我国的法律制度规定，一些岗位是不能兼职的，如《中小企业板上市公司内部审计工作指引》规定，内部审计部门负责人必须专职，由审计委员会提名，董事会任免。但是，我国个别企业存在内部审计部门负责人兼任企业监事的情况，这显然违反了规定。

（3）确定董事会、监事会、经理层、职能机构负责人、全体员工之间的报告关系。

（4）针对本书第二章所述的组织架构内部控制建设的风险点和本章第二节第二点全面收集的企业内部控制建设所需要的资料确定的风险点，建立管控措施。

（二）公司战略

（1）通过分析国际环境、企业外部环境、企业内部环境，根据本章第二节第二点全面收集的企业内部控制建设所需要的资料确定公司总体战略、业务单位战略、职能层面战略的风险点。

（2）战略风险的解决途径。

① 如果发现企业现有的战略选择是错误的，建立战略调整机制，表10-1所示为战略控制评价。

表 10-1　战略控制评价

企业内外部环境是否 发生重大变化	企业战略实施是否 取得了满意的效果	结　果
否	否	纠正
否	是	继续原战略计划
是	是	调整战略计划
是	否	重新审查、制订新战略计划

注：表 10-1 中的第 2 列的绩效指标包括投资收益率、每股盈余、市场占有率、销售额、劳动力离职率等指标。

资料来源：林广瑞，李沛强，2007. 企业战略管理［M］. 杭州：浙江大学出版社.

② 其他控制措施在本书第二章第二节的第五部分已经说明。

（三）企业文化

（1）根据本章第二节第二点全面收集的企业内部控制建设所需要的资料，建立清晰易懂的企业文化体系，包括企业的愿景、使命、价值观，并建立相关的说明、政策。

（2）有加强企业文化建设的具体措施。例如，经常宣传和鼓励良好的道德文化，有相应的记录。

（3）有保护检举人的制度规范，鼓励举报舞弊行为。

（4）建立学习和培训机会，使员工通过学习和培训，成为良好企业文化的倡导者。

（5）根据本书第二章第五节的内容完善企业文化建设。

（四）人力资源

（1）建立战略型人力资源管理体系。战略型人力资源管理体系是指通过制定和实施一系列人力资源管理政策和措施来帮助企业获得实现其战略目标所需要的员工胜任素质和行为。对于企业已经制定的总体战略、业务单位战略、职能层面战略来说，员工需要哪些技能和行为模式，在员工的招收、培训方面就要与此内容相适应。

（2）针对本章第二节第二点全面收集的企业内部控制建设所需要的资料确定的人力资源的风险点，建立管控措施。

（3）人力资源建设的其他内容参考本书第二章第三节。

（五）社会责任

1. 建立战略型企业社会责任体系

被誉为"竞争战略之父"的波特教授认为，企业社会责任活动包括反应型企业社会责任和战略型企业社会责任两种类型，履行反应型企业社会责任能够为企业带来竞争优势，但不能持久；而履行战略型企业社会责任，可以带来持久的竞争优势。但是，波特教授并未指出战略型企业社会责任的具体内容，国内外学术界其他学者也没有构建完整的战略型企业社会责任体系，大家更多地关注战略型企业社会责任的某一个方面。例如，田利华、陈晓东（2007），黄敏学、李小玲、朱华伟（2008）论述了善因营销，探讨了战略性慈善捐赠的"低投入、高收益"的路径选择；毕提（2001）提出了绿色营销的思想；朱瑾、王兴元（2012）提出了企业低碳管理流程再造等。但是，还没有学者完整地提出战略型企业社会责任的基本分析框架，企业履行社会责任活动是一个整体性的活动，不能只考虑社会责任活动的一个方面，而忽视其他方面。因此，本书意在建立一个整体性的战略型企业社会责任分析框架，不同类型的企业可以根据自身的具体情况，来设计具体的企业社会责任战略体系。战略型企业社会责任强调企业有意识、有目的地开发企业社会责任活动，计划先于行动，通过控制各种社会责任风险、利用各种社会责任机会来达到企业的社会责任目标；而反应型的企业社会责任活动则是指企业被动地履行社会责任活动，没有社会责任方面的目标、计划、控制手段。由此可见，战略型企业社会责任活动更有可能降低企业社会责任方面的风险，利用企业社会责任方面的机会，达到企业履行社会责任的目标，从而使企业获得竞争优势。我们运用战略管理理论中的战略管理流程的基本思想，即"分析企业所处的环境→确定企业社会责任的愿景、使命和目标体系→做好实施社会责任的各项准备工作→实施各项企业社会责任活动→履行各项控制活动→达到企业社会责任目标体系"，来构建我国的战略型企业社会责任体系，该体系的内容如图10-1所示。

建立战略型企业社会责任体系过程概述为如下五个步骤。

（1）分析企业所处的环境

分析企业所处的环境是企业确定战略型企业社会责任的基础。环境分析包括宏观环境分析（Politics，Economic，Society，Technology，PEST分析）、行业环境分析（波特五力分析）、企业内部因素分析三个层次，下面分别论述。

① 宏观环境分析。宏观环境分析就是分析公司在运营中所涉及的企业社会责任领域的政治因素、经济因素、社会因素、技术因素等四个方面。政治因素是指政府在环境保护、员工权益维护等社会责任领域的各种法律和规章制度。例如，根据生态环境部网站，我国与环境保护相关的法律达到31个，法规40个，部门规章76个。当然，企业社会责任其他领域的法规也正在逐渐细化，因此国家政策导向对企业运营的影响是巨大的。经济因素是指企业社会责任方面的规章制度对企业带来的经济后果。例如，国家在北京等七个省市试点实施的碳排放权交易[①]对企业利润产生影响。社会因素是指企业履行社会责任的情况影响了人们的价值观。例如，环境污染问题、频发的食品安全问题等社会责任事故使民众对企业违反社会责任的行为更加厌恶，从而对这类企业进行抵制。技术因素是指社会责任方面的技术变革对公司运营的影响。例如，新能源汽车、各种环保新技术等领域的技术变革对企业运营所带来的影响。

② 行业环境分析。企业社会责任的行业环境分析以波特五力模型最有代表性。波特五力包括消费者、供应商、竞争对手、潜在的进入者、替代品等五种力量对企业运营的影响。例如，消费者购买习惯是否改变，是否倾向购买更加环保的产品、购买积极捐赠企业的产品；供应商是否符合社会责任标准；行业内的其他竞争对手的社会责任履行情况；某个行业潜在的进入者所面临的成本除了经营方面之外，还要考虑员工安全、环境治理等方面的成本；替代品是否因为环境标准不达标而缺乏竞争力等。

③ 企业内部因素分析。企业内部因素分析是指逐项分析企业在社会责任方面的优势和劣势。例如，王老吉的生产者加多宝集团属于消费者导向的企业，该集团认为对汶川地震灾

---

① http://www.gov.cn/jrzg/2012-01/13/content_2043687.htm［2021-01-07］.

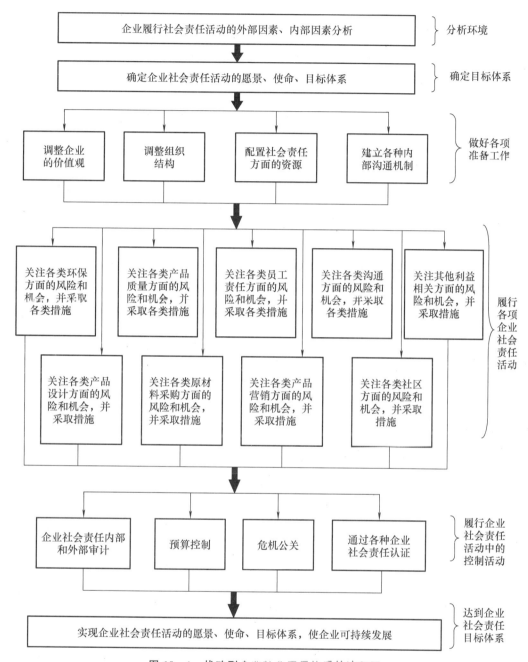

图 10-1 战略型企业社会责任体系的流程图

区的捐赠可以带来消费者的认同,因此决定进行巨额捐赠,但是要捐赠必须要考虑企业是否具备相应的资源,加多宝集团捐赠的 1 亿元是以该企业上年 50 亿元的销售额为保障的。如果没有强大的资金做后盾,也进行大额捐赠,将对企业正常经营产生不良影响。因此,全面分析企业在社会责任方面的优势和劣势是履行战略型企业社会责任的前提。

(2) 建立企业社会责任方面的愿景、使命和目标体系

根据环境分析,企业明确了该做什么、不该做什么、企业自身的优势和劣势等因素,就可以据此确定企业社会责任方面的愿景、使命和目标体系。企业社会责任的愿景

是企业未来10年甚至更长时间需要达到的社会责任总体目标；而企业社会责任方面的使命则表明企业存在的理由。具体的企业社会责任目标则是根据企业社会责任方面的愿景和使命进行细化，分为环保目标、设计阶段的企业社会责任目标、采购阶段的企业社会责任目标、生产阶段的企业社会责任目标、营销阶段的企业社会责任目标、雇员目标、社区目标、对外沟通目标、其他利益相关者目标等九个方面，这九个方面的目标分为总体目标和子目标。例如，就环保目标来说，总体的环保目标为环境事故发生率为0、碳排放数量到2021年降低45%；环保子目标为污水处理率100%、环保设备完好率100%、碳排放每年降低10%等。以我国上市公司中国神华为例，其企业社会责任愿景为"打造国际一流的大型能源企业"；企业社会责任使命为"为社会发展提供绿色能源"；2010年度员工责任目标是实现原煤生产百万吨死亡率为0.017；2010年度能耗目标是煤炭生产与运输业务万元产值综合能耗同比下降5%（数据来源于该公司2010年度的企业社会责任报告）。从该公司的年度子目标的完成情况以及不同年度的完成情况比较，就可以看到其社会责任业绩是在进步还是在退步，以及是否能够完成企业社会责任方面的使命、愿景。

(3) 做好实施战略型企业社会责任的准备工作

企业确定了社会责任方面的愿景、使命和目标体系之后，并不能马上去从事社会责任活动。在履行战略型企业社会责任之前，企业要想在人、财、物和体制上配合企业社会责任的实施，需要做好如下准备工作。

① 调整企业的价值观。我们通过调查企业社会责任报告发现，有的企业持修正的股东利益最大化的价值观，即企业在追求股东利益最大化之时，还要对债权人、环境、社区、员工、雇员等利益相关者的利益负责；有的企业的价值观是利益相关者观点，即股东、债权人、环境、社区、员工、雇员都是同样重要的。这两种价值观都有利于企业实施战略型企业社会责任；但是，以单纯的利润最大化为导向的企业价值观则不利于企业实施战略型企业社会责任。

② 调整组织结构。在战略实施中，需要调配组织结构。例如，在董事会设立社会责任委员会，在公司经理层设立公司的社会责任办公室等。当然，在企业规模较小、人员和经费紧张的情况下，也可不设置专门的机构，而是把企业社会责任行为渗透到具体业务流程当中去。

③ 配置社会责任方面的资源。组织结构仅仅使实施社会责任活动具备了相应的执行者，但是，所需要的环保设备、安全生产设备等物质资源和相应的实施社会责任方面的资金要进行恰当的配置，才能保证有效地实施社会责任。

④ 建立各种内部沟通机制。在内部沟通方面，自上而下的沟通可以使员工了解并执行企业社会责任方面的使命和目标体系，可以使领导层了解各种环保隐患、人力资源弱势群体的诉求等社会责任方面的风险。

(4) 实施各项企业社会责任活动

做好上述第(3)项所述的各项准备工作之后，就要实施各项企业社会责任活动了，企业社会责任包括企业的环境保护责任、员工责任、社区责任、产品安全责任、其他利益相关者等方面的责任。与此相应，战略型企业社会责任活动也要按照上述内容展开，并且关注每个内容的机会和风险，使之内在化为企业所有活动的一个组成部分。如果企业在实施社会责任活动过程中，不关注社会责任风险，未把握社会责任机会，那么，就趋向于反应型社会责任了,这是不可取的。下面进行具体说明。

① 设计阶段的企业社会责任。企业要实施符合社会责任要求的产品设计。家具、服装、玩具等产品在研究与开发及设计时就要特别注意社会责任方面的风险。例如,产品设计中,在考虑所使用的原材料时,为了降低成本,计划采用质量低劣的材料,产品成本暂时是下降的,但是,产成品的销售必然受到影响,甚至会引发退货、诉讼等案件。当然,设计阶段也存在着机会。例如,高端产品的设计要体现绿色、生态、人文关怀的理念。设计阶段的企业社会责任,就是要具有计划性,符合社会责任的产品设计是实现社会责任目标的第一步,采购阶段、生产阶段等阶段的行为都是设计阶段理念的延续。

② 采购阶段的企业社会责任。企业要考虑上游供应商的社会责任履行情况,不从社会责任记录不良的企业进货,以免影响企业的社会责任形象或者影响产品的质量。企业应树立与供应商长期合作共赢的思想。例如,2007年,佛山市第二大玩具生产商利达玩具厂出口的一批玩具中,因为未使用美国进口商指定的油漆供应商,而是使用了某企业的甲醛超标油漆,尽管价格较低,但后果惨重,利达玩具厂被迫停产、暂停出口。利达玩具厂实际生产经营者、股东之一张树鸿因玩具被召回,不堪3 000万美元的巨额赔偿而自杀身亡。

③ 生产阶段的企业社会责任。企业要考虑各种生产安全设施、环保设施、废弃物的处理、污染物的排放等方面的风险,并且制定相应的规章制度来保证社会责任的落实。企业社会责任目标体系中的工伤率下降、质量事故率下降等都依赖生产阶段的社会责任的落实。例如,紫金矿业的环保设施在运行中存在着安全隐患,公司管理层并未采取措施,一场特大暴雨就诱发了重大环保事故,导致公司被罚款956万元。生产阶段的机会也是存在的。例如,企业利用重大技术改造,大幅度降低了二氧化碳排放,在我国碳排放权交易已经开始试点的情况下,完全可以出售碳排放权,为企业带来收益。但是,要实现重大技术突破,必须提前从战略高度重视技术改造。

④ 营销阶段的企业社会责任。企业可以采取社会责任营销方式来扩大销售额。一家负社会责任的企业在经营中所受到的欢迎是社会责任营销的关键。例如,兴业银行在广告语中所提出的"中国首家赤道银行"就是一种社会责任营销。再例如,慈善捐赠对企业商誉产生正的外部性,王老吉在2008年的1亿元捐赠使企业销售额比2007年增长90亿元;而与此相反,冠生园把过期的月饼馅储存起来准备来年再进行使用,被媒体曝光之后,所带来的负面效应持续若干年。可见,营销中也是机会与风险并存的。

⑤ 环境保护方面的企业社会责任。为了实现企业的环境保护目标,企业要考察自身的环保风险。例如,是否有环保设施失效的风险、是否因环境问题引发社区居民冲突等等,针对这些环保风险,是否采取了恰当的措施;对年久失修的尾矿大坝进行风险测试、对污水进行净化等等。环保方面的机会也是很多的。例如,绿色营销就是把环保、生态等理念融入营销中去,促进企业提升价值。

⑥ 员工方面的企业社会责任。企业要制定员工健康安全手册,避免员工发生工伤、死亡等各类社会责任事故;在企业兼并、重组、清算、剥离的过程中,考虑企业的退休、辞退等安置人员的成本,留用员工的培训和管理等问题。企业也应制订员工培训计划、职业生涯规划,提升员工价值,使员工个人的发展与企业的社会责任目标体系相

一致。

⑦ 对外沟通方面的企业社会责任。政府监管、环保组织等的出现，要求企业慎重考虑企业社会责任信息披露的及时性、可靠性、可理解性。企业社会责任信息披露既可以消除公众对企业的误解，也可以提升企业的形象。当然，企业不能仅仅披露好的社会责任信息，而对社会责任事故遮遮掩掩，这样必然会产生不良后果。例如，2011年4月，上市公司双汇发展在所发布的2010年企业社会责任报告中，对于广受关注的"瘦肉精"事件只字未提，从而成为舆论攻击的对象。诚实的沟通才能换来公众的理解和支持。

⑧ 社区方面的企业社会责任。社区是企业生产、经营活动的周边区域，企业的社区风险包括企业对社区的环境污染所导致的群体事件、社区居民对企业用工的抵制等方面，企业要及时采取措施避免此类风险的发生。社区方面的机会体现在和谐的社区关系对于企业招工、安全生产环境是有积极意义的。

⑨ 其他利益相关者方面的企业社会责任。除了上述的内容之外，债权人、中小股东等利益相关者也是企业需要关注的领域。例如，企业不能按期支付债务的风险、中小股东因为企业连续多年不分红而抛售公司股票的风险，企业要对这些风险采取恰当的应对措施。当然，良好的债权人关系可以给企业带来贷款方面的优惠和便利。

以上九点中，需要特别说明的是，不同种类的社会责任风险和机会是同时存在的，这就需要企业具有组合的风险观和机会观，而不能把每个种类的社会责任风险和机会单独看待。例如，加多宝集团通过巨额捐赠获得了消费者的认可，是营销方面的机会。但是，因为克扣工资、变相裁员又产生了员工风险，员工通过向媒体披露遭遇，对加多宝的声誉产生了不良影响，是员工方面的风险。因此，企业必须摒弃重视某一种类的社会责任机会或风险，而忽视其他种类的社会责任机会或风险的做法。我国绝大多数企业尚未建立起社会责任的组合风险观和机会观，这是反应型企业社会责任的特点。因此，企业应当综合考虑社会责任方面的风险和机会，这对增加企业价值是大有裨益的。

(5) 执行战略型企业社会责任实施过程中的控制活动

履行第（4）项所述的九项企业社会责任活动，尽管每项活动都关注了风险并且把握了机会，但是，仍然需要执行相应的控制活动。控制的目的是及时纠正企业在执行企业社会责任活动过程中所出现的偏差，这些偏差往往是前述九项企业社会责任履行者自身无法发现的，需要"局外人"或者企业高级管理层来发现。

① 企业社会责任的内部审计和外部审计。在内部审计方面，由董事会的审计委员会负责对企业社会责任活动的执行情况进行定期检查和不定期抽查，对于重要的社会责任隐患进行重点关注；审计委员会可以敦促管理层进行整改。例如，煤炭企业的生产安全问题、重金属企业的水源污染问题等都是企业需要重点审计的领域。在外部审计方面，要对审计机构所提出的社会责任方面的意见予以重视。

② 通过各种国际组织的认证。能够通过各种社会责任方面的认证，代表着企业执行社会责任活动的水平。国际认证虽然不同于企业社会责任的外部审计，但同样可以起到对企业社会责任活动进行评价和改进的作用。例如，通过社会责任指南标准ISO 26000、环境管理体系ISO 14001、质量保证体系ISO 9001、职业健康安全管理体系OHSAS 18001等的认证是企业履行社会活动达标的一个体现，如果没有通过相关的认

证工作，也可以进行相应的整改。当然，并不是每一个社会方面的标准都需要通过，如国际提出的社会责任标准SA8000，主要是针对劳动密集型的企业，其他类型的企业未必需要通过此项认证。一般来说，实施战略型企业社会责任可以使企业更好地通过各类社会责任的认证。

③ 实施社会责任预算。考虑实施企业社会责任活动所需要支付的金额。例如，慈善捐赠的金额，环境恢复、污染控制方面的支出，员工健康与安全培训方面的支出，支持社区建设方面的支出等。如果超过社会责任预算，可能会影响企业其他方面的运营。因此，预算是一项重要的控制活动。

④ 危机公关。企业一旦发生企业社会责任方面的事故，如环境污染、员工人身伤亡事故、产品质量重大缺陷、虚假捐赠等社会责任方面的负面事件，应当开展危机公关，清除公众对企业声誉的负面印象，以便于企业在未来的经营活动中，能够重新赢得市场青睐。例如，BP公司在美国墨西哥湾溢油事故中，开展的危机公关包括如下五个方面：慈善捐赠（资助海湾生态恢复的研究项目、对因为溢油导致的失业人员给予现金或者保险救济），回应媒体（对媒体负面指控进行回应、限制媒体了解公司特有信息），信息沟通（及时披露封堵溢油的进展），承担责任（满足地方政府或居民的需求，如为振兴旅游捐款），诚实地公布受溢油影响的海洋生物数量、失业员工数量等内容。而BP公司的行动也换来了巨大的回报，虽然BP公司在2010年亏损了，但是，从2011年第2季度就重新开始盈利了，针对股东的分红也得以重新启动。

通过以上五个步骤的良好实施，企业将逐渐实现企业社会责任方面的愿景、使命和目标体系，促进企业的可持续发展。

目前，我国履行企业社会责任的上市公司越来越多。我们了解企业社会责任履行情况的途径是通过上海证券交易所和深圳证券交易所披露的企业社会责任报告。通过统计这些企业社会责任报告，我们发现，绝大多数企业还在实施反应型的社会责任活动，很少企业实施战略型企业社会责任。这种情况不利于我国企业持续地、积极地履行社会责任。根据以上分析，我国企业实施战略型企业社会责任存在如下的问题。

第一，实施战略型企业社会责任是我国企业实现可持续发展的必由之路。国家对环境保护、节约能源、碳减排、维护雇员权益等社会责任方面的重视程度不断提高，任何企业都不能回避，主动地从战略角度实施企业社会责任比被动地实施社会责任活动对企业更加有益。

第二，在愿景、使命和目标体系方面，多数企业有社会责任方面的愿景和使命，但是，对于细化的社会责任方面的目标体系则十分缺乏，使得经由实现目标体系再实现使命、愿景的途径变得模糊不清。企业领导层对于通过履行社会责任活动来增加企业价值的认识不够深刻，即使有相应的社会责任部门，也难以从战略上实施企业社会责任。

第三，在实施企业社会责任活动方面，企业较为重视生产责任、员工责任、信息披露等方面的社会责任，但是，对于更加具有计划性的设计阶段的社会责任和为企业带来经济利益的社会责任的营销则不够重视。

第四，在控制活动中，手段不够全面。例如，企业较为重视通过各种社会责任认证，而对于利用社会责任外部审计、实施社会责任预算则是普遍欠缺的。

第五，很多公司执行了战略型企业社会责任中的某一个或者几个领域，但是，并没有实施总体的战略型企业社会责任。

2. 编制企业社会责任报告咨询服务

咨询公司按照"关于加强上市公司社会责任承担工作暨发布《上海证券交易所上市公司环境信息披露指引》的通知"和《深圳证券交易所上市公司信息披露工作考核办法（2020年修订）》，以及各级人民政府发布的企业社会责任方面的规章制度，为企业编制社会责任报告，应当关注以下问题。

（1）避免遗漏负面信息。

（2）真实、全面地反映企业履行社会责任的现状。

（3）对企业履行社会责任存在的不足提出改进建议。

四、风险评估

风险评估包括设定目标、识别风险、分析风险、应对风险四个部分。其具体流程在第三章已经予以说明。需要特别说明的是，风险评估的内容已经内在地嵌入具体的业务流程图中，示例如图10-2所示。《企业内部控制应用指引》中列出了企业至少应当关注的主要风险，这些风险是在企业内部控制实施过程中，应通过日常或定期的评估程序与方法加以识别的风险。需要特别注意的是，大型企业集团或者服务业、金融业等企业的业务活动与《企业内部控制应用指引》包含的18项业务活动可能存在差异。多数情况下，会远多于18项业务活动。因此，针对本章第二节第二点全面收集的企业内部控制建设所需要的资料，确定不同的业务，识别其特有风险就很有必要；针对特有风险，分析其发生的概率和影响大小，并确定相应的应对措施；然后把上述内容内在地嵌入具体的业务流程图中。表10-2所示为采购预算业务流程与风险控制。

对于某些金融类业务，一些企业单独建立了风险管控流程。例如，债券投资的VaR计算、股票投资组合的VaR计算、边际VaR计算、增量VaR计算、成分VaR计算、股票的压力试验、债券的压力试验、反向测试等方法。上述各种计算方法要编制成计算机程序，在输入原始值后，立刻就会得出各种指标值，从而进行风险应对决策。

五、控制活动

《企业内部控制应用指引》共有18项，这18项应用指引仅覆盖了制造业的大部分重点业务，但是，房地产业、建筑业、服务业、金融业等行业的业务远不止这18项。例如，笔者曾经全程参与一个非金融类上市公司内部控制体系建设，业务内容达到110个，要针对这110个业务，分别画出110个流程图，每个流程图都需要标注不同的风险点、控制措施、审批程序、涉及的业务部门等内容。如果企业集团规模大，涉及的分支行业多，那么，业务种类甚至达到几百个，因此流程图的数量也就越多。但是，这并不意味着内部控制咨询小组要对被咨询单位所有的业务活动都画出流程图，而要梳理出经营管理活动中的核心业务，舍弃那些细枝末节的业务活动。例如，员工领用办公用品就是细枝末节的业务活动；而员工将产成品带离生产车间，并且贪污产成品，就属于经营管理的核心业务。业务活动流程图将形成被咨询单位的《企业内部控制流程手册》，在项目结束时，交给被咨

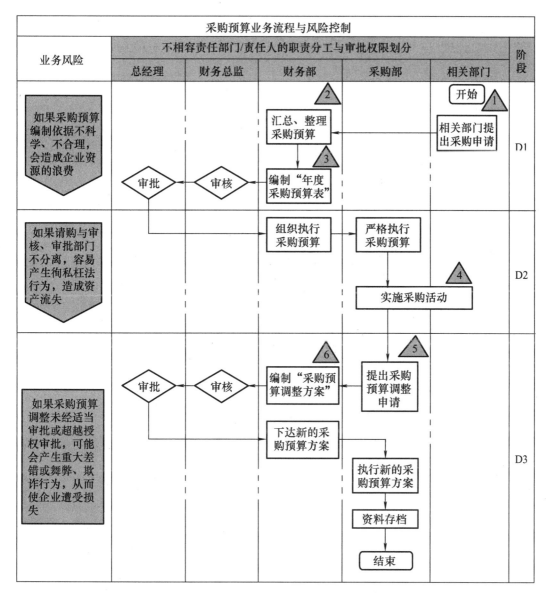

图10-2 采购预算业务流程与风险控制

资料来源：许国才，徐健，2017.企业内部控制流程手册［M］.第3版.北京：人民邮电出版社.

询单位对接人员。

Visio软件是微软公司开发的专业办公绘图软件，适合于内部控制流程图设计。就控制活动来说，资金、采购、存货、销售、工程项目、固定资产、无形资产、长期股权投资、筹资、预算、成本费用、担保、业务外包、对子公司的控制、财务报告编制与披露、人力资源、信息系统、衍生金融工具、企业并购、关联交易等业务活动都需要绘制流程图。

下面使用采购业务活动中的请购审批来说明流程图的画法，其他流程图的画法与此类似。

采购业务流程图包括如下基本步骤：梳理采购活动涉及的不同业务部门；确定审批流程；确定流程图所揭示的风险点；解释流程中的所有风险点，尤其是主要风险；选择风险应对策略。

表 10-2 采购预算业务流程控制说明

控制事项		详细描述及说明
阶段控制	D1	① 各生产单位根据年度营业目标预测生产计划,据此编制年度物资需求计划,并编制采购预算;仓储部根据企业相关规定和生产用料计划编制采购预算;研发部、行政部根据实际需求编制采购预算; ② 财务部预算专员负责汇总、整理各部门提交的采购预算; ③ 财务部预算专员根据上一年度材料单价、次年度汇率、利率等各项预算基准编制企业"年度采购预算表",财务部经理签字确认后,报财务总监审核、总经理审批后严格执行
	D2	④ 请购部门根据实际需求提出采购申请,采购部采购专员应根据市场价格填写采购金额,依据企业相关规定以及生产需求情况,判断采购是否合理。如果采购申请合理,提交相关领导审批;不合理的采购申请,则退回请购部门
	D3	⑤ 调整采购预算的原因包括超范围采购或超预算采购两种。由于市场环境变化,如采购物资的价格上涨,导致实际采购金额超出采购预算或生产突发事件导致采购预算外支出等。此时,采购部必须提出采购预算调整申请,即追加采购预算; ⑥ 财务部接到采购部的预算调整申请后,根据实际情况,参照企业的相关规定进行核对,并编制采购预算调整方案,提交财务总监审核、总经理审批
相关规范	应建规范	◎ 采购申请制度 ◎ 请购审批制度 ◎ 预算管理制度
	参照规范	◎《企业内部控制应用指引》
文件资料		◎ 销售计划 ◎ 生产计划 ◎ 年度采购预算表 ◎ 采购预算,调整方案
责任部门及责任人		◎ 采购部、财务部 ◎ 总经理、财务总监、采购部经理、财务部经理、采购专员、预算专员

资料来源:许国才,徐健,2017. 企业内部控制流程手册 [M]. 第3版. 北京:人民邮电出版社.

六、沟通与交流

(一) 信息与沟通

企业的信息包括外部环境信息、行业环境信息、企业的战略目标信息、核心竞争力信息、采购管理信息、营销管理信息、生产运营管理信息、研究与开发信息、人力资源管理信息、内部报告、财务报告、资产安全信息、舞弊投诉或举报信息、相关法律法规遵循的信息等。上述信息早已深入企业日常运行的每一个流程、每一个环节，相关业务部门根据本部门所收集的信息进行决策。因此，内部控制咨询小组的任务是确定不同的业务部门和业务活动所需求的不同的信息种类及沟通的方式，并确定相应的风险点和控制措施。

（二）信息系统

对于信息系统来说，尽管本书第六章说明了信息系统开发、维护、应用中的风险点和控制措施，但仍然需要注意如下风险。

(1) 信息系统的业务流程和控制措施都是人为设定的，如果业务流程或者控制措施是错误的，信息系统不但降低了经营的效率和效果，甚至导致错误。

(2) 信息系统的运用应当体现内部牵制的控制原则。《企业内部控制应用指引第18号——信息系统》指出了"系统开发建设人员、系统管理和维护人员、系统操作使用人员的岗位责任制度和不相容职务分离制度"，如两个人保管某一重要数据库的密码。

(3) 信息系统规模越大，与内部控制的集成度就越高，驾驭难度越大，越可能出现过度控制或者控制盲区的问题，企业应当恰当权衡信息系统与内部控制整合的程度。

七、内部监督

（一）帮助被咨询企业建立内部审计制度

内部审计部门是内部监督的重要执行者。内部审计制度明确了内部审计部门的职责和权力、内部审计的程序、审计报告、信息披露等内容，对指导企业内部审计工作具有重要意义。因此，建立恰当科学的内部审计制度对被咨询单位具有重要意义。

案例10-2　中通客车控股股份有限公司内部审计制度（节选）
（经公司第十届董事会第五次会议审议通过）

5.2　审计部职权

5.2.1　要求被审计单位按时报送发展规划、战略决策、重大措施、内部控制、风险管理、财政财务收支等有关资料（含相关电子数据，下同），以及必要的计算机技术文档。

5.2.2　参加公司有关会议，召开与审计事项有关的会议。

5.2.3　参与研究制定有关的规章制度，提出制定内部审计规章制度的建议。

5.2.4　检查有关财政财务收支、财务会计资料、经济活动、内部控制、风险管理的资料、文件和现场勘察实物，必要时索取相关资料复印备查。

5.2.5　检查有关计算机系统及其电子数据和资料。

5.2.6　就审计事项中的有关问题，向有关部门、权属公司和个人开展调查和询问，取得相关证明材料。

5.2.7　对正在进行的严重违法违规、违反公司规章制度、严重损失浪费行为及时向公司主要负责人报告，经同意做出临时制止决定。

5.2.8　对可能转移、隐匿、篡改、毁弃会计凭证、会计账簿、会计报表及与经济活动有关的资料，经批准，有权予以暂时封存。

5.2.9　提出纠正、处理违法违规行为的意见和改进管理、提高绩效的建议，检查审计意见和审计决定的落实执行情况。

5.2.10 对违法违规和造成损失浪费的被审计单位和人员,给予通报批评或者提出追究责任的建议并将问题线索、相关材料转交公司纪检监察部门。

5.2.11 对阻挠、妨碍审计工作,以及拒绝提供有关资料的部门、权属公司或个人,经公司主要负责人批准,可采取封存有关账册、冻结资产等必要的临时应急措施,并提出追究有关人员责任的建议。

5.2.12 向审计委员会反映有关情况。

5.2.13 对严格遵守财经法规、经济效益显著、贡献突出的被审计单位和个人,可以向公司党委、董事会(或者主要负责人)提出表彰建议。

5.2.14 依照有关法规规定,享有公司管理权限范围内授予的审计处理、处罚权。

5.6 责任追究与激励

5.6.1 对违反本制度规定,具有下列情况之一的部门、负责人、直接责任人以及其他相关人员,审计部应将其移交至公司纪检监察部门。公司纪检监察部门核实后给予处理,或按程序报公司党委、董事会(或者主要负责人)责令改正,并对直接负责的主管人和其他直接责任人员进行处理。

5.6.1.1 拒绝接受或者不配合内部审计工作的。

5.6.1.2 拒绝、拖延提供与内部审计事项有关的资料,或者提供资料不真实、不完整的。

5.6.1.3 拒不纠正审计发现问题的。

5.6.1.4 整改不力、屡审屡犯的。

5.6.1.5 违反国家规定或者本单位内部规定的其他情形。

5.6.2 审计部和内部审计人员有下列情形之一的,由公司对直接负责的主管人员和其他直接责任人员进行处理;涉嫌犯罪的,移送司法机关依法追究刑事责任。

5.6.2.1 未按有关法律法规、本办法和内部审计职业规范实施审计导致应当发现的问题未被发现并造成严重后果的。

5.6.2.2 隐瞒审计查出的问题或者提供虚假审计报告的。

5.6.2.3 泄露国家秘密或者商业秘密的。

5.6.2.4 利用职权牟取私利的。

5.6.2.5 违反国家规定或者本单位内部规定的其他情形。

5.6.3 内部审计人员因履行职责受到打击、报复、陷害的,公司党委、董事会(或者主要负责人)应当及时采取保护措施,并对相关责任人员进行处理;涉嫌犯罪的,移送司法机关依法追究刑事责任。

5.6.4 本制度所称对相关责任人员的处理,处理方式包括给予绩效考核、扣减薪酬、经济处罚、组织处理、禁入限制、解除劳动合同等,可单独或合并执行,相关法律法规及公司相关管理办法有明确规定的,按其规定执行。

5.6.5 对审计工作成绩显著,认真履行职责、忠于职守、坚持原则的审计人员,以及揭发、检举违反财经法规,保护公司财产的有功人员,给予精神和物质奖励。

资料来源:http://www.szse.cn/disclosure/listed/bulletinDetail/index.html? b565fab3-d551-4e0d-b31e-6d4cd49f7f04 [2021-01-07]

（二）确定监事会、审计委员会、内部审计部门、财务部门之间的职责划分

监事会、审计委员会属于治理机构，内部审计总监、财务总监属于高级管理层。按照《国际内部审计专业实务框架》提出的"三道模型"，风险管理和内部控制被设计和嵌入业务和流程当中。因此，业务运营部门的管理者和员工执行相应的内部控制措施是第一道防线，内部控制咨询小组帮助企业建立内部控制活动的流程、各项制度应当得到恰当的履行；第二道防线是财务会计人员执行的财务控制、安保人员执行的安保控制、质量检查员执行的质量控制、舞弊调查员执行的稽查、合规检察官执行的遵循检查、风险评估专家执行的风险管理；内部控制咨询小组应当帮助被咨询企业确定第二道防线的相关人员的职责和权力；第三道防线是内部审计部门的审计，通过内部审计制度明确内部审计人员的权力和责任。三道防线之外，是外部审计、政府及其他监管机构的审查。

八、内部控制文档

内部控制咨询小组应当提供给被咨询单位内部环境文档、风险评估文档、控制活动文档、信息与沟通文档、内部监督文档。参照《企业内部控制基本规范》讲解的内容，上述文档包括以下文档。

（1）内部环境文档：组织结构图、权限体系表、岗位责任说明、员工守则、董事会和监事会成员履历、发展战略规划、企业文化手册、人力资源政策等。

（2）风险评估文档：风险评估流程、风险评估过程记录、风险评估报告、风险矩阵等。风险评估的上述内容已经内在地嵌入控制活动文档中。

（3）控制活动文档：各项业务流程控制文档。

（4）信息与沟通文档：调查问卷、财务报告、经营分析报告、举报投诉记录、员工合理化建议记录等。上述信息与沟通的内容已经内在地嵌入内部环境、风险评估、控制活动、内部审计等活动的文档中。内部控制咨询小组建立的信息系统的技术文档需要单独提交给被咨询单位。

（5）内部监督文档：内部审计制度、往来款项询证函、资产盘点报告、审计计划、审计项目计划、年度内部审计工作总结、审计报告、审计意见书、审计决定书、整改情况说明材料、专项监督实施方案和过程记录、专项监督报告、内部控制自我监督检查及测试记录、内部控制自我评价报告等。

内部控制咨询小组要对被咨询单位的董事会、监事会、经理层、员工进行全面、系统、深入的培训、指导、辅助，帮助为被咨询单位"量身定做"的内部控制体系落到实处；通过内部审计部门实施内部控制自我评价，来考察内部控制体系的实施效果，发现问题，协助被咨询单位进行整改。

第三节 内部控制的推进

企业设计了内部控制体系后，如何才能推动内部控制规范在企业内部各个职能部门、子公司、附属公司有效落地实施？董事会和管理层一定不能把《内部控制手册》看成是内部控制建设工作的终点，而要把内部控制建设看成是一个持续改进的过程，《内部控制手册》只是其中一个必不可少的环节。

一、日常监督

在教材的第七章提到了日常监督,企业或者行政事业单位应当把内部控制的落实情况纳入日常监督体系之中。

(一)内部审计监督

1. 将内部控制落实情况纳入绩效考核中

企业或行政事业单位建立了《内部控制手册》之后,将相应的内部控制文档下发到各个职能部门、子公司的员工手中,要求上述单位和人员遵照执行。但是在后续的监督检查过程中,内部审计部门经常会发现,个别的职能部门、子公司及其员工并没有按照《内部控制手册》的要求执行,存在内部控制运行有效性方面的缺陷。公司管理层应将内部控制落实情况纳入对职能部门、子公司及其员工的绩效考核中,按照绩效考核结果,给予适当的奖励或惩罚。

2. 对内部控制缺陷及时跟进

内部审计部门在上一个年度对各个职能部门、子公司做出内部控制评价,对相应的职能部门、子公司的内部控制缺陷提出了整改意见,如果存在内部控制缺陷的职能部门、子公司仅对一些问题进行了修修补补,而没有彻底地整改,那么,内部审计部门应当及时跟进,督促其整改。

(二)管理层监督、企业所属单位监督

企业管理层不但要以身作则,严格执行内部控制制度,还要监督其领导的部门是否履行了内部控制制度。企业所属单位及内部各机构定期对职权范围内的经济活动实施自我监督,向经理层直接负责;企业所属单位及内部各机构召开部门例会或运营分析会等,汇集来自本单位(机构)内外部的有关信息,分析并报告存在的问题,对日常经营管理活动进行监控;企业所属单位及内部各机构对内部控制设计与运行情况开展自我测评。

(三)建立内部控制自我评估机制

管理层、流程负责人、控制点执行人作为评估主体,把评估工作纳入部门日常管理及岗位职责的持续评估体系,不断发现问题,循环改进。如果企业或行政事业单位选择的管理层、流程负责人、控制点执行人没有相对成熟的内部控制知识,则执行效果会大打折扣。有条件的企业应设立专门的内部控制部门,开展评估工作。

二、加强学习和教育

党的二十大报告提出,要建设全民终身学习的学习型社会、学习型大国。对内部控制理论的学习应是企业或行政事业单位董事会、监事会、经理层、员工等全员参与的。企业应通过不断组织学习相关的内部控制知识,提高内部控制运行的效率和效果。

复习思考题

1. 如何获得企业的核心业务信息?
2. 国有企业内部控制咨询中应当注意哪些特殊问题?
3. 如何使用 Visio 软件描绘企业的销售流程?

附　录

内部控制评价核心指标

核心指标		参考标准
一、内部环境		
（一）组织架构	董事会、监事会、经理层的相互制衡	董事会及各专门委员会、监事会和经理层的职责权限、任职资格和议事规则是否明确并严格执行
	董事会、监事会、经理层致力于内部控制建设	① 是否科学界定了董事会、监事会、经理层在建立实施内部控制中的职责分工； ② 董事会是否采取必要的措施促进和推动企业内部控制工作，按照职责分工提出内部控制评价意见，定期听取内部控制报告，督促内部控制整改，修订内部控制要求
	组织机构设置科学、精简、高效、透明、权责匹配、相互制衡	① 组织机构设置是否与企业业务特点相一致，能够控制各项业务关键环节，各司其职、各尽其责，不存在冗余的部门或多余的控制； ② 是否明确了权责分配、制定了权限指引并保持权责行使的透明度
	组织架构的适应性	是否定期梳理、评估企业治理结构和内部机构设置，发现问题及时采取措施加以优化调整；是否定期听取董事、监事、高级管理人员和其他员工的意见，按照规定的权限和程序进行决策审批
	组织架构对子公司的控制力	组织架构对子公司的控制力是否通过合法有效的形式履行出资人职责、维护出资人权益，是否特别关注异地及境外子公司的发展战略、年度财务预决算、重大投融资、重大担保、大额资金使用、主要资产处理、重要人事任免、内部控制体系建设等重要事项

续表

	核心指标	参考标准
（二）发展战略	发展战略科学合理，既不缺乏也不激进，且实施到位	① 企业是否综合考虑宏观经济政策、国内外市场需求变化、技术发展趋势、行业及竞争对手状况、可利用资源水平和自身优势与劣势等影响因素制定科学合理的发展战略； ② 是否根据发展目标制定战略规划，确定不同发展阶段的具体目标、工作任务和实施途径； ③ 是否设立战略委员会或制定相关机构负责发展战略管理工作，是否明确战略委员会的职责和议事规划并按规定履行职责； ④ 是否对发展战略进行可行性研究和科学论证，并报告董事会和股东大会审议批准
	发展战略有效实施	① 是否制订年度工作计划，编制全面预算，确保发展战略的有效实施； ② 是否采取有效方式将发展战略及其分解落实情况传递到内部各管理层级和全体员工
	发展战略科学调整	是否及时监控发展战略实施情况，并根据环境变化及风险评估等情况及时对发展战略做出调整
（三）人力资源政策	人力资源结构合理，能满足企业需要	① 人力资源政策是否有利于企业可持续发展和内部控制的有效执行； ② 是否明确各岗位职责权限、任职条件和工作要求，选拔是否公开、公平、公正，是否因事设岗、以岗选人
	人力资源开发机制健全有效	① 是否制定并实施关于员工聘用、培训、辞退与辞职、薪酬、考核、健康与安全、晋升与奖惩等方面的管理制度； ② 是否建立健全员工培训长效机制，培训是否能满足职工和业务岗位需要，是否存在员工知识老化
	人力资源激励约束机制健全有效	① 是否设置科学的业绩考核指标体系，并严格考核评价，以此作为确定员工薪酬、职级调整和解除劳动合同等的重要依据； ② 是否存在人才流失现象； ③ 是否对关键岗位员工有强制休假制度或定期轮岗制度等方面的安排； ④ 是否对掌握国家秘密的员工离岗有限制性的规定； ⑤ 是否将有效执行内部控制纳入企业绩效考评体系

续表

核心指标	参考标准
（四）社会责任 安全生产体系、机制健全有效	① 是否建立严格的安全生产管理体系、操作规范和应急预案，切实做到安全生产； ② 是否落实安全生产责任，对安全生产的投入，包括人力、物力等，是否能保证及时发现、排除生产安全隐患； ③ 发生生产安全事故，是否妥善处理、排除故障、减轻损失、追究责任，是否有迟报、谎报、瞒报重大生产安全事故现象
产品质量体系健全有效	① 是否制定严格的产品质量控制和检验制度并严格执行； ② 是否有良好的售后服务，能够妥善处理消费者提出的投诉和建议
切实履行环境保护和资源节约责任	① 是否制定环境保护与资源节约制度、采取措施促进环境保护、生态建设和资源节约并实行资源减排目标； ② 是否实施清洁生产，合理开发不可再生资源
促进就业和保护员工权益	① 是否依法保护员工合法权益，保持工作岗位相对稳定，积极促进充分就业； ② 是否实现按劳分配、同工同酬、建立科学的员工薪酬制度和激励机制，是否建立高级管理人员与员工薪酬的正常增长机制； ③ 是否及时办理员工社会保险，足额缴纳社会保险； ④ 是否维护员工健康，落实休息休假制度； ⑤ 是否积极开展员工职业教育培训，创造平等发展机会
（五）企业文化 企业文化具有凝聚力和竞争力，促进企业可持续发展	① 是否采取切实有效的措施，积极培育具有自身特色的企业文化，打造以主业为核心的企业品牌，促进企业长远发展； ② 企业董事、监事、经理及其他高级管理人员是否在文化建设和履行社会责任中起到表率作用，是否促进文化建设在内部各层级的有效沟通； ③ 是否做到文化建设与战略发展的有机结合，使员工自身价值在企业发展中得到充分体现； ④ 是否重视并购重组后的企业文化建设，平等对待被并购方的员工，促进并购双方的文化融合
企业文化评估具有客观性、实效性	① 是否建立企业文化评估制度，重点对董事、监事、经理及其他高级管理人员在企业文化建设中的责任履行情况、全体员工对企业核心价值观的认同感、企业经营管理行为与企业文化的一致性、企业品牌的社会影响力、参与企业并购重组各方文化的融合度，以及员工对企业未来发展的信心做出评估； ② 是否针对评估结果对巩固和发扬企业文化建设产生的影响进行研究，进而影响企业文化建设的不利因素并分析深层次的原因，是否采取措施及时加以改进

续表

核心指标		参考标准
二、风险评估		
（一）目标设定		① 基于企业层面，是否有明确的目标，目标是否具有广泛的认识基础，企业战略是否与企业目标相匹配； ② 基于业务层面，各业务层面目标是否与企业目标一致，各业务层面目标是否衔接一致，各业务层面目标是否具有操作指导性； ③ 是否结合企业的风险偏好，确定相应的风险承受度
（二）风险识别		① 目标是否层层分解并确立关键业务与事项； ② 是否持续性地收集相关信息，内外部风险识别机制是否健全； ③ 是否根据关键业务或事项分析关键成功因素； ④ 是否能识别影响公司目标实现的风险
（三）风险分析		① 风险分析技术方法是否适用； ② 结合风险发生可能性和影响程度标准划分的风险等级是否准确； ③ 风险发生后负面影响判断是否准确
（四）风险应对		① 风险应对策略与公司战略、企业文化是否一致； ② 风险承受度与风险应对策略是否一致
三、控制活动		
（一）控制活动的设计	控制措施足以覆盖企业重要风险，不存在控制缺失和控制过度	① 是否针对企业内部环境设立了相应的控制措施； ② 各项控制措施的设计是否与风险应对策略相适应； ③ 各项主要业务控制措施是否完善、恰当； ④ 是否针对非常规性、非系统性业务事项制定相应的控制措施，并定期对其执行情况进行检查分析； ⑤ 是否建立重大预警机制和突发事件应急处理机制，相关应急预案的处置程序和处理结果是否有效
（二）控制活动的运行	控制活动运行符合控制措施的规定	针对各类业务事项的主要风险和关键环节所制定的各类控制方法和控制措施是否得以有效实施
四、信息与沟通		
（一）信息收集处理和传递及时		是否有透明高效的信息收集、处理、传递程序，是否能合理筛选、核对、整合与经营管理和内部控制相关信息
（二）反舞弊机制健全		① 是否建立健全并有效实施反舞弊机制； ② 举报投诉制度和举报人保护制度是否及时、准确传达至企业全体员工； ③ 对舞弊事件和举报所涉及的问题是否及时、妥善地做出处理

续表

核心指标	参考标准
（三）沟通顺畅	① 信息在企业内部各层级之间、企业与外部有关方面之间的沟通是否有效； ② 董事会、监事会和经理层是否能够及时掌握经营管理和内部控制的重要信息并进行应对； ③ 员工诉求是否有畅通的反映渠道
（四）利用信息化程度	① 企业是否建立与经营管理相适应的信息系统，利用信息技术提高对业务事项的自动控制水平； ② 在信息系统的开发过程中，是否对信息技术风险进行识别、评估和防范； ③ 信息系统的一般控制是否涵盖信息系统开发与维护、访问与变更、数据输入与输出、文件储存与保管、网络安全、硬件设备、操作人员等方面，确保信息系统安全稳定运行； ④ 信息系统的应用控制是否紧密结合业务事项进行，利用信息技术固化流程、提高效率、减少或消除人为操纵因素； ⑤ 信息系统是否建立并保持相关信息交流与沟通的记录
五、内部监督	
（一）内部监督能够覆盖并控制企业日常业务活动	① 管理层是否定期与内部控制机构沟通评价结果，并积极整改； ② 是否落实职能部门和所属单位在日常监督中的责任，及时识别环境和业务变化； ③ 日常监督的内容是否为经过分析确认的关键控制点并有效控制，是否按重要程度将发现的问题如实反映给内部控制机构，是否积极采取整改措施； ④ 日常监督用以证明内部控制有效性的信息是否适当和充分，监督人员是否具有胜任能力和客观性； ⑤ 内部审计的独立性是否得以保障，审计委员会和内部审计机构是否独立、充分地履行监督职责； ⑥ 是否开展了必要的专项监督； ⑦ 内部控制机构是否追踪重大风险和重要业务，是否制定内部控制自我评价办法和考核奖惩办法，是否明确评价主体、职责权限、工作程序和有关要求，是否定期组织开展内部控制自我评价，报送自我评价报告，合理认定内部控制缺陷并分析原因，提出整改方案建议

续表

核心指标	参考标准
（二）内部控制缺陷认定科学、客观、合理，且报送机制健全	① 内部控制机构是否制定科学的内部控制缺陷认定标准并予以一贯的执行； ② 是否对控制缺陷进行全面、深入的研究分析，提出并实施整改方案，是否采取适当的形式及时向董事会、监事会或经理层报告，是否督促业务部门整改重大缺陷并按规定予以披露； ③ 对发现的内部控制重大缺陷，是否追究相关责任单位和责任人的责任； ④ 是否建立内部控制缺陷信息数据库，并对历年发现的内部控制缺陷及其整改情况进行跟踪检查
（三）内部控制建设与评价文档妥善保管	① 是否采取书面或其他适当方式对内部控制的建立与实施情况进行记录； ② 是否妥善保存内部控制相关记录和资料，确保内部控制建立与实施过程的可验证性； ③ 对暂未建立健全内部控制文档制度的情形，是否有证据表明确实已经实施了有效控制或者替代控制

参 考 文 献

财政部会计司,2010. 企业内部控制规范讲解:2010 [M]. 北京:经济科学出版社.
财政部会计司,2013. 行政事业单位内部控制规范讲座 [M]. 北京:经济科学出版社.
陈汉文,池国华,2015. CEO 内部控制:基业长青的奠基石 [M]. 北京:北京大学出版社.
池国华,2020. 内部控制学 [M]. 北京:高等教育出版社.
德斯勒,2017. 人力资源管理 [M]. 刘昕,译. 14 版. 北京:中国人民大学出版社.
方红星,池国华,2019. 内部控制 [M]. 4 版. 大连:东北财经大学出版社.
黄敏学,李小玲,朱华伟,2008. 企业被"逼捐"现象的剖析:是大众"无理"还是企业"无良"? [J]. 管理世界(10):115-126.
李晓慧,何玉润,2016. 内部控制与风险管理:理论、实务与案例 [M]. 2 版. 北京:中国人民大学出版社.
刘胜强,2014. 企业内部控制 [M]. 北京:清华大学出版社.
卢代富,2001. 国外企业社会责任界说述评 [J]. 现代法学(06):137-144.
潘琰,2018. 内部控制 [M]. 2 版. 北京:高等教育出版社.
企业内部控制编审委员会,2020. 企业内部控制基本规范及配套指引案例讲解 [M]. 上海:立信会计出版社.
邱银河,2020. 内部审计要素 [M]. 北京:中国财政经济出版社.
汤姆森,斯迪克兰迪,2000. 战略管理:概念和案例:第 10 版 [M]. 段盛华,王智慧,译. 北京:北京大学出版社.
田利华,陈晓东,2007. 企业策略性捐赠行为研究:慈善投入的视角 [J]. 中央财经大学学报(02):58-63.
王清刚,2016. 内部控制与风险管理:理论、实践与案例 [M]. 北京:北京大学出版社.
许国才,徐健,2017. 企业内部控制流程手册 [M]. 3 版. 北京:人民邮电出版社.
杨有红,2013. 企业内部控制系统:构建·运行·评价 [M]. 北京:北京大学出版社.
杨有红,2019. 企业内部控制 [M]. 北京:北京大学出版社.
中国注册会计师协会,2020. 公司战略与风险管理 [M]. 北京:中国财政经济出版社.
中华人民共和国财政部,等,2010. 企业内部控制规范 [M]. 北京:中国财政经济出版社.
朱瑾,王兴元,2012. 中国企业低碳环境与低碳管理再造 [J]. 中国人口·资源与环境,2(06):63-75.
Commission of the European communities,2002. Communication from the commission,concerning corporate social responsibility:a business contribution to sustainable development [R]. [EB/OL]. [2021-01-18] http://eur-lex.europa.eu/LexUriServ/LexUriServ.do? uri = COM:2002:0347:FIN:EN:PDF. P5.
PEATTIE K,2001. Towards sustainability:the third age of green marketing [J]. The marketing review,2(02):129-146.
PORTER M,KAMER M,2006. Strategy and society:the link between competitive advantage and corporatge social responsibility [J]. Harvard business review(05):1-14.